民國文化與文學^{研究}^{文叢}

三 編

李 怡 主編

第3冊

租界文化與1930年代中國文學

李 永 東 著

國家圖書館出版品預行編目資料

租界文化與 1930 年代中國文學／李永東 著 -- 初版 -- 新北市：
花木蘭文化出版社，2014〔民 103〕
目 2+244 面；19×26 公分
（民國文化與文學研究文叢 三編；第 3 冊）
ISBN 978-986-322-775-5(精裝)
1. 中國文學 2. 現代文學 3. 文學評論
541.26208   103012742

特邀編委（以姓氏筆畫為序）：

ISBN-978-986-322-775-5

9 789863 227755

民國文化與文學研究文叢
三　編　第三　冊   ISBN：978-986-322-775-5

租界文化與 1930 年代中國文學

作　者　李永東
主　編　李　怡
企　劃　四川大學現代中國文化與文學研究中心
　　　　民國文學與海外漢學研究中心（籌）
　　　　北京師範大學民國歷史文化與文學研究中心
總 編 輯　杜潔祥
副總編輯　楊嘉樂
編　輯　許郁翎
出　版　花木蘭文化出版社
社　長　高小娟
聯絡地址　235 新北市中和區中安街七二號十三樓
　　　　　電話：02-2923-1455／傳真：02-2923-1452
網　址　http://www.huamulan.tw 信箱 hml810518@gmail.com
印　刷　普羅文化出版廣告事業
初　版　2014 年 9 月
定　價　三編 20 冊（精裝）新台幣 35,000 元
版權所有・請勿翻印

租界文化與1930年代中國文學

李永東　著

作者簡介

李永東，1973 年生，湖南郴州人，文學博士，西南大學文學院教授，中國當代文學研究會理事。出版專著《租界文化與 30 年代文學》、《頹敗的家族》、《租界文化語境下的中國近現代文學》，合著《二十世紀中國文學的中西之爭》。在《文學評論》、《文藝研究》、《中國現代文學研究叢刊》、《外國文學研究》、《電影藝術》、《中國比較文學》等學術期刊發表論文約 100 篇。主持完成國家社科基金項目、教育部人文社科基金項目等 5 項課題的研究。曾獲山東省優秀博士學位論文獎、重慶市社會科學優秀成果三等獎。

提　要

　　對民國文學發展的影響，沒有哪座城市能與上海相提並論。上海是一個因租界而崛起的城市，它的文化特性影響了民國文學的風貌格調。作者在本書中提出「租界文化」概念，認為「租界文化」概念比「海派」、「都市文化」概念更切合民國上海的文化特性。

　　本書從租界文化角度對 30 年代中國文學進行了原創性的研究，梳理了租界文化語境下文學的殖民性、商業性、頹廢敘事、戲謔風格、雜糅話語、小資情調等特徵；辨析了左翼文學、新感覺派、京派等文學思潮流派的生成、特質與租界文化的內在關係，討論了租界文化對茅盾、沈從文、魯迅創作的影響。

　　「租界文化」概念的理論優勢，為 30 年代文學研究提供了新穎的視角，得出了諸多令人耳目一新的結論：唯有上海才能成為中國左翼文學思潮的誕生地，租界文化語境給左翼文學帶來了一些不可避免的敘事症候；茅盾從左翼評論家的立場對頹廢觀念進行改造，構設了新興無產階級的頹廢觀念樣本，他的《蝕》三部曲彌漫著「時代新青年」的頹廢情緒；沈從文創作風格的成型，不是在北京，而是在上海，鳳凰之子與租界化上海的相逢、造就了京派作家沈從文；租界文化語境壓抑了魯迅的創作活力，逼迫他改弦易轍，造成了他後期創作的低落、迷失，以及對海派風氣的趨附。

「民國熱」與民國文學研究
——第三輯引言

李　怡

　　經過多學界多年的倡導和努力，「民國文學」的概念在越來越大的範圍內獲得了人們的理解和接受，從民國歷史文化的角度闡述文學現象也正在成為重新定位「現代文學」的重要思路，從某種意義上看，這可以說是近年來中國文學研究的一大動向。當然，面對我們業已熟悉的一套概念、思路和批評方式，「民國文學」的價值、意義和研究方式也依然需要更多的學者共同參與，並貢獻自己的創造性思想，在更獨特更具規模的「民國文學史」問世之前，種種的疑問是不可避免的。其中之一，就是困惑於社會上越來越強烈的「民國熱」：在不無喧鬧、魚龍混雜的「民國消費」的浪潮中，所謂的「民國文學研究」又意味著什麼？它根源於何方？試圖通往何處？如何才能將流俗的迷亂與學術的理性劃分開來？

　　在這個意義上，釐清當前中國社會的「民國熱」與學術研究的「民國文學」思潮之相互關係，也就成了一件極有必要的事情。

作為當代大眾文化的民國熱

　　民國熱，這個概念的所指本身並不明確：一種思想潮流？一種社會時尚？一種消費傾向？我們只能先這樣描述，就目前一般報章雜誌的議論而言，主要還是指由媒體與出版界渲染之後，又部分轉入社會時尚追求與大眾想像的「趣味的熱潮」。

　　在一個相當長的時期內，「民國」這一概念通常被另外一個色彩鮮明的詞語代替：舊中國，它指涉的就是那一段早已經葬身歷史墳墓的「軍閥當道，

萬馬齊喑，民不聊生」的時代，因早已結束而記憶發黃，因過於黑暗而不願詳述。而所謂的「民國熱」就是對這些固化概念的反動，重新生發出瞭解、談論這段歷史的欲望，並且還不是一般的興趣，簡直引發了全社會範圍內的廣泛而強烈的熱潮。據說，當代中國的「民國熱」要追溯到 2005 年。餘世存的《非常道》、美籍華人學者唐德剛的《袁氏當國》、張鳴的《歷史的壞脾氣》相繼出版，一反過去人們對「民國」的刻板印象，種種新鮮的歷史細節和「同情之理解」，喚起了中國人對原本早已塵封的這段「舊中國」歷史的新的興味。接下來的幾年中，陶菊隱、傅國湧、何兆武，楊天石、智效民、邵建、李輝、孫郁等「民國見證人」與「民國史學者」不斷推出各種鮮活的「民國話題」，使得我們在不斷「驚豔」的發現中似乎觸摸到了「真實」的歷史脈搏，而且，這些關於民國往事、民國人物的敘述又不時刺激到了我們當今生活的某些負面，今昔對比，但不再是過去那種模式化的「憶苦思甜」，在不少的時候，效果可能恰恰相反，民國的細節令人欣羨，反襯出今天的某種不足，這裡顯然不無記憶者的美化性刪選，也難免闡釋者的想像與完善，但對於廣大的社會讀者而言，嚴謹考辨並不是他們的任務，只要這些講述能夠填補我們的某種欠缺，滿足他們的某些精神需要，一切就已經夠了。「民國熱」在「辛亥百年」的紀念中達到高峰，如今，在大陸中國的稍具規模的書店裏，我們都能夠看到成套、成架、成壁的民國專題圖書，圖書之外的則是更多的報刊文章、電視節目，甚至服飾的民國懷舊潮流，大陸中國的民國熱還在一定程度上波及到了海峽對岸，在臺灣的圖書與電視中，也不時晃動著「民國記憶」的身影，只是，對於一個自稱「民國進行時」所在，也會同我們一起講述「過去的民國」，多少令人覺得詫異，它本身似乎也生動地提醒我們：民國熱，主要還真是一種大眾趣味的流變，而非知識精英的文化主題，儘管我們的知識界在其中推波助瀾。〔註1〕

作為當代大眾文化體現的「民國熱」是由知識分子津津樂道的「民國掌故」喚起興味的，正是借助於這些「恍如隔世」的故事，人們逐漸看到了一個與我們熟悉的生活格局迥然有別的時代和社會，以及生活於其中的個性色彩鮮明的歷史人物，出於某種可以理解的現實補償心理，人們不免在這一歷史意象中寄予了大量的想像，又逐漸將重塑的歷史意象召喚進現實，成為某

〔註 1〕參看周為筠：《「民國熱」之下的微言大義》，載《南方都市報》，2008 年 1 月 20 日。

種時尚趣味的符號，如在一些婚紗藝術照與大學畢業紀念照中流行「民國服飾」。應當說，作為這一社會趣味的推動力量，一些知識分子的「關於民國」的寫作發揮了明顯的作用，但是，作為流行的社會趣味本身的「民國熱」卻還不能是一種自覺的時代思潮，而只是知識分子的個人的某種精神訴求與社會情緒的並不嚴密的合流，一方面，知識界對這些「民國文化」的提取和發掘尚未進入系統的有序的理性層面，本身就帶有明顯的趣味化和情緒性色彩，包括目前流行甚廣的所謂「民國范兒」，這個本來是一個值得深入探討的精神現象，但是到目前為止，依然主要流於種種極不嚴格的感性描述與文學比喻，而且據說提出者本人也還試圖放棄其概念發明權。〔註2〕

大眾文化，不管我們今天對它的評價究竟如何，都應該看到，這是一種與通常所說的由知識分子自覺建構的並努力納入到精英文化傳統的追求所不一樣的「文化」，它更多地與人們的日常生活方式及生活趣味緊密聯繫，是指普通大眾基於日常生活的需要而生成的種種精神性追求和傾向，它與精英知識分子出於國家民族意識、歷史使命或文化獨創性目標而刻意生產的成果有所不同。當然，作為個體的知識分子既致力於精英文化的建構，又同時置身於大眾生活的氛圍之中，所以嚴格地講，他同樣也擁有大眾文化的趣味和邏輯，受到日常生活文化的影響，也自覺不自覺地影響著以日常生活為基礎的大眾文化。

從精英知識分子的邏輯出發，我們不難發現大眾文化的若干消極面，諸如與媒體炒作對真正的個性的誤導甚至覆蓋，工業化生產的趣味同質化，五彩繽紛背後隱含的商業利益，對世俗時尚缺乏真正的批判和反思，甚至對國家意識形態的某種粉飾和媾和等等，當年的法蘭克福學派就因此對資本主義的大眾文化大加鞭撻。的確，源於日常生活需要的物質性、享受性與變異性等特點使得大眾文化往往呈現出許多自我矛盾的形態，這裡就有法蘭克福學派所痛心疾首的「商品性」、「同質化」、「工業生產式的批量化」、「傀儡化」、解構主體意識等消極面，如霍克海默和阿多洛在《啓蒙辯證法》中指出的那樣：「文化工業的產品到處都被使用，甚至在娛樂消遣的狀況下，也會被靈活地消費。」〔註3〕「文化工業反映了商品拜物教的強化、交換價值的統治和國

〔註2〕舒非：《「民國熱」》，見 2012 年 8 月 10 日「大公網」，http://www.takungpao. com/fk/content/2012-08/10/content_913084.htm。

〔註3〕霍克海默、阿多諾：《啓蒙辯證法》，洪佩郁、藺月峰譯，重慶：重慶出版社，1990 年版，第 118 頁。

家壟斷資本主義的優勢。它塑造了大眾的鑒賞力和偏好，由此通過反覆灌輸對於各種虛假需求的欲望而塑造了他們的幻覺。因此，它所起的作用是：排斥現實需求或真實需求，排斥可選擇的和激進的概念或理論，排斥政治上對立的思維方式和行動方式。」〔註4〕

所以，我們今天也不難發現大眾「民國熱」中的一些為消費主義牽引的例證。例如今天的「民國熱」也開始透露出不少獵奇和窺隱的俗套，諸如《民國公子》、《民國黑社會》、《民國八人胡同》一類黑幕消費、狹邪消費同樣開始流行一時，走上被法蘭克福學派抨擊的文化解構、文化異化的萎靡之路。

作為學術史演進的「民國文學研究」

上述大眾之熱，在最近一些年給人留下了深刻的印象（有人稱之為「愈演愈烈」），所以當「民國文學研究」的呼聲出現，便自然引起了不少的聯想：這是不是「民國熱」的組成部分呢？又會不會落入獵奇窺隱的窠臼呢？

在我看來，「民國熱」與「民國文學研究」的出現，其最大的相關性可能就在時間上。拋開臺灣學界基於意識形態原因而書寫「中華民國文藝史」不算，中國大陸最早的「民國文學」設想出現在 1990 年代末（陳福康），最早的理論倡導出現在 2000 年代早期（張福貴），但形成有聲有勢的多方位研究則還是在 2000 年代後期（張中良、丁帆、湯溢澤、李怡及「西川論壇」研究群體），這一逐漸成熟的時間剛好與所謂的「民國熱」相重疊，所以難免會給令人從中尋覓關聯。不過，值得我們注意的是，在前述大眾趣味的民國熱之外，其實還有另外一條線索被我們忽略了，這就是學術界對中國近現代歷史的考察和追問方式。

20 世紀初，劍橋史書已經成為英語世界的多卷本叢書典範，《劍橋中國史》從 1966 年開始規劃，迄今已經完成 16 卷，它對歷史的劃分很自然地採用了朝代與政治形態的變化加以命名，至我們所謂的現代與當代分別編寫了《中華民國史》與《中華人民共和國史》各兩大卷，在這裡，「民國」歷史的梳理和描述已經成為國際學界的正常工作，絲毫不涉及流行趣味的興起問題。

在大陸中國，雖然因為政治原因，「民國」一詞一度包含了某種政治禁

〔註4〕斯道雷：《文化理論與通俗文化理論導讀》，楊竹山譯，南京：南京大學出版社，2001 年版，第 71 頁。

忌，需要謹慎使用，但總體來看，除了「文化大革命」這樣的極端的文化專制時期之外，對「民國史」的關注和研究一直獲得了國家層面的包容甚至支持。《中華民國史》的編修工作可以追溯到半個世紀以前，早於《劍橋中國史》的編寫計劃。1956 年，在「向科學進軍」及「百花齊放、百家爭鳴」的熱潮中，國家科學發展十二年規劃中就已經列入了「民國史」的研究計劃。1961 年是辛亥革命 50 週年紀念，作為辛亥革命親歷者的董必武、吳玉章等人又提議開展民國史研究。1971 年全國出版工作會議期間，周恩來總理親自指示，將編纂民國史列入國家出版規劃，具體交由中國科學院哲學社會科學學部（今中國社會科學院）近代史研究所負責組織實施，由著名史學家李新先生負責統籌。由於「文革」的環境所限，編寫工作真正開始於 1977 年，但作為項目卻始終存在。作為民國史研究系列之一，《民國人物傳》第一卷於 1978 年出版，1981 年，《中華民國史》第一卷上下兩冊亦由中華書局正式出版，至 2011 辛亥革命一百週年前夕，全套《中華民國史》共 36 卷全部出齊，被稱為是中國出版界在近年來的一件大事。有趣的是，《中華民國史》第一卷在當年問世之後，遭到了臺灣學界的激烈批評，被認為是政治色彩濃厚、評價偏頗的「官史」，當時大陸方面特意回應，辯解說我們的民國史研究不是政治行為，是完全的學術行為。雖然這辯解未必完全道出了我們學術制度的現實，但是從那時起，「民國史」的研究至少在形式上已經成為學術而不是政治的一部分，卻是值得肯定的事實。到今天，史學界內部的民國史研究已經成為中國學術重要的方向，中華民國史研究被確立為中國社會科學院重點學科也已經十多年了；致力於「民國史」研究的自然也不只中國社會科學院一家，如南京大學、復旦大學、北京師範大學、中國人民大學等諸多學術機構都在這方面投入甚多，且頗有成就，就是一部《中華民國史》今天也不僅有中國社會科學院牽頭版，也另有南京大學版（南京大學出版社，2005 年，張憲文主編）、中國現代史學會版（四川人民出版社，2006 年）等，2000 年 9 月，南京大學中華民國史研究中心被批准為教育部普通高等學校人文社會科學重點研究基地，多年來，他們通過編輯出版《民國研究》、承擔國家重點科研項目、連續舉辦中華民國史國際學術研討會、不斷推出大型研究叢書等方式穩健地推動著民國史的研究。

這一「民國史」的學術努力試圖突破當代「以論代史」之弊、還原歷史真實，承襲的是實事求是的中國學術傳統，與當下社會文化的時尚毫無關

係。

民國文學研究的出現和發展同樣是歷史學界實事求是追求的一種有力回應。

同整個歷史學界一樣，中國文學史研究也一度成為「以論代史」的重災區，甚至作為學科核心概念的「現代」一詞也首先來自於政治思想領域，與中國文學發生發展的事實本身沒有關係，以致到了 1980 年代，我們的文學博士還滿懷疑惑地向學科泰斗請教「何謂現代」。1990 年代的「現代性」知識話語讓中國文學研究在概念上「與國際接軌」了，但同樣沒有解決「以中國術語表述中國問題」的困惑，凡此種種，好像都在一再證實「論」的重要性，於是，「以論帶史」的痕迹依舊存在。

如何回到中國歷史自己的現實，如何在充分把握這些歷史細節的基礎上梳理和說明我們文學的發展，我們需要走的路還很長很長。

「民國文學」概念的重新提出，其實就是創造了一種可能：我們能不能通過回到自己的國家歷史情態之中，就以這些歷史情態為基礎、為名詞來梳理文學現象——不是什麼爭議不休的「現代」，也不是過於感性的「新文學」，就是發生在「民國」這一特定歷史語境中的精神現象和藝術追求，一切與我們自己相關，一切與生存於「民國」社會的我們相關。

就是這樣，本著實事求是的治史傳統，我們可以盡可能樸素地返回歷史的現場，勘探和發掘豐富而複雜的文學現象。實事求是，這本來是當年「民國史」負責人李新先生的願望，他試圖倡導人們從最基礎的原始材料做起，清理和發現「民國」到底有哪些值得注意的史實，這樣的願望雖然在「文革」的當時並不能實現，但卻昭示了一代民國史學人的寶貴的學術理想。今天，文學史研究也正在經歷一場重要的轉型，這就是從空洞的理論焦慮中自我解放，重新返回歷史，在學術的「歷史化」進程中鳳凰涅槃，迎來自己新的生命。

只有在這樣的學術脈絡中，我們才有可能洞悉「民國文學」研究的真諦，也才可能將真正學術的自覺與大眾文化的潮流區分開來，為將來的文學史研究開闢嶄新的道路。

社會的時尚是短暫的，而文學史研究的發展卻有它深遠的思想淵源。

大眾的文化是躁動的，而我們需要的學術卻是冷靜的、理性的。

當下的潮流總是變動不居的，除了「民國」之熱，照樣還有「啟蒙」的

熱，「黨史」的熱，「國學」的熱……不是每一椿的「時髦」都可以牽動學
術思想的重大演變，儘管它們可以在某種程度上相遇，也可以發生某種的
對話。

一切都是如此的不同，一切本來也就是根本不同。

熱中之冷與冷中之熱

我如此強調文學史學術的冷靜與理性，與鼓譟一時的社會潮流區別開
來，這當然並不意味著我們的工作是封閉於社會，不食人間煙火的學院活動，
當代學術向著「歷史化」的方向轉型，這並不意味著學術從此與主體感受無
關，與社會關懷無關，從根本上看，這是一種對於研究主體與歷史客體雙向
關係的全新的調適，我們必須最充分地尊重未經干擾的事實本身，同時也要
善於從歷史事實的豐富中把握我們感受的真實性，在過去的歷史敘述中，我
們對此經驗欠缺，希望「民國文學史」研究能夠讓我們重新開始。

這也就是說，雖然我在根本上強調了學術邏輯與時尚邏輯的不同，但是，
我也無意拒絕從社會的普遍感受中獲得關於「歷史價值」的追問和思考，包
括對大眾文化內在意義的尊重和關注。法蘭克福學派曾經激烈地抨擊了大眾
文化的諸多弊端，不過，這不能掩蓋另外一些學者如英國的文化研究（如費
斯克的學說）從相反的角度所展開的正面的發掘與肯定，這指的是對大眾文
化追求中積極的建構性意義的褒揚。如費斯克所欣賞的反抗性、自由選擇性，
正所謂「身體的快感所進行的抵抗是一種拒絕式的抵抗，是對社會控制的拒
絕。它的政治效果在於維持著一種社會認同。它也是能量和強有力的場所：
即這種拒絕提供強烈的快感，並因而提供一種全面的逃避，這種逃避使身體
快感的出現令上層覺得驚慌，卻使下層人民感到了解放。」〔註5〕中國的大眾
文化是在結束文革專制、社會改革開放的過程中發展壯大的，這樣的過程本
身就與法蘭克福學派所警惕的成熟的資本主義文化不盡相同，它在問題重重
的同時依然帶有抵抗現實秩序的某些功能，因此值得我們認真對待。即以我
們目前看到的「民國熱」為例，一方面其中肯定充斥了消費主義的萎靡之態
與嘩眾取寵的不負責任，但是，在另外一方面，我們卻也應該承認，帶動了
「民國熱」的許多講述者本身也是民國史的研究者和關注人，他們兼具知識

〔註5〕 費斯克：《理解大眾文化》，王曉玨、宋偉強譯，北京：中央編譯出版社，2001
年版，第64頁。

基礎與人文關懷，即使是對「民國」的浪漫化的想像也部分地指向了某種對理想信念的緬懷——教育理念、文化氛圍、人格風骨等等——顯然不都是歷史的事實，但是提出問題本身卻無不鑒古知今，繼續變革中國、造福民族的意味，這卻不是無的放矢的。這樣的大眾文化包含了某些值得深思的精神訴求，在信仰沉淪、物質至上、唯利是圖的時代，尤其不可為「治民國史」者所蔑視，在某些時候，其本質上胸懷民族未來的激情恰恰應該成為學術的內在動力。

當然，社會情懷的擁有並不就是學術本身。學術自有自己的理念和法則，作為學者，我們思考的不是改變這些法則去遷就大眾的情趣，相反，是更好地尊重和完善法則，讓法則成為社會情懷的合理的延伸和提煉。民國文學的研究首先是學術，不是轉瞬即逝的社會潮流，與那些似是而非的「民國熱」比較，我們起碼還應該在下面幾個方面意識清晰：

第一，作為學者而不是媒體人，思想是學者的第一生命，而思想的提煉必須來自於對現實生活的有距離的觀察和判斷。我們要特別強調一種理性的認知，以代替某些煽情式文字書寫。之所以這樣強調，乃是在「學術通俗化、市場化」的今天，學術著作有時混同於媒介時代大量的「抒情讀物」中，如果單純依從大眾閱讀的快感，難免會模糊掉學者的本位，使思想讓位於抒情。

其次，作為歷史敘述的工作者，我們應該盡力還原歷史的複雜性，以區別於對歷史的想像。作為大眾文化的精神需求，其實不可能「較真」，有時候似是而非的故事更能夠調動人們的情緒，但是對於歷史工作者就不同了，它必須對每一個細節展開盡可能的考察、追問，即使充滿矛盾之處，也必須接受仔細的勘探和分析，當然，這樣的刨根問底可能會打破不少的幻夢，瓦解曾經的想像，就是「歷史見證人」的「口述實錄」也必須接受專業的質疑，未經質疑和考證的材料不能成為我們完全信賴的根據，這樣的「工作」常常枯燥而繁瑣，並不如一般大眾想像的那麼自由和愜意，但是學術的真相必須在直面這樣的事實之中，只有洞察了所有這一切的矛盾困惑，我們方能獲得更高的事實的頓悟，也只有不間斷的疑問，才能推動我們對「問題」的不斷髮現。正如有學人指出的那樣：「民國自有許多值得我們繼承、借鑒的遺產，如自由之精神，如兼容並包的大學氣度等等，但我們不應不加辨析，只選取光鮮處，一味稱歎；更無意於要在民國諸賢中分個高低上下，使孔子大戰耶

穌，魯迅 PK 胡適，只是覺得我們在關注歷史人物時，首先要研究其思想、事功，而非僅僅作爲飯後談資的八卦、段子。」〔註6〕

　　第三，民國文學的研究最終是爲了解釋說明文學本身的問題而不是其他。這裡的「其他」常常就是大眾豐富的需求，或者爲了各自的政治道德目標，或者爲了心理的釋放，或者就是獵奇與八卦，一切事物都可以成爲談資，一切談論的方式都無不可，超越「專業」的任性而談往往更具某種「自由」的魅力。但是，一旦眞正進入專業研究，這都是學術的大敵。民國文學研究最終是爲了深刻地解釋和說明民國時期的文學何以如此，所有「文學之外」的信息都必須納入到對「文學之內」的認定才有其必要的價值，而且這些信息的眞正性也須得我們反覆校勘、多方考辨。在「文學解釋」的方向上，關於「民國」的種種逸聞趣事本身未必都有價值，未必都值得我們津津樂道，只有能夠幫助我們重新進入文學文本的「故事」才具有學術史料的意義。

　　最後，也是我們必須格外重視的一點，那就是學術研究所包含的社會情懷主要是通過對社會文化環境的緩慢的影響來實現的，它並不等於就是目標單純的政治抨擊，也不同於居高臨下的道德訓誡。就民國文學研究而言，如何我們能夠在學術研究中發掘某些民國文學的發展規律，揭示某些民國作家的精神選擇，闡述某些文學文本的藝術奧妙，本身就對當前的文學生態發生默默的轉移，又經過文學的啓迪通達我們更大的當代精神，誠如斯，學術的價值也就實現了。學術研究有必要與傳統所謂的「現實隱射」嚴格區別開來，雖然我們能夠理解傳統中國的專制主義壓抑下「隱射」思維出現的理由，但是在總體上看，精神活動對社會現實的影響應當是正大光明的，而「隱射」思維卻是偏狹的和陰暗的，文學研究是排除「預設」的對歷史現象的豐富呈現，「影射」卻將思想牽引到一個特定的主觀偏執的方向之上，不僅不能眞正抵達眞相，而且還可能形成對歷史事實的扭曲和遮蔽，學術擁有更爲開闊的目標和境界，而「影射」則常常被個人的私欲所利用。和一切嚴肅的學術研究一樣，民國文學研究是在健康和積極的方向上爲中國的當代文化貢獻自己的智慧和力量。

　　恰恰是「民國熱」之中，我們需要一種「冷」的研究，當然，這「冷」並非冷漠，而是學術的冷靜和理性的清涼。

〔註 6〕王晴飛：《冷眼「民國熱」》，《文學報》，2012 年 7 月 5 日。

導　論

　　「現代中國文學史，如果不研究上海，那是難以想像的。」〔註1〕對民國文學發展的影響，沒有哪座城市能與上海相提並論，上海的文學事業令人矚目。鑒於此，我們有必要進入民國上海獨異的文化場域，探索上海文化如何塑造民國文學的風貌格調。

　　20世紀80年代中期，中共中央出臺了建立經濟特區與開放沿海城市的政策，把改革的重心由農村轉移到城市。新一輪的城市現代化喚起了人們對民國時期上海都市經驗的緬懷，人們試圖從昔日上海的都市形象中，尋找理解中國城市改革的線索。同時，新時期重塑上海城市形象的巨大舉措，在文化策略上選擇「海派」作為「城徽」。因此，對民國上海歷史和文化的研究，近二十年引起了學界的熱情關注，民國上海文學現象也進入了研究者的中心視野。

一、「租界文化」概念的提出

　　「研究近代上海是研究中國的一把鑰匙；研究租界，又是解剖近代上海的一把鑰匙。」〔註2〕在史學界，唐振常、熊月之、費成康等當代大陸學者在上海史和租界史的研究上成效卓著。他們的研究，與民國時期姚公鶴、徐公肅、丘瑾璋、蒯世勳和西方學者梅朋、傅立德、羅茲‧墨菲、卜舫濟等的租

〔註1〕　盧漢超：《霓虹燈外——20世紀初日常生活中的上海》，段煉、吳敏、子羽譯，上海：上海古籍出版社，2004年，第14頁。

〔註2〕　陳旭麓：《上海租界與中國近代社會新陳代謝》，《陳旭麓學術文存》，上海：上海人民出版社，1990年，第713頁。

界研究，注重歷史的記錄。租界的擴界、工部局的機構設置、租界司法權的演變、租界商業和金融業的發展，以及上海的現代化進程等問題，是這些學者的論著中最關切的問題。也有少數史學家致力於上海文化的研究，其中最有代表性的是李天綱，從已有成果來看，海派文化、制度文化和城市文化是研究者選擇的三個主要維度。這三個維度固然能夠大致呈現民國上海文化的本質屬性，但是缺乏直指其文化內核的闡釋力，也缺乏融括整體的氣度。

在文學界，「海派」「都市」是用來闡述相關文學現象的基本文化概念。在海派文學（都市文學）的研究中，李歐梵、吳福輝、李今等取得了顯著成效。通過閱讀《都市漩流中的海派小說》、《海派小說與現代都市文化》、《上海摩登》等研究海派文學和都市小說的著作，我們可以發現，論述民國上海文學、海派文學和都市小說，研究者選取的文化視角繞不可「海派」。「海派」是一個聲名狼藉的歷史概念，如果要把這個舊概念納入新的研究框架，首先必須爲之「正名」。研究者傾向於用「現代質」來命名海派文化的本質屬性，或者把海派文化歸入都市文化門下。延用一個舊概念，對之重新解釋，造成了新舊概念之間的斷裂不說，還把海派文化投入到都市文化的懷抱中，加以泛化。把經過如此修整後的「海派」概念投入文學研究，多少要承擔概念偏執和錯位帶來的風險。這是當今研究者重新詮釋和使用「海派」文化概念時，難以擺脫的困境。「海派」概念的局限性，造成了使用過程中玩不轉的現象，一些相關的問題無法在「海派」概念下得到合理解釋，所以就不得不在同一專著中採取多種文化視角，把海派文化、都市文化、上海文化和洋場文化等概念交叉混雜使用，這幾個概念實際上既有聯繫又有區別。概念的交叉混雜使用，傳達了這樣一個信息：其中任何一個文化概念都不能單獨承擔解釋對象的重任，或者說都不是最貼近歷史和文學本體的概念，必須提出新的文化概念來重新照亮與民國上海有關的文學現象。

上海文學、海派文學和都市文學研究，之所以存在一些解不開的癥結，主要是因爲研究者忽略了，或者沒有充分重視民國上海最基本的文化語境——租界文化語境。

上海是一個因租界而繁榮的現代都市。「近百年的上海，乃是城外的歷史，而不是城內的歷史，眞是附庸蔚爲大國，一部租界史，就把上海變成了世界的城市。」〔註3〕1930年，上海的總人口已達到300萬，其中租界人口接

〔註3〕曹聚仁：《上海春秋》，上海：上海人民出版社，1996年，第9頁。

近 150 萬，租界總面積達到 48653 畝，還不包括越界築路的廣闊區域，現在
上海市的黃浦區、盧灣區、靜安區、徐匯區所轄範圍（舊縣城所佔地盤除外），
以及虹口區和青浦區沿蘇州河和黃浦江的廣闊地界，在 30 年代幾乎都屬於租
界領域。30 年代上海的商貿、金融、工業和文化娛樂事業高度發達，是全國
的文化、經濟中心，是遠東第一大城市，世界第五大城市。洋風熾盛的大上
海當時被譽為「東方巴黎」。

　　租界語境下的上海文化，很難用海派文化或都市文化來準確全面地指
稱；海派文化和都市文化視角，也不能對與上海有關的許多文學現象作出合
理解釋；海派文化和都市文化視角照亮了一些文學景觀，也留下了一些盲點。
這些有待解決的問題都與租界現象存在著千絲萬縷的聯繫，可以說，這種聯
繫是「捆綁式」的。我們可以發問：沒有租界，相關的歷史和文學現象會發
生嗎？即使仍然發生，會是這樣的歷史情態嗎？不論租界現象是民族的屈辱
或現代中國的鑰匙，我們都得承認它存在的事實和培育出的獨特文化形態。
因此，我們有必要充分考慮上海的租界語境，提出新的文化概念，對與上海
租界有關的文學現象作出新的解釋。

　　基於現代中國文學研究中存在的以上問題，我們提出「租界文化」概念。

　　租界是 19 世紀中期至 20 世紀中期帝國主義列強在中國等國的通商口岸
開闢、經營的居留、貿易區域。中國的租界是鴉片戰爭失敗後晚清政府與西
方列強簽訂的一系列不平等條約的產物。從 1843 年到 1902 年，英、法、美、
德、日、俄、意大利、比利時、奧地利等資本主義國家，先後在上海、廈門、
廣州、天津、鎮江、漢口、九江、蘇州、杭州、重慶等城市，設立了近 30 個
租界。租界作為一種實體性存在，在文化上具有一定的相通性。但是，中國
租界存在的歷史長，分佈廣，資料繁複，要全面考察所有租界的文化特性，
就本書的寫作來說，無疑是一件勉為其難的事情。因此，我們選擇最典型、
地位最重要的上海租界作為範例，來研究租界文化與文學的關係。

　　所謂「租界文化」，是指 19 世紀 40 年代中期以來，隨著上海、天津、武
漢等地外國租界的相繼開闢，在以上海租界為主的租界區域逐漸形成的殖民
性、商業性、現代化、都市化、市民化的中西雜糅的文化形態，是與中國傳
統文化、海派文化、都市文化既有著一定聯繫，又有著明顯區別的一種新型
文化，其本質和特徵體現在與租界現象相聯繫的獨特的市政制度、文化體制、
城市空間、市民體驗和審美風尚等多個文化層面。隨著百年租界現象的終結，

尤其是中華人民共和國的成立，租界文化逐漸走向式微消淡。上海、天津、漢口等地的租界文化，因宗主國文化與地域文化的差異，其特徵與風貌稍有區別。本書對租界文化的討論限於上海租界文化。為了行文的方便，下文直接以「租界文化」來指稱「上海租界文化」。

實際上，自設立租界以來，人們就注意到其孕育的怪異而令人深感不安的文化形態。由於民國知識分子從固有的「鄉土中國」文化立場或廟堂士大夫文化立場出發，認定租界文化是淺薄庸俗的，更由於當代研究者的歷史或意識形態偏見，租界在中國文化現代化進程中的意義被縮減，或被言說的禁忌所裁剪，誰也無意於把租界文化確立為一種新的文化範型。梁遇春把黑暗的上海比喻成一條惡狗：「上海是一條狗，當你站在黃浦灘閉目一想，你也許會覺得橫在面前是一條惡狗，狗可以代表現實的黑暗，在上海這現實的黑暗使你步步驚心，真彷彿一條瘋狗跟在背後一樣」〔註4〕。周作人對上海文化充滿鄙夷：「上海灘本來是一片洋人的殖民地；那裡的（姑且說）文化是買辦流氓與妓女的文化，壓根兒沒有一點理性與風致」〔註5〕。錢鍾書則認為上海能產生藝術和文化，簡直是一個笑話，「正像說頭腦以外的手或足或腰腹也會思想一樣的可笑」〔註6〕。當今上海文化研究專家李天綱也坦言，「租界文化是一種混合文化，只有幾十年的歷史，其淺薄粗陋不但引起中西社會的共同輕視而且常令身在其中的自覺者自卑」〔註7〕。對上海（租界）文化持鄙薄態度的論說，不勝枚舉。這種評判態度的背後，有著深刻的文化心理因素在起作用。一方面，租界文化和絕大部分知識分子所堅守的文化價值立場相衝突，故他們極力貶低租界文化，把租界當作文化沙漠。「對所謂『文化沙漠』的批評，固然是指某地高品位的精神產品產出的匱乏，但更主要的，似乎是指城市所造就的一種人的生存狀態、生活方式、價值準則。」〔註8〕租界人的生存狀態、生活方式和價值標準，既不合傳統，又不合知識分子的人文理想。另

〔註4〕 梁遇春：《貓狗》，《梁遇春散文》，吳福輝選編，杭州：浙江文藝出版社，2001年，162頁。

〔註5〕 周作人：《上海氣》，《語絲》，1927年1月1日，第112期，第264～265頁。

〔註6〕 錢鍾書：《貓》，《人・獸・鬼》，北京：生活・讀書・新知三聯書店，2002年，第20頁。

〔註7〕 李天綱：《「海派」——近代市民文化之濫觴》，《文化上海》，上海：上海教育出版社，1998年，第19頁。

〔註8〕 楊東平：《城市季風：北京和上海的文化精神》，北京：東方出版社，1994年10月第1版，第61頁。

一方面，知識分子面對租界時，難免有一種「彷彿一條瘋狗跟在背後一樣」的文化恐懼心理，恐懼心理的深層原因就是強烈的民族意識。民國知識分子的民族立場和文化姿態，我們自然應該給予尊崇或諒解，但是，我們更需要直面歷史的勇氣和詮釋文學史的求眞意志。

租界是不平等條約的產物，但是與割地賠款等喪權辱國條款相比，通商口岸的闢設和其後租界的建立，卻是「失之東隅收之桑榆」的歷史現象。一方面，不可否認，租界是西方發達資本主義國家對中國實行經濟掠奪和軍事侵略的「橋頭堡」，是帝國主義建立在中國土地上的「飛地」。租界的繁榮亦屬不正當，因爲租界的繁榮與中國的戰亂動蕩、經濟頹敗「互爲因果」，「國內愈紛亂，租界愈繁榮；租界愈繁榮，內地愈衰落」〔註9〕。另一方面，我們也得承認，租界作爲政治、經濟和文化的實體性存在，促成了上海、天津、武漢等城市的崛起，建構了與傳統中國城市截然不同的城市景觀、市政制度、文化出版機制和消費時尚，改造了租界市民的生活方式、價值觀念、社會心理、審美觀念、倫理模式，並憑藉其商業貿易網絡、新聞傳播體系、人口流動方式，影響了晚清與民國的現代化進程。近代中國的現代性轉型基本上屬於外向型，知識分子是借西方觀念來「煮自己的肉」。如果沒有租界的存在，僅僅依靠少數留洋知識分子攜帶的能量來推動新文化運動，短期內努力的結果也許是「如一箭之入大海」。五四啓蒙運動是一場知識分子的自我啓蒙，而租界作爲西方文化的集散地和中西文化交流的前沿地帶，是一種全方位的啓蒙場域，租界提供的西方現代文明參照系具有自明性，租界運轉中產生的各種人事景觀和製造的各種觀念性現實，爲去國人乃至政體之「蔽」提供了最有說服力、啓發性和現實效應的例證和機遇。租界是西方現代精神文明和物質文明進入中國的緩衝地帶，西方書籍和西方觀念，幾乎是通過上海、天津、武漢等租界城市大面積引進傳播的，西方的現代物質文明和娛樂文化，如電報、電話、電燈、自來水、汽車、電車、電影、留聲機、跳舞場、咖啡館等等，最初都是在租界區域出現，然後才推廣到華界和內地城市。租界的存在，「爲西方物質文明和精神文明大規模地、系統地、迅速地、少受約束地輸入中國，提供了便利條件」〔註10〕。租界提供了中西文化交流碰撞的現實語境，是中西文化交融和中國文化由傳統向現代轉型的前沿地帶，租界的現代城市

〔註 9〕 新中華雜誌社編：《上海的將來》，上海：中華書局，1934 年，第 19 頁。

〔註10〕 熊月之：《上海租界與文化融合》，《學術月刊》2002 年第 5 期，第 56～62 頁。

景觀、生活方式和文化空間為「現代性」提供了令人神往的「實物樣本」。因此，租界一方面參與到了中國的現代性轉型中，另一方面為現代知識分子的啟蒙運動在啟蒙主體、啟蒙對象、思想資源、媒介傳播、現實語境、政治環境等方面提供了支持。五四新文化運動之所以「一石掀起千重浪」，和中國租界發展過程中積累的現代性因素也是有關係的。

　　根據希爾斯《論傳統》關於文化傳統的觀點，筆者認為，上海租界經過幾十年的發展歷程，在民國時期應該形成了具有一定規範的文化傳統。也就是說，租界文化作為一種文化範型或文化模式，應該是成立的。本尼迪克特《文化模式》一書中的觀點同樣有助於我們把「租界文化」確立為一種新的文化形態：「文明本身能夠產生的變化可能遠比人類任何權威所希冀或想像的對文明的變革都要更徹底、更激烈，而且仍是完全切實可行的。今日如此橫遭責難的那些細小變化，諸如離婚率上昇，城市中日甚一日的世俗化，貼面舞會的盛行，以及諸如此類不勝枚舉的事情，也許彈指之間就成了一種稍有差別的文化模式。一旦成了慣例，它們也就具有了同老模式在以前那些年代時所具有的同樣豐富的內容，同樣的重要性，同樣的價值。」〔註11〕租界文化在民國時期應該「成了慣例」，成了一種與中國傳統文化有很大差別的文化模式。否認其存在或譏笑其鄙陋的人，多少懷有偏見。

二、租界文化與海派文化、都市文化、殖民文化的關係

　　租界文化和海派文化、都市文化、殖民文化有密切的關係。在中國，租界是海派文化和都市文化的滋生地，租界文化和海派文化、都市文化在核心本質上有相通之處。在上海，無論現代城市景觀的出現、市民理性的形成、自由話語空間的提供、開放寬容意識的成熟、重商主義的流行、聲光化電工業文明的發達，都和租界的存在密不可分，這些特徵也被當作都市文化和海派文化的精神內涵。30 年代的海派文化是上海開埠後產生的一種文化現象，「海派」概念下的那些惡俗習氣，大多數是租界風氣所致。30 年代的中國都市文化與西方都市文化之間存在差異，很大程度上是因為中國的都市進程，是以沿海沿江的商埠、租界為核心與範本迅速推進的。實際上，30 年代的都市文化基本上是指上海十里洋場呈現的文化氣象，說到大陸 30 年代的都市文

〔註11〕〔美〕露絲·本尼迪克特：《文化模式》，王煒等譯，北京：生活·讀書·新知三聯書店，1988 年，第 38 頁。

學，幾乎就是指上海的都市文學。殖民文化是在殖民地化過程中產生的文化類型。租界是帝國主義在中國土地上開闢的「國中之國」，和殖民地在某些方面有類似的特性，租界文化和殖民文化存在交叉重合的特徵。由此可見，租界文化包含了海派文化、都市文化和殖民文化的一些內涵特徵。

儘管租界文化、海派文化、都市文化都是對民國時期上海文化的命名，但是筆者所提出的租界文化概念，不是簡單的名稱置換，它與學界一貫使用的海派文化、都市文化概念在內涵與外延上既存在重疊，也有著明顯的區分，其區別大致體現在以下幾個方面：

一、上海租界與華界在城市風貌、政治語境、管理體制、文化制度、社會心理等方面存在巨大差異，海派文化與都市文化籠統地把上海看作一個整體，租界文化則重視租界與華界的區分，因而對相關文化與文學現象的闡釋更爲確切，更能揭示文化與文學之間具體而微的內在本質關係。

二、三種文化所屬的坐標體系和解釋框架不同。租界文化處於中國傳統文化和西方現代文化所構成的解釋框架中，有著殖民入侵的文化背景；海派文化和京派文化構成一個二元對立的文化詮釋框架，20 世紀 30 年代的海派是租界罪惡品性的替罪羊；都市文化和鄉村文化構成一個二元對立的文化詮釋框架，現代轉型是聯繫二者的關節點。

三、租界文化具有強烈的殖民性和民族性特徵，而殖民性和民族性並不構成海派文化和都市文化的必要元素。

四、從租界文化角度來打量，能夠發現作爲文化主體的租界人所具有的一系列獨有的特性：上海租界人口的年齡性別構成具有獨特性，男女比例嚴重失衡，青年人占的比例明顯高於中外非租界城市，因而上海租界妓院林立，淫風熾盛，租界人有著強烈的冒險投機意識；在租界人中流行的語言是洋涇浜語；租界知識分子不能與任何集體發生有機眞實的聯繫，與租界的心理關係是「在而不屬」，身份特徵變得曖昧；上海租界由資產階級引導消費和生活的風尚，歐化趣味與小資情調成爲租界人標籤式的特性；等等。

五、租界文化是西方文化與本土文化在上海租界面敘、碰撞、雜糅的結果，不中不西，亦中亦西，是一種混合性的現代文化，具有「四不像」的特徵。這是都市文化不具有的特徵，雖然學界把這個特徵歸結到海派身上，但是歸到租界文化門下更妥貼。

每個文學史概念都有自己的價值空間，比如「啓蒙」、「救亡」、「國民性、

「現代性」、「現代轉型」、」「民間」、「二十世紀中國文學」等等這些文學史概念，或提供了新的史學觀念，或開創了新的批評空間，或給出了新的思維角度，或呈現了文學對象新的特質。同樣，「租界文化」概念在民國文學研究中也自有其存在的價值和空間。租界文化作為一種宏大的文化話語，在民國文學的思潮流派和作家的生活方式、生存體驗、寫作理念、話語風格、審美取向中，投下了或濃或淡的影子。要言之，租界文化是民國文學不可規避的有形或無形存在，影響了民國文學的流變走向和風貌格調。如果我們審視民國文學史的許多問題，能增加一副「租界文化」的眼鏡，或許能夠洞悉到其它文學史概念照顧不周的一些方面，從而對文學史結論做出某些補充或修正。

三、租界文化對 30 年代文學的影響

　　租界文化對民國文學所產生的不可忽略的複雜影響，我們有必要作出全面的探討。但是，因為此課題過於繁複，非一人一時所能夠完成，而且，為了使本研究的範圍更集中、更具體，也希望更深入，所以，本書選取 30 年代文學（1927～1937）〔註12〕作為研究對象。20 年代末，大量的精英知識分子彙集上海（主要活動在租界），上海取代北京成了全國的文學中心。1937 年 11 月上海失陷前後，出版機構、文學刊物和大批作家紛紛撤離上海，轉移到武漢、廣州、重慶、長沙、西安等地，上海作為文學中心的地位相應失去。30 年代的上海文學在整個 30 年代文學中佔有絕對的中心地位，以致於「在某種意義上，當我們說 30 年代文學，幾乎實際上就是指 30 年代以上海為中心發生的一些文學事實」〔註13〕。相對其它時段來說，30 年代文學與上海租界的關係最密切。因此，截取 1927～1937 與上海有關的文學現象作為闡釋對象，能更充分地揭示租界文化對文學的影響。如果從租界文化角度審視 30 年代文學，那麼其排序、特徵、層次和景觀都會呈現出新的樣態。「租界文化」視角為 30 年代文學研究提供了新的維度、新的尺度、新的空間。

　　本論著的原創性價值不僅在於「租界文化」概念的提出和詮釋，不僅在於「租界文化」為闡釋典型的海派小說──新感覺派小說提供了新的視角，更重要的價值是：「租界文化」為整體考察 30 年代文學提供了新的思路，為

〔註12〕根據論述需要，本書涉及的少數文學作品的創作時間會逾越 1927～1937 這個時間段的限制。

〔註13〕曠新年：《1928：革命文學》，濟南：山東教育出版社，1998 年，第 284 頁。

闡釋京派、左翼文學提供了新的向度，為審視茅盾、沈從文和魯迅的創作打開了另一扇窗戶。可以說，「租界文化」視角為 30 年代文學研究提供了原創性的可能空間。

租界文化氣候對 30 年代文學的影響是多方面的。30 年代文學從思想傾向到審美風格，或濃或淡地打下了租界文化的投影。30 年代文學的殖民性、商業性、激進姿態、小資情調、欲望主題、雜糅話語、頹廢精神、戲謔風格，都能從租界文化的角度做出一些解說。換句話說，上海的租界文化語境對於 30 年代文學的殖民性、商業性、激進姿態、小資情調、欲望主題、雜糅話語、頹廢精神、戲謔風格等特點的形成，具有重要的或局部的作用。

30 年代的許多文學現象的發生、特質都和租界文化的影響分不開。租界化的上海具有左翼文藝思潮所必需的社會階級構成模式和政治語境，租界的文化風尚和商人的投資，對左翼文學思潮的風行起到了推波助瀾的作用，左翼文學思潮符合大部分租界作家的精神狀態和租界人的文化心理。租界左翼作家的小資情調和無產階級文學的要求之間難以彌合的差距，使左翼文本在思想傾向、結構組織、風格預設、語言選擇等方面，偏離左翼文學的「標準」文本要求，帶來一些不可避免的敘事「症候」。無論是租界的精神氣候，還是新感覺派作家的生命狀態和接受者的期待視野，都為新感覺派小說的異軍突起準備了迎納的態勢。施蟄存、劉吶鷗和穆時英走在中西文化交流的前沿，充分享受著洋場的娛樂文化，他們是租界文化的典型載體，具備新感覺派小說家應有的精神狀態和生活體驗。新感覺派小說的話語模式，顯示出洋場文人的文化心理結構。新感覺派作家在洋場故事的敘述中，偶爾閃爍出「東方主義」的眼光。租界文化現象是京海派論爭的原發點和問題的核心。租界的文化風氣和文化規則，構成了京派文化的「他者」，一定程度上規約了京派的文學理念和京派文化身份的重構，京派的文化品格在與租界文化的對象性關係中得以展開，京派對海派惡劣品性的批判，從反面確證了自身的合法性和正統性。

租界文化對 30 年代作家的創作具有複雜的影響，這種影響在不同的作家身上表現出巨大的差異。對於在租界化上海生活多年的茅盾來說，租界經驗影響了他的批評視野、批評姿態和創作風格。茅盾這樣的租界作家，一隻眼睛隨著新興階級的意識形態流轉，一隻眼睛充滿溫情地體味著租界「小資產階級」活色生香的思想情感世界。茅盾對頹廢有著持久的興趣，以「為人生」

的觀念解剖揚棄頹廢的精神內涵，構設了新興階級的頹廢觀念樣本。當茅盾被動的由政治工作者的身份向文學創作者的身份轉換後，以《蝕》三部曲宣洩了他的頹廢苦悶心理，展示了時代新青年的世紀末頹廢，他的頹廢敘事具有「現代性」的意義。在《子夜》中，茅盾調動了豐富的租界體驗，提供了宏闊的租界生態圖景。對於京派作家沈從文來說，租界文化主要不是為他直接提供創作的素材，而是觸動了他回憶、想像、構築湘西世界的靈感，激起他敘事的欲望。沈從文寓居租界後，才開始建構希臘小廟供奉人性，才開始由鄉情民俗的單純展示轉向鄉村都市對立的深度模式，才開始形成明確的文化批判立場。租界的生活世態照亮了沈從文記憶中的湘西世界，促使他思索民族文化重造的重大問題。置身於租界商業化和殖民化的都市洪流中，沈從文離不開敘事的援引和救贖，租界的生存環境，讓沈從文找到了現代性的敘事倫理。沈從文以敏銳的洞察力穿透了殖民者的文化心態，在長篇小說《阿麗思中國遊記》中以戲謔調侃的筆調描畫了殖民者的複雜嘴臉和東方體驗。但是，沈從文審視苗族文化、漢族文化和西方文化的態度，沒有擺脫對殖民者的仰視心態和民族自卑心態，有自我東方化的嫌疑。沈從文的多重民族身份導致了族性敘事的曖昧和複雜，使得他對西方文化、漢族文化和苗族文化作出中心邊緣定位和優劣區分時，充滿悖論。如果說租界文化語境成就了 30年代的沈從文，那麼，租界文化語境影響了 30 年代魯迅的創作心態，逼得他改弦易轍，造成了他後期創作的低落、迷失和對租界風氣的趨附。魯迅生命的最後十年與上海灘有著糾纏不清的關係，遲暮心態的他注定要陷入欲棄還留、欲恨還愛的複雜情境。魯迅是士大夫文化和洋場文化的中間物。對京海合流的刻薄態度，流露出魯迅在租界化上海的邊緣感。置身於繁華紛擾的十里洋場，魯迅就做不出小說來。租界的精神氣候給魯迅的雜文帶來了一些明顯變化。魯迅《故事新編》前後期小說風格境界的差異，顯然是租界文化影響的結果。同樣是詼諧，前期三篇小說的「詼諧」出於至性深情，流露出濃厚的悲憫意識，是悲劇的詼諧、認真的「詼諧」，後期五篇則有點滑稽玩世，透露出輕薄的精神優勝，是喜劇的詼諧、「油滑」的「詼諧」。《故事新編》前期三篇糅入了更多的主體性，後期五篇基本上屬於「他者」故事的講述，缺乏個體生命體驗的熱烈參與。

需要說明的是，筆者並不試圖把 30 年代所有的文學現象都納入「租界文化」的麾下，而是選取和租界文化有著明顯關係，且具有代表性的現象和作

家來研究；本書的內容結構也不追求表面的勻稱和齊整，而是以「租界文化對 30 年代文學的影響」來凝聚論題所涉及的內容，對具體對象的論述只從相關性入手，不求完備。

第一章　租界與租界文化

第一節　租界歷史的回溯和評述

　　漫步上海灘，巍峨的外灘建築使我們緬懷租界往昔的繁華面影；倘佯南京路，閃爍的霓虹燈令我們遙想 30 年代的上海風情；探訪漢口鎮，新舊交錯的江漢街誘使我們解讀舊日的租界蹤迹；遊覽天津市，繁華的和平區向我們訴說著歷史的沉重變遷……。透過歲月的斑駁陸離，造訪在華的租界遺址，引發的感情是複雜的。面對租界遺迹的感受，化用張愛玲的一句話來說，彷彿覺得租界是「一襲華美的袍，爬滿了蝨子」──既驚訝於袍的華美，亦深感蝨子的可惡。同時，我們也許會引發好奇的探詢：外國租界遺留的景觀和當今的城市景觀相比，仍不減其現代風度和氣韻，租界的生活世界到底是一番什麼樣的情景？理性抽象的嗜好讓我們想把握住租界文化的本質屬性。要想獲取對租界文化的詳細感悟，我們不妨先對中國租界的歷史變遷和舊日鏡象作一番回溯和描摹。

一、回溯中國租界歷史

　　在考察租界歷史之前，先應該對「租界」這一概念有一個界定。《中國租界史》對「租界」概念進行了定義，我們樂意採用：

　　　　租界是 19 世紀中期至 20 世紀中期帝國主義列強在中國等國的
　　通商口岸開闢、經營的居留、貿易區域。其特點是外人侵奪了當地
　　的行政管理權及其他一些國家主權，並主要由外國領事或僑民組織

的工部局之類的市政機構來行使這些權力，從而使這些地區成為不受本國政府行政管理的國中之國。〔註1〕

租界無疑是列強入侵中國的產物。鴉片戰爭前，大清帝國是一個主權獨立、閉關自守的封建專制王國。1840年第一次鴉片戰爭爆發，「英國的大炮破壞了中國皇帝的威權，迫使天朝帝國與地上的世界接觸。與外界完全隔絕曾是保存舊中國的首要條件，而當這種隔絕狀態在英國的努力之下被暴力所打破的時候，接踵而來的必然是解體的過程，正如小心保存在密閉棺木裏的木乃伊一接觸新鮮空氣便必然要解體一樣」〔註2〕。戰敗的結果是1842年8月中英簽訂了《南京條約》，條約規定清政府開放廣州、廈門、福州、上海和寧波等5個通商口岸，並且規定「自今以後，大皇帝恩准英國人民帶同所屬家眷，寄居大清沿海之廣州、福州、廈門、寧波、上海等五處港口，貿易通商無妨礙。」英人在五個通商口岸發展貿易，首先就面臨一個居留的問題。1843年，中英雙方就英人在通商口岸租地建房等事宜進行磋商，於本年10月8日訂立了《五口通商附黏善後條款》。清政府為了防止英人散居各處，迷亂民心，無法控制，經軍機大臣穆彰阿核議，允准英方的請求，由中方地方官和英方領事官會同商定英人居留區域，讓英人在劃定地界內租屋建房，以此限定英人的活動，實行華洋分居。《五口通商附黏善後條款》第六款是清政府這種願望的體現：「中華地方官應與英國管事官各就地方民情地勢，議定界址，不許逾越，以期永久彼此相安」〔註3〕。

1843年11月，上海開埠。1843年12月下旬，上海道宮慕久與英國領事巴富爾大體劃定上海英人租地的界址，標誌中國的第一個外國租界初步設立。1845年11月，宮慕久和巴富爾議定了《上海租地章程》（也稱《土地章程》或《地皮章程》）。章程對英人租地方式，在租界的權利和義務，中國地方政府和英駐滬領事同租界的關係等一一作了規定。《上海租地章程》後來經過多次修改，被外國列強視為租界的根本大法，為租界制度的形成和發展奠定了基礎。英租界於1845年正式開闢後，美、法效法英國，以《上海租地章程》為依據，分別於1848年和1849年在上海劃界租地。從鴉片戰爭至

〔註1〕 費成康：《中國租界史》，上海：上海社會科學院出版社，1991年，第384頁。

〔註2〕 《中國革命和歐洲革命》，《馬克思恩格斯選集·第二卷》，北京：人民出版社，1972年，第3頁。

〔註3〕 王鐵崖編：《中外舊約章彙編·第一冊》，北京：生活·讀書·新知三聯書店，1957年，第35頁。

八國聯軍入侵的 60 年間，即從 1843 年第一個外國租界的初步闢設，到 1902
年鼓浪嶼公共地界和天津奧租界的最後開闢，英、法、美、德、日、俄、意、
比、奧等 9 個國家先後在上海、廈門、廣州、天津、鎮江、漢口、九江、蘇
州、杭州、重慶等城市，設立了近 30 個租界〔註4〕。依據租界由一國還是多
國管理，租界分爲專管租界和公共租界兩種形式。專管租界（Concession）
是通過永租的形式租與一租賃國，由一國管理，如上海法租界。公共租界
（International Concession）是通過永租的形式租與多個租賃國，由多國管
理，如鼓浪嶼公共租界。中國租界的概況見書後附表「中國租界基本情況一
覽表」。

　　租界在中國分佈廣泛，除了東北和西北，列強把在中國國土上闢設租界
這種內置侵佔模式，推廣到了大半個中國的重要城市區域中，其勢力盤根錯
節。列強在華開闢通商口岸和闢設租界的主要目的是爲了發展對華貿易，攫
取經濟利益。如果說租界是西方發達資本主義國家侵略中國的「橋頭堡」，那
麼，建立「橋頭堡」的最初動因主要是出於經濟上的考慮。但是，隨著租界
的繁盛和演化，租界成了資本主義的「飛地」，成了建立在中國土地上的「國
中之國」，甚至有西方的激進分子曾一廂情願的倡言要把上海租界變成一個
「上海共和國」。租界作爲經濟、政治的區域性實體，自出現後，就顯現出不
同於殖民地和西方現代城市的發展模式，既具有獨特性，又具有自足性，形
成了自己的一套市政管理模式、一種新的城市景觀和文化傳統，造成了一種
租界現象。租界散發的能量巨大，嚴重地制約著近代中國的經濟、政治和文
化發展，最顯明的事實是：租界促成了上海、天津、武漢等一批近代城市的
崛起，帶來了城市景觀的現代化、市場的繁榮、觀念的自由開放、崇洋風氣
的流行、民族主義的高漲，也導致了傳統道德的淪落，傷害了民族的自尊，
侵犯了國家的主權，攫取了中國的經濟利益。

　　租界主要是列強侵華戰爭的產物。「租界的開闢過程雖然長達一個甲子，

〔註 4〕　史學界對於租界開闢的數目並無一致的意見，大致在 30 個左右。數目的不一
　　　致，主要由於對租界（Concession）與居留地（Settlement）的區分。區分的
　　　依據涉及到土地出租的形式、地契的形式和市政司法管理權等問題。具體可
　　　參見徐公肅、丘瑾璋《上海公共租界制度》和費成康《中國租界史》兩部專
　　　著的相關內容，以及《東方雜誌》第二十五卷第二十一號上發表的兩篇文章：
　　　H・B・Morse《中國境內之租界與居留地》和 Vee Esse《在華外國租界問題之
　　　解剖》。

真正的租界開闢年代是 4 個短暫的時期,即近代中國 4 次被外國戰敗後的時期。」〔註5〕收回租界,同樣主要利用了第一次世界大戰、北伐戰爭和第二次世界大戰有利的國內外形勢。從 1917 年到 1945 年,中國政府經過 28 年的努力,先後將外國租界一一收回。自此,百年租界現象才煙消雲散。

二、聚焦上海租界

租界作為一種實體性存在,集體建構了與傳統中國城市截然不同的市政制度、城市景觀、文化出版機制、消費時尚等,改造了租界人們的生活方式、價值觀念、社會心理、審美觀念、倫理模式,並憑藉商業貿易、新聞傳播、人口流動等方式擴大其影響的範圍。租界作為一種實體性存在,在文化上具有一定的相通性,租界現象營造了一種新的文化模式。但是,由於租界的存在歷史長,分佈廣,資料繁複,要全面考察所有租界的文化特性和對文學的影響,就本書的寫作來說,無疑是一件不切實際的事情。因此,我們選擇上海租界作為範例,來分析租界文化的特性以及對 30 年代文學的影響。

選擇上海租界作為範例,來分析租界文化的特性以及對 30 年代文學的影響,主要有這樣一些理由:

一、上海租界在所有租界中開闢最早、存在歷史最長、中外人口最多、面積最大。「上海租界設立早,比天津英租界早 15 年,比廣州、漢口、九江租界早 16 年;歷時久,比天津英租界長 15 年,比廣州英租界長 16 年,比漢口英租界長 33 年;範圍大,上海兩租界總面積是其他 23 個租界總面積的 1.5 倍;外國僑民多,最多時超過 15 萬。」〔註6〕

二、與其他設立租界的城市相比,上海對外人和西方異質文化最具接納的態度。西方人在廣州的長期被排斥與在上海的被接納便是很好的對照。「從廣州來的英國人對於這個地方覺得很為滿意。他們覺得上海人比廣東人來得和氣,舉動較為文明,走過街上的時節,不像在廣州一般時常要受到當地人民的侮辱。……一切差不多已和住在本國時相彷彿了。」〔註7〕西方制度、觀念、生活方式進入上海租界相對順暢,是因為「在這裡,中華文明與西方現

〔註 5〕 費成康:《中國租界史》,上海:上海社會科學院出版社,1991 年,第 54 頁。

〔註 6〕 熊月之:《上海租界與文化融合》,《學術月刊》2002 年第 5 期,第 56～62 頁。

〔註 7〕 〔美〕霍塞:《出賣上海灘》,越裔譯,上海:上海書店出版社,2000 年,第 11 頁。

代性的相撞是以實用主義的方式來達到平衡的」〔註8〕。上海租界最早打破華洋分居格局，實行華洋雜居。租界的存在極大地改變了上海的城市景觀和人文面貌。

　　三、上海英租界 1845 年頒佈的《上海租地章程》和上海公共租界以工部局爲核心的市政管理體系，是其他租界設立的規則和管理的摹本，大部分租界的管理模式都是仿傚上海租界的制度。上海租界管理機構龐大，租界制度完善，在所有租界中發展最爲充分。上海租界可以說是租界的範本。

　　四、上海，尤其是上海租界，在近代中國的文化發展上具有舉足輕重的地位。據粗略統計，近代全國文學期刊的 83%，小說發表的 73%，西書翻譯的 77%，都集中在這裡〔註9〕。戲劇改革發源於此，話劇和電影萌生於此，西式學堂和醫院創建於此，出版、印刷機構彙聚於此，馬戲、雜耍、跑狗、賽馬等時尚娛樂活躍於此〔註 10〕。上海租界對近代西方文化器物的引進和使用，比其它租界早，「比如，以上海與天津相比，煤氣的使用早 19 年，電燈早 6 年，自來水早 14 年，報紙早 35 年，公共體育場早 44 年」〔註11〕。

　　「近百年的上海，乃是城外的歷史，而不是城內的歷史，眞是附庸蔚爲大國，一部租界史，就把上海變成了世界的城市。」〔註 12〕上海宋代設鎮，元代置縣，到了清代，上海也不過是東南一個較繁榮的縣鎮而已，而外灘開埠前只是一片灘塗之地。1842 年 6 月 19 日，英國艦隊攻陷吳淞口炮臺，侵佔上海城。1842 年 8 月，中英簽訂《南京條約》，根據條約，清政府被迫開放上海等五個通商口岸。1842 年 10 月，英方以巴富爾爲代表，選定了現今外灘一帶爲日後的居留地。1843 年 11 月 17 日，上海正式開埠。12 月下旬，上海道宮慕久與英國領事巴富爾大體劃定上海英人租地的界址，面積約 830 畝，此爲上海租界開闢之始。從此，十里洋場的上海租界就以這一片灘塗之地爲起點，如波斯魔毯那樣鋪開去。

〔註 8〕〔法〕白吉爾：《前言：上海與中國現代化》，《上海史：走向現代之路》，王菊、趙念國譯，上海：上海社會科學院出版社，2005 年，第 2 頁。

〔註 9〕參見：《上海近代文學史》第 66〜67 頁，陳伯海、袁進主編，上海：上海人民出版社，1993 年；《東南沿海城市與中國近代化》第 69 頁，張仲禮主編，上海：上海人民出版社，1996 年。

〔註 10〕陳伯海：《引言》，《上海文化通史》，陳伯海主編，上海：上海文藝出版社，2001 年，第 10 頁。

〔註 11〕熊月之：《上海租界與文化融合》，《學術月刊》2002 年第 5 期，第 56〜62 頁。

〔註 12〕曹聚仁：《上海春秋》，上海：上海人民出版社，1996 年，第 9 頁。

　　上海租界的發展，經歷了幾個關鍵時期。1853年太平天國軍隊攻克南京，劉麗川領導的小刀會起義軍佔領上海縣城，大量的華人湧進租界避亂，打破了租界「華洋分居」的格局，形成了「華洋雜居」的格局。「華洋雜居」改變了租界原先的人口結構，同時也使租界人口迅速膨脹，1853年租界人口超過了2萬人，也就在1853年，上海的外貿第一次全面超過了廣州。此後，上海的進出口總額一直占全國的二分之一到三分之二。經過1854年與清軍的「泥城之戰」以及1855年剿滅小刀會的戰事，上海英、美、法三個租界取得了租界自衛和自治的權力，並建立了一套以工部局為核心管理機構、以納稅人會議為最高決策形式的市民自治的市政管理制度。1860年和1862年太平天國軍隊進攻上海，租界內華人數量一度猛增到30萬和50萬。太平天國失敗後，租界內人口有所回落。華洋雜居格局的形成、江浙人口的大量湧入和市政管理制度的確立，為多種文化在租界的交流融合提供了契機，對租界文化的興起和定型起到了巨大的推動作用。民國前後，上海租界利用辛亥革命和第一次世界大戰的有利時機，加快了發展的步伐，租界呈現一派欣欣向榮的景象。當時文人寫的竹枝詞對20世紀初上海租界秩序井然的繁榮景象進行了描繪：「車聲種種響騰雷，晝夜奔馳馬路來。世界別開清曠境，況多金碧畫樓臺。」「洋場馬路闊而平，南市前經仿築成。新築浦灘外馬路，電燈巡捕一章程。」〔註13〕20世紀二三十年代，是上海租界的「黃金時代」，30年代中期租界的繁榮達到了巔峰狀態。1936年，公共租界人口已超過118萬，法租界人口總數則接近50萬。30年代上海兩個租界的總面積達到48653畝，還不包括越界築路的廣闊區域。據統計，到抗日戰爭前，除東三省外，外國資本對華進出口貿易和商業總額有81.2%集中在上海，銀行投資的79.2%、工業投資的67.1%、房地產投資的76.8%均集中在上海。1936年，上海直接對外貿易總值占全國外貿總值的55.56%。1936年，上海對全國各通商口岸貿易總值9萬億元，占全國的75.2%。1936年，上海有華資銀行58家，占全國總數的35%。1933年，上海工業資本總額占全國40%，工人占43%，總產值占50%〔註14〕。二三十年代的上海已經躋身世界著名國際大都市的行列，被稱為「東方巴黎」。

〔註13〕秦榮光：《上海縣竹枝詞》，《滬城歲事衢歌 上海縣竹枝詞 淞南樂府》，張春華、秦榮光、楊光輔著，上海：上海古籍出版社，1989年，第150～151頁。
〔註14〕統計數據來源於《上海史》的「前言」部分，唐振常主編，上海：上海人民出版社，1989年。

　　上海租界不僅工商業發達，而且文化事業也呈現一派繁榮的局面。30 年代，上海的電影公司已有十幾家，電影院也有三四十處。其它的文化娛樂消費場所，如舞廳、遊樂場、咖啡館、茶館、公園，遍佈租界各處。廣告和月份牌鋪天蓋地，報館書局林立。單就位於公共租界的福州路的中段一帶地方來說，30 年代擁有的書店就有幾十家之多，最大的如中華書局、世界書局，上中的如大東書局、廣益書局、現代書局、北新書局、開明書局，範圍較小的如泰東書局、光華書局、華通書局、新中國書店、卿雲書店、新月書店，以及什麼齋和什麼閣等古董書店。這一段短短地方有了幾十家書店，自可稱譽「文化街」而無愧了。1934 年，上海出版各種性質的雜誌 300 餘種，四開、八開的小報也有幾十種，再加上《申報》、《新聞報》、《時報》、《時事報》、《民報》、《晨報》等大報，共同撐起了上海的報刊雜誌的繁盛局面。〔註 15〕上海還是譯介西方書籍最多的地方。據統計，1899 年以前的半個世紀中，全國譯成中文的西書 556 種，其中由上海翻譯出版的有 473 種，占總數的 85% 以上。以上情況說明，30 年代的上海號稱全國的文化中心是當之無愧的。

三、上海租界的歷史文化意義

　　上海租界到底是什麼性質的區域？我們該如何做出歷史的評價？1925 年的《現代評論》周刊關於上海租界的性質是這樣認為的：「實則租界 Settlement or concession 不過是在通商口岸內特別劃歸外人住居營商之地域；這是出於外人住居生活上之一種便利的辦法，而不是帶著治理權，委託或讓渡的性質。所謂租界，正確的說來，只是外人『居留地』Areasetapart for foreign Residence」。〔註 16〕這從公共租界的管理組織原則也可以看出來〔註 17〕。有的

〔註15〕　參見郁慕俠：《上海鱗爪》，上海：上海書店出版社，1998 年，第 133～135 頁。

〔註16〕　周鯁生：《上海租界的性質及組織》，《現代評論》，1925 年 6 月 13 日，第 2 卷第 27 期，第 4～7 頁。

〔註17〕　「公共租界的管理組織的原則，定於一八六三年北京公使團之會議，現在舉出如左：（一）無論行使何項權力須先陳明各該國公使得中國政府允許；（二）此項權力僅限於簡單市政事件，如道路警察及舉辦市政稅等；（三）在租界華人，如實在未受外人雇用，應完全受華官管轄，與在中國地界內無異；（四）各國領事應管轄各該國人民：市政當局只能拘捕犯人分別送交該管中國官及外國領事懲辦；（五）市政機關內應有華人代表，俾隨時咨詢，而如關於華人有所舉措須得其允許。」（周鯁生：《上海租界的性質及組織》，《現代評論》，1925 年 6 月 13 日，第 2 卷第 27 期，第 4～7 頁。）

外僑也持大致相同的見解，認爲上海租界的「地契仍由中國官憲印發」，雖然在「在全區範圍內，僅外國政府可行使征稅權警察權與公用權」，但是「此三者爲佔有地主權之中國所允給」，因而推斷出「上海爲外國人居住地，爲居留地，而非租界；所謂法租界者，其性質殆與英美居留地相同」〔註18〕。大體上說，判斷一個外僑居留區是不是租界，主要看該區域的主權是不是掌握在中國政府手裏。租界後來的現實偏離了1863年北京公使團議定的管理組織原則，上海租界的市政管理、警察司法、稅收財政等方面的權力，幾乎都爲外國領事和工部局所控制。外僑自己也坦言：「中國政府於一八四二年締結《南京條約》，開五口爲商埠，許『英國人民在該五埠居住經商』，當時所許外人之權止此。而其後外人逐漸擴充其權，循至侵犯中國政府之主權。始而干涉衛生事務，繼而由領事選出所謂『公正商人』組織道路碼頭委員會，又設置巡捕，管理中外人民。修改《地皮章程》（Land Regulations），不使華人預問。後又解散道路碼頭委員會，設立『工部局』，徵收各種捐稅及碼頭捐，擴廣馬路，侵入華界。司法權以致立法權，皆擅自行使。禁止某種華人入界，違則拘捕。外兵可以自由來往，中國軍隊則不許入境。最近公共租界工部局——其眞名爲『洋涇浜以北上海外人團體之執行會』——甚至圖阻中國政府在界內設立辦公機關，同時組織一小常備軍，名之曰『上海義勇隊俄國隊』。中國政府軟弱不振，租界當局遂乘機侵權，無所不至」〔註19〕。應該說，上面的說法基本上是符合實情的。但這只是從一個角度來看的，即主權的角度，或者說政治的角度來評說的。歷史是辯證的，租界現象同樣如此。英國傳教士慕維廉在上海租界創立五十週年紀念的慶祝會上所發表的演講，從另一個角度評說了上海租界和外僑對中國的意義：「上海是我們的高度文明和基督教對整個中國產生影響的中心。……看一看租界的全貌吧——煤氣燈和電燈照耀得通明的房屋和街道，通向四面八方的一條條碧波清澈的水道，根據最良好的醫學上意見而採取的環境衛生措施。我們爲了與世界交往而擁有輪船、電報、電話；還開辦了外國發明創造的棉紡織廠、造紙廠、繅絲廠；最後的但並非最不重要的是北部的鐵路，充當了將要在全中國範圍內到處可見的設施的先驅。遵照我們自己的司法和市政當局的要求，法律和秩序在二十萬人口

〔註18〕〔英〕H・B・Morse：《中國境內之租界與居留地》，《東方雜誌》，1928年11月10日，第二十五卷第二十一號，第53～59頁。

〔註19〕Vee Esse：《在華外國租界問題之解剖》，《東方雜誌》，1928年11月10日，第二十五卷第二十一號，第59～62頁。

中間極爲美好地保持著」〔註 20〕。雖然傳教士在演講中沒有擺脫殖民者慣有的類似於「上海原是一個完全由白種人所創設起來的都市」〔註 21〕的觀點的偏頗，但是我們不得不承認租界文明的歷史價值。對於上海租界的價值評判，當代歷史學家陳旭麓先生的觀點獨到而深刻：「正義的並不一定是進步的，非正義的也並不一定都是不進步的。租界是非正義的，是侵略者的產物，然而上海公共租界，它有值得學習之處，它送來了資本主義及其先進事物，我們爲什麼不敢去正視它、學習它、認識它？這究竟是誰吃虧呢？租界是反動的，這樣說是容易的，但關鍵是如何認識。⋯⋯1914 年陳獨秀的《愛國心與自覺心》一文曾說租界是中國最安全的地方，是最安靜的地方。1919 年『五四』運動時，孫中山也說上海是自治區域的模範。這些人都是反帝、反侵略的，但看到和發現了自己所需要的事物。禍兮福所倚；福兮禍所伏。罪惡的事物裏可能含有不罪惡的事物；神聖的事物裏可能含有不神聖的事物」〔註 22〕。對中國的文化發展來說，租界的關設，是一件「塞翁失馬，焉知禍福」的重大歷史事件。就積極的作用看，上海租界的歷史文化意義主要有這些方面：

一、提供了一種中西文化交流碰撞的現實語境，是中西文化交融和中國文化由傳統向現代轉型的前沿地帶。「上海，連同它在近百年來成長發展的格局，一直是現代中國的縮影。就在這個城市，中國第一次接受和吸取了十九世紀歐洲的治外法權、炮艦外交、外國租界和侵略精神的經驗教訓。就在這個城市，勝於任何其他地方，理性的、重視法規的、科學的、工業發達的、效率高的、擴張主義的西方和因襲傳統的、全憑直覺的、人文主義的、以農業爲主的、效率低的、閉關自守的中國——兩種文明走到一起來了。兩者接觸的結果和中國的反響，首先在上海開始出現，現代中國就在這裡誕生。」〔註 23〕租界在西方現代文明的引進過程中，起到了緩衝地帶的作用，經過租界的緩衝和消化，西方的現代文明較爲順暢地蔓延到了其他區域，租界爲國人接受西方的文化觀念部分地掃除了障礙。

〔註20〕〔美〕羅茲・墨菲：《上海——現代中國的鑰匙》，章克生等譯，上海：上海人民出版社，1986 年，第 6～7 頁。

〔註21〕〔美〕霍塞：《出賣上海灘》，越裔譯，上海：上海書店出版社，2000 年，第 97 頁。

〔註22〕陳旭麓：《上海租界與中國近代社會新陳代謝》，《陳旭麓學術文存》，上海：上海人民出版社，1990 年，第 714 頁。

〔註23〕〔美〕羅茲・墨菲：《上海——現代中國的鑰匙》，章克生等譯，上海：上海人民出版社，1986 年，第 4～5 頁。

　　二、上海租界爲新文化和新文學的發展提供了自由言說的話語空間。租界的空氣使人自由，自由的話語空間爲新文化和新文學的發展提供了良性的環境。《新青年》（1917 年遷往北京）、《創造》和革新後的《小說月報》等刊物都先後誕生於租界。租界市民社會的興起，公共領域的出現，以及文化生產的商業化，對新文化和新文學的發展起到了重要作用。

　　三、租界啓蒙，即租界作爲一種文化景觀具有的啓蒙作用。啓蒙是一種「去蔽」，上海租界的存在，以及租界機制運轉中產生的各種人事景觀和製造的各種觀念性現實，爲去國人乃至政體之「蔽」提供了最有說服力、啓發性和現實效應的例證和機遇。上海租界彷彿是一個巨大的啓蒙場域，它所具有的啓蒙自明性，通過華洋混居和獨特的城市格局提供的對照體現出來。無意中看到一對年輕的外僑夫婦牽手在街上走過，或是第一次見識電話的神奇，或是親睹運動會上運動員的矯健身姿，比起閱讀新文化運動時期陳獨秀在《新青年》上狂呼猛進地提倡科學、自由、生命強力的文字，更爲直觀明瞭，產生的啓蒙效應更爲迅捷，許多不識字的市民或流入租界的鄉下人，無須誰給他們布道，也能通過耳濡目染改變自己的舊思想舊觀念。租界通過制度章程、城市景觀、外人的生活方式和思想觀念，直接把五四知識分子的啓蒙理念和文化精神推到各式各樣的個體和群體面前，避免了五四知識分子啓蒙言說的「理想讀者」與「現實讀者」的落差所造成的「叫喊於生人中」（魯迅《吶喊‧自序》），「如一箭之入大海」（魯迅《而已集‧答有恒先生》）的悲哀。租界景觀以市民的需求和價值觀念做底子，必然讓群眾感覺切實，能夠心安理得地領會。五四啓蒙是一種以話語作爲媒介的思想文化啓蒙運動，是一種文本解讀，是一種需要不斷加注釋才能讓受眾揣摩透的話語啓蒙；而上海租界的現實情景則提供了系統的具有自明性的實體性啓蒙，是不需要加注釋的，是沒有閱讀障礙的實情實景，畫報、廣告、通俗讀物、流行歌曲的能指和所指直接關聯，是不需要很高的文化解碼能力就能解讀的文化產品，具有普遍和快捷的啓蒙效應。五四新文化運動主要造就了一種現代化的文化觀念。而租界及租界文化的存在則直接提供了實踐的模擬範本、操作模式和行動規則。近代以來世界各地的殖民地和租界，之所以能迅速地開化民智，其實際效應遠較一般的制度改革和政治運動強大，其根本原因在於，殖民地或租界提供的西方現代文明參照系的自明性啓蒙，具有巨大說服力和同化力。

　　四、上海租界最早的現代文化團體、機構，以及文化活動，有相當一部

分是由西方人發起組織的。1849 年，西方傳教士建立了徐匯公學，是最早建立的西式學堂，比洋務派創辦的第一所新型學堂京師同文館（1862 年創辦）還早 13 年。該校培養了大批現代知識分子，如馬相伯、馬建忠等。上海創辦的第一所女子學校是裨文女塾，由美國傳教士於 1850 年創辦。「最早的話劇，要從上海的教會學校說起。這些學校裏有『懇親會』、『學藝會』等組織，學生們常常在這些組織的倡導下演戲。這種戲僅僅以臺詞構成全劇，時稱『新劇』，也有稱『時裝新戲』的，實際上便是最原始的話劇了。」〔註24〕租界最早出現的話劇團體，當屬 1850 年在英租界組織的「愛美的戲劇團體」，「公演處在今廣東路與北京路之貨棧中。後又由當時著名二劇團合併，成立大英劇社（Amateur Dramatic Club，A.D.C.），至今猶存」〔註25〕。中國的新聞事業，也是洋人開的頭。1850 年 8 月 3 日，租界的第一份報紙《北華捷報》英文報初次發刊，1864 年改名為《字林西報》。《字林西報》是純英國風的報紙，為工部局的喉舌，其言論常和華人的觀點相反，可以看出英國紳士的意向。上海最早的中文報由《北華捷報》報社於 1861 年創辦，名《上海新報》，比《申報》還早 11 年〔註26〕。租界的重要大報《申報》和《新聞報》，也是由西人創辦的。《申報》原為英國人美查（E.Major）所辦，1912 年史量才和張謇、應德閎、趙鳳昌、陳冷等合資，從席子佩手中購進《申報》，從此該報才真正成為中國人自己經營的報紙〔註27〕。美查兄弟於 1876 年，又辦了以通俗白話寫的《民報》，「發刊告白」聲明：「此報專為民間所設，字句如尋常說話」〔註28〕。《新聞報》由美國人福開森創辦，並且自清末直到太平洋戰爭爆發，一直為他主管，執行「無偏無黨」的辦報立場〔註29〕。上海租界的其它類型的文化機構和娛樂場所很多也是外人首辦，如上海圖書館、徐家匯天文臺、跑馬場等等。

〔註24〕湯偉康：《上海舊影·十里洋場》，上海：上海人民美術出版社，1999 年，第 61 頁。

〔註25〕徐公肅、丘瑾璋、蒯世勳等：《上海公共租界史稿》，上海：上海人民出版社，1980 年，第 318 頁。

〔註26〕曹聚仁：《上海春秋》，上海：上海人民出版社，1996 年，第 99 頁。

〔註27〕陸詒：《史量才與〈申報〉》，《20 世紀上海文史資料文庫（6）》，「20 世紀上海文史資料文庫」編委會編，上海：上海書店出版社，1999 年，第 1 頁。

〔註28〕曹聚仁：《上海春秋》，上海：上海人民出版社，1996 年，第 112 頁。

〔註29〕嚴獨鶴：《福開森與〈新聞報〉》，《20 世紀上海文史資料文庫（6）》，「20 世紀上海文史資料文庫」編委會編，上海：上海書店出版社，1999 年，第 26 頁。

　　這些最早的文化團體、機構、刊物和文化活動，初步奠定了租界文化的特性。教會學校彌漫著濃厚的宗教氛圍，震旦學院的校訓是「愛天主、愛教會、愛宗教、愛天上的美善」。辦報動機來自商業利潤的驅使，美查兄弟因為做茶葉生意虧本了，看到辦報生意不錯，於是集資辦《申報》〔註 30〕。新聞事業充滿殖民化色彩，《北華捷報》代表工部局的立場，表現出英國紳士的風格。娛樂事業富有冒險刺激性，觀看跑馬比賽的觀眾一個個都有點歇斯底里。劇場舞廳泛濫著色情服務，劇場有妓女陪看戲，舞廳有舞女陪跳舞。洋人也照顧到大眾的文化需求，《民報》面向「民間」，採用通俗白話書寫；20 世紀初福州路一家電影院，每張戲券只售銅元十枚，顧客都是短衣跣足的下層民眾〔註 31〕。

第二節　租界文化的特徵

　　上海很特別，因為它是一個因租界而突然崛起的城市。上海不是由傳統的中心城市逐漸演變成近代大都市，如倫敦、巴黎；不是在主權自主的情況下形成的移民城市，如紐約；也不是完全在殖民統治下發展起來的新興都市，如香港。上海是憑藉租界的政治、經濟和文化資源和語境而發展起來的，是在中西文化交匯碰撞的過程中由中外移民共同締造的現代都市。

　　近代因租界而被矚目的上海，不僅工商業方面在全國乃至全世界佔據著舉足輕重的地位，而且在文化上也別開風氣，二三十年代成了中國的文化中心城市。「在兩次世界大戰之間，上海乃是整個亞洲最繁華和國際化的大都會。上海的顯赫不僅在於國際金融和貿易；在藝術和文化領域，上海也遠居其他一切亞洲城市之上。當時東京被掌握在迷頭迷腦的軍國主義者手中；馬尼拉像個美國鄉村俱樂部；巴達維亞、河內、新加坡和仰光只不過是些殖民地行政機構中心；只有加爾各答才有一點文化氣息，但卻仍遠遠落後於上海」〔註 32〕。

　　租界文化顯得突兀、醒目。在 20 世紀的前幾十年，文人們是那麼熱衷於評說租界，熱衷於在「海派」「洋場」「租界」「都市」「上海氣」等名目下談

〔註 30〕曹聚仁：《上海春秋》，上海：上海人民出版社，1996 年，第 110 頁。

〔註 31〕郁慕俠：《上海鱗爪》，上海：上海書店出版社，1998 年，第 87 頁。

〔註 32〕〔美〕白魯恂：《中國民族主義與現代化》，香港《二十一世紀》，1992 年 2 月，總第 9 期，第 12～25 頁。

論租界文化，卻又往往心懷忌憚、筆藏譏諷、羞於爲伍，一副不屑於談論的腔調，這眞是一個可笑而滑稽的問題。打個不適當的比方吧，租界文化彷彿是妓女，——周作人就偏激地說過：「上海灘本來是一片洋人的殖民地；那裡的（姑且說）文化是買辦流氓與妓女的文化，壓根兒沒有一點理性與風致」〔註33〕，——男人們一方面公開或私下裏津津樂道於借各種故事和傳聞誹謗羞辱她，把她當做不潔物，在他們之間劃出道德和人格的界限，以示自己潔身自好，羞與爲伍；另一方面，又在心底回味某次徵歌買醉的得意或爲沒有機會親炙這位心儀已久的風塵女子而深感遺憾。租界文化在現代知識分子看來是「名不正言不順」，這與民族主義、階級鬥爭理論和傳統的文化價值觀給摩登上海塗上的一層層「灰色」有關。具體說來，一是20世紀初年，民族主義在全球範圍高漲，在中國的聲勢更爲浩大，上海的繁華由於和殖民活動存在不可分割的關係，觸到了民族主義者的痛處；二是五四前後馬克思階級論的廣泛傳播，使知識分子對上海這個買辦和資本家的天堂、下層人們的地獄，充滿了敵意；三是第一次世界大戰以後，西方文化價值遭到質疑，傳統文化價值被重新提起，以工商業而繁盛的上海，在傳統價值理念的觀照下，難免灰頭灰臉。〔註34〕

　　上面的分析同樣適用於說明現代知識分子和當代研究者爲何把租界文化弄得灰頭灰臉，爲何一直不願爲租界文化「立名」或「正名」。在研究上海文化方面卓有建樹的李天綱的觀點代表了對租界文化的一種流行看法：「租界文化是一種混合文化，且只有幾十年的歷史，其淺薄粗陋不但引起中西社會的共同輕視而且常令身在其中的自覺者自卑。這兩難格局造就了一種複雜心態，一方面這種雜湊的不中不西的新興文化強而有力富有誘惑，另一方面內內外外的人都嫌棄它而久久不願認同於它」〔註35〕。這種思想文化立場影響到了知識分子解讀租界歷史、租界文化的心態模式和價值偏向。所造成的最大缺憾就是：他們「不願意」或「沒想到」對租界文化深究——知識分子慣有的心理定式與先驗的經驗模式造成了他們研究時的思考維度的局限。至今的研究者還是願意在「上海文化」、「都市文化」、「海派文化」的旗幟下來研

〔註33〕周作人：《上海氣》，《語絲》，1927年1月1日，第112期，第264～265頁。

〔註34〕熊月之：《海派散論》，《上海：記憶與想像》，馬逢洋編，上海：文匯出版社，1996年，第187頁。

〔註35〕李天綱：《「海派」——近代市民文化之濫觴》，《文化上海》，上海：上海教育出版社，1998年，第19頁。

究相關的歷史問題和文學現象。然而，這些現象和問題又恰恰是與租界現象存在千絲萬縷的聯繫，可以說，這種聯繫是「捆綁式」的。我們可以發問：沒有租界，相關的歷史和文學現象會發生嗎？即使仍然發生，會是這樣的歷史情態嗎？不論租界現象是民族的屈辱或現代中國的鑰匙，我們都得承認它存在的事實和培育出的獨特文化形態──租界文化；無論我們喜不喜歡租界文化，我們都需要敢於說出租界文化對文學所帶來的重大影響。

很大程度上，租界文化是一種人為製造出來的文化，和租界制度有不可分割的關係〔註36〕。且不說制度本身就是文化構成的一個重要元素，更何況制度具有創造新型文化的巨大力量。從另一個角度來說，租界是中國政府被迫開闢的，租界文化主要是外在因素強行「嵌入」租界後的產物。因此，筆者對租界文化的分析，所使用的文化概念是廣義上的文化概念，更多地從外在的、顯性的文化層面入手，進而把握租界文化的內在的、深層的特質。為了便於梳理和歸納，我們從三個角度切入，即：租界的城市空間、租界人、租界制度下的文化體制，來分析租界文化的特徵。

一、立體的租界：雜糅的城市空間

「城市是一本打開的書」，城市的規劃布局、市政設施、建築文化、街道場景和公共場所等所構成的人文景觀，是城市的面貌和儀容，從中展示了城市的性格和品位、城市的抱負和理想、以及城市的困惑和失落。城市的空間構成形式，是城市文化的輪廓、投影，是城市文化的外衣。

上海的城市景觀首先給我們的印象是：「輻輳的時間性」和「輻輳的空間

〔註36〕1933年茅盾在一篇散文中介紹「前年」遇到的在外國待了十年後重回上海的一位「朋友」的故事，並借這位「朋友」之口說道：「上海這地方，就好像是一個新國度，歷史上從來沒有的；上海的男男女女就好像是一個新的人種，也是歷史上從來沒有的」。「我」給這位想瞭解上海人的朋友提供了這樣的建議：「你先去讀讀《洋涇浜章程》；研究租界裏的『華人教育』從前是怎樣的，現在是怎樣的；你還應該去考察考察上海有多少教堂，多少傳道所，你要去聽聽牧師的傳道；你要統計一下，上海有許多電影院，開映的是什麼影片；你還要留心讀讀上海出版的西字報和華字報：──這樣下來半年，你自然就會懂得上海人了」。（茅盾：《我的學化學的朋友》，《茅盾全集·第十一卷》，北京：人民文學出版社，1986年，第175～176頁。）所引茅盾散文的內容，可以用來印證上海租界文化的獨特性和「租界文化是一種人為製造出來的文化，和租界制度有不可分割的關係」這一看法。

性」。輻輳的時間性是指傳統文明和現代文明以共時態的方式存在於租界的景觀中，並且都給人以當下性的印象。租界日新月異的發展和租界生活的即時性、冒險性，加強了租界景觀的時間輻輳感。輻輳的空間性是指西方和東方的文化景觀在同一城市中並存不悖。

　　上海存在兩個主要城市空間，即以上海舊縣城爲中心的傳統空間和以租界爲中心的現代空間，兩個城市空間對比鮮明。華界和租界的反差正如竹枝詞所云，「出北城趨新北門，洋場景別一乾坤。洋涇浜至頭擺渡，商務興隆鋪戶繁」〔註37〕（北門外便是租界──筆者注）。上海紳士李平書對租界與華界的反差狀況進行了比較：「文明者，租界之外象，內地則黯然；……通商以來，上海上海，其名震人耳目者，租界也，非內地也；商埠也，非縣治也。豈非喧賓奪主耶！抑非所謂相形見醜耶？」〔註38〕30 年代，西方人寫的《上海指南》是這樣描述上海的形象：

　　　　上海，世界大都市，令人驚異的悖論，難以置信的反差。漂亮，卑污，奢華；生活方式如此迥異，倫理道德那麼不同；一幅光彩奪目的巨型環狀全景壁畫，一切東方與西方、最好與最壞的東西畢現其中。

　　　　上海，摩天大樓，聳立雲天，美國以外，天下第一，與此同時，茅屋草棚，鱗次櫛比。

　　　　百貨商店，華貴雍容，與紐約、巴黎、倫敦，聲氣相通。本地店鋪，光鴨、鹹蛋，名貴絲綢，上好玉器，女用內衣，銀製器皿，加上繽紛的廣告，喧囂的音樂，令人目爲之眩，耳爲之震。……上海，我們恨她，愛她！

　　　　生機盎然，朝氣蓬勃，輕鬆活潑，軋軋聒耳，騷動不安，熱烈奔放，上海，各種色彩、種族、節奏生活的大遊行，無數浪子靈魂的歸宿，正在游蕩者的黑暗後的曙光。

　　　　上海，無與倫比。〔註39〕

〔註37〕秦榮光：《上海縣竹枝詞》，《滬城歲事衢歌　上海縣竹枝詞　淞南樂府》，張春華、秦榮光、楊光輔著，上海：上海古籍出版社，1989 年，第 43 頁。
〔註38〕轉引自熊月之：《歷史上的上海形象散論》，《史林》1996 第 3 期，第 139～153 頁。
〔註39〕轉引自熊月之：《歷史上的上海形象散論》，《史林》1996 第 3 期，第 139～153 頁。

上海城市空間的割裂和反差，實際上並不是什麼怪現狀，這是殖民化城市常有的模式。埃及的開羅也大致是這種情況：一條街道把開羅分成舊城區和殖民地城區，「埃及的過去和將來之間，在 19 世紀初看來只是一條小裂縫的區別，到世紀末已經拓展為很寬的間隔」〔註 40〕。上海新舊兩個城區雖然毗鄰相接，但又相距遙遠。華界與租界街道相連的格局中呈現出的相形見拙，無疑是帝國主義希望看到的一種視覺反差效果，殖民者從中驗證了他們的實力和成功，為他們自認為是造就上海這個國際大都市的功臣，自認為是上海的真正主人，提供了心理依據和強權邏輯。

反差是由多色調造成的，本身就意味著非單純的風格。反差造成的分裂只是上海城市景觀的一個方面，上海城市景觀更重要的特性是雜糅的一面。由於 1912 年上海舊城牆的拆除，越界築路和電車軌道把租界的手伸展到了華界。租界的現代西方城市文明對華界的傳統中國城鎮文明形成了有形和無形的壓力，在這種壓力下，華界無暇從容地考慮對殖民文化的遷就或者對抗問題，開始逐步對租界城市建設和市政制度進行仿傚甚至移植。況且，十里洋場的風氣，不管華界願意不願意，在整個上海的城市空間中自由地飄蕩，用海妖的歌聲蠱惑著進入這個城市的每一個人。華界和租界「兩個空間無休止的『越界』，使上海形成了一種所謂的『雜糅』的城市空間」〔註 41〕。在租界的現代化空間中，有大量茶館、妓院等傳統的生活娛樂設施，有傳統的京劇、越劇上演，有長袍馬褂的老者蹣跚而行；在華界，城隍廟不乏金髮碧眼的西方遊客，電車亦直達縣城中心，石庫門和飛簷畫棟的傳統院落相互輝映，華界在市政管理上也積極地傚仿租界。

從主導傾向來說，所謂「雜糅」，主要不是華界的傳統中國城鎮文化景觀雜糅了租界的現代西方城市文化景觀，而是租界雜糅了華界。到了二三十年代，「混沌」的上海已經成為被「租界化」的現代都市，在混沌雜糅的城市空間中，租界文化和租界制度的反客為主，是造成上海和中國別的城市相比顯得獨特怪異和畸形繁榮的酵母。

上海租界的城市景觀最突出的特徵在於城市空間的奇特組合。如果對租界

〔註 40〕 〔美〕愛德華・W・薩義德：《文化帝國主義》，李琨譯，北京：生活・讀書・新知三聯書店，2003 年，第 181 頁。

〔註 41〕 劉建輝：《魔都上海：日本知識人的『近代』體驗》，甘慧傑譯，上海：上海古籍出版社，2003 年，第 2 頁。

的城市空間作具體分析，租界可以劃分成三個各具特色的區域空間：一是位於延安東路和蘇州河之間的區域，由原英租界發展而來，屬於公共租界的核心區；二是以霞飛路（今淮海路）為中心的法租界區；三是蘇州河北面以北四川路為中心的區域，原為美租界的範圍，在 30 年代成了日本僑民的聚居區。各個區域既各有特色和風情，表現出城市景觀的多樣性，同時，各個區域不斷地交融互動，產生一種混沌的城市景觀，增加了對移民的召喚力和親和力。

　　為了說明上海租界城市空間的特徵，我們選取四個「標誌性空間」來具體論述。我們一說到上海租界，首先在頭腦中顯現的是「外灘」；一說到法租界和被蘇州河分開的公共租界兩個區域，印象最深的是霞飛路、南京路和北四川路三條街道。我們就以外灘作為整個上海租界的標誌性空間，以霞飛路、南京路和北四川路分別作為租界三個區域的標誌性空間。

　　外灘是租界的門面。無論離滬去他鄉，抑或從遙遠的歐洲大陸乘坐海輪來滬，外灘是最讓人傷感或最讓人振奮的空間地帶。在外灘，世界各種風格的建築彙集一起，數十座巍峨的大廈綿延起伏，素有「萬國建築博覽」之稱。滙豐銀行、海關大樓、沙遜大廈、禮查飯店、匯中飯店、百老匯大廈、上海總會、中國銀行等建築一字排開、交相輝映。哥特式的尖頂、古希臘式的穹隆、巴洛克式的廊柱及西班牙式的陽臺，都別具一格，給人以濃鬱的異國情調，形成了上海租界具有象徵性的一道景觀。外灘曾是西方列強在上海的政治、金融、商務和文化中心。當年各國的領事館大多集中在這兒，如英國領事館、俄國領事館、法國領事館。外灘也是國際金融資本在中國的大本營，英商資本在華最大的金融機構滙豐銀行、俄商道生銀行和法商東方匯理銀行都設立於此。此外，外灘還有西方大商賈的高級俱樂部上海總會。巨型建築群落的立體性空間構成了上海租界的「標誌性空間」。外灘沒有居民住宅，全是清一色的高樓大廈，這些巨型建築給人以雄偉莊嚴、富麗堂皇、堅如磐石的感覺。外灘的巨型建築群落似乎沉默無言，實際上彷彿都在發言：訴說著資本所有者的雄心和自信，以及狂妄的主人翁姿態。在英國殖民者的視閾下，外灘的「西洋建築高聳入雲，青銅和花崗石築成的牆面直刺中國的天空，炫耀著白人無上的威力」〔註 42〕。在高樓大廈的俯視下，每個路過的華人都難

〔註 42〕　〔英〕哈瑞特・薩金特：《上海的英國人》，《上海的外國人（1842～1949）》，熊月之、馬學強、晏可佳選編，上海：上海古籍出版社，2003 年，第 1～2 頁。

免自覺混沌和渺小。作爲租界的「標誌性空間」，外灘象徵著權力意志，昭示著西方資本對於租界空間的掌控，是西方殖民者征服和開發十里洋場的集體意志的投影。尤其因爲它映照出了鄰近舊城的破舊，顯示出一種實力，爲其存在的合理性作了注腳，助長了外僑的驕傲、華人的豔羡和民族的壓迫感。西人在外灘爲租界的開拓者巴夏禮和赫德塑造銅像，把租界當做本土的延伸。華人在外灘建築和銅像的雄視下，鬱積了深深的民族憤懣。

「霞飛路」是法租界的「標誌性空間」。霞飛路是上海租界最具異國情調、最摩登的城市空間。王禮錫的詩歌《夜過霞飛路》（1932年）是這樣爲霞飛路造影的：「電燈交綺光，蕩漾柏油路，瀉地車無聲，燭天散紅霧。麗服男和女，攬臂矜晚步。兩旁琉璃窗，各炫羅列富。精小咖啡館，謔浪集人妒，狐舞流媚樂，繚繞路旁樹。宛轉入人耳，癡望行者駐。前聳千尺樓，高明逼神惡」〔註43〕。鄭伯奇筆下的霞飛路更是風情萬種魅力非凡：「霞飛路是摩登的，摩登小姐和摩登少爺高興地說。霞飛路是神秘的，肉感的，異國趣味的，自命爲摩登派的詩人文士也這樣附和著說。是的，霞飛路有『佳妃座』，有吃茶店，有酒場，有電影院，有跳舞場，有按摩室，有德法俄各式的大菜館，還有『非摩登』人們所萬萬夢想不到的秘戲窟。每到晚間，平直的鋪道上，踱過一隊隊的摩登女士；街道樹底，籠罩著脂粉的香氣。強色彩的霓虹燈下，跳出了爵士的舞曲。這『不夜城』，這音樂世界，這異國情調，這一切，都是摩登小姐和摩登少爺乃至摩登派的詩人文士所賞贊不止的。」〔註44〕

如果說外灘的雄偉空間展現的是西方的權力意志和囂張氣焰，是「意識形態化」的話語空間；那麼，霞飛路給出的主要是生活化的租界空間，是被審美化的日常浪漫空間。街道兩旁的法國梧桐送出一片溫馨綠意，「漂亮的法蘭西女郎手挽手，並排著緩緩走在人行道上，一個眞正的法國式早晨在這裡開始了——路旁，俄羅斯老人提著裝滿鮮花的籃子向行人兜售，買菜的太太們三三兩兩走在路上」〔註45〕。夜深了，路燈下「有盡在那裡徘徊著的俄羅斯先生，他彷彿是沒有家的，在從這端漫步到那端，又從那端漫步到這端」〔註46〕。如果

〔註43〕王禮錫：《夜過霞飛路》，《王禮錫文集》，王士志、衛元理編，北京：新華出版社，1989年，第85頁。

〔註44〕鄭伯奇：《深夜的霞飛路》，《申報・自由談》，1933年2月15日，第18版。

〔註45〕〔日〕江南健兒：《新上海》，上海日本堂，1933年。轉引自許洪新：《從霞飛路到淮海路》，上海：上海社會科學院出版社，2003年，第149頁。

〔註46〕林微音：《上海百景》，《上海味道》，楊斌華編，長春：時代文藝出版社，2002年，第134頁。

說外灘是史詩風格，那麼霞飛路就是抒情詩風格，很容易使文人聯想起「落霞與孤鶩齊飛」的詩境。

「南京路」又叫「大馬路」，是上海租界最繁華的一條街道，以致當地人認爲「到南京路去，就算是到上海去的」〔註 47〕。南京路東頭通向外灘，西端是「新世界」娛樂場和跑馬廳，先施、永安、新新和大新四大百貨公司都坐落於南京路，還有那夜夜笙歌豔舞的百樂門，讓人倍覺新鮮的屋頂花園和播放最新好萊塢影片的「大光明」電影院。南京路是萬商雲集之街、聲光化電之地，不僅成爲上海最大的商業中心，還成了上海著名的景觀之一，正如蘇梅女士作的《南京路進行曲》所描繪：「飛樓百丈淩霄漢，車水馬如龍，南京路繁盛誰同！天街十丈平如砥，豈有軟紅飛。美人如花不可數，衣香鬢影春風微」〔註 48〕。風格新穎的建築群、五彩繽紛的櫥窗陳列、流光溢彩的霓虹燈、林林總總的廣告、風馳而過的電車、手持警棍的紅頭阿三（印度巡捕），等等，構成了南京路的外部空間；紳士舞女雲集的百樂門、激情發狂的跑馬場、人影憧憧的新世界、買賣繁忙的百貨公司、演繹都市男女情感的大光明電影院，等等，構成了南京路的內部空間。無論是內部空間還是外部空間，提供的都是西方式的現代化都市生活空間。而且，南京路的城市空間基本上屬於公共空間，爲每一個進入該區域的人提供了文化消費的可能性，正是這些公共空間造就了現代的市民群體和生活方式。但是，南京路提供的城市空間想像並不等同於巴黎、倫敦、紐約那樣單純的現代城市空間，而是打上了租界的文化烙印。建築主導風格的歐化、電車上的三等華人座位、街頭來回巡視的紅頭阿三、廣告上的歐洲人形象、舞廳播放的爵士舞曲、百貨公司販運的國際性消費時尚、好萊塢影片常見的殖民者冒險故事、猶太人哈同捐資鋪設的紅木街道，等等，這些鏡象無不把租界的精神氣候播撒到南京路的城市空間中去，蔓延到租界人的生活世界和城市觀念中去。

「北四川路」位於蘇州河北面的虹口，以郵政總局爲起點，直通到虹口公園。北四川路讓人覺得有些邪乎。在沈從文的筆下，「閘北四川路，一到下午就有無數年青男女在街上逛玩，其中一半是學生，一半是土娼流氓，洋野雞也

〔註 47〕曹聚仁：《上海春秋》，上海：上海人民出版社，1996 年，第 8 頁。
〔註 48〕梁得所：《上海的鳥瞰》，《旅行雜誌》1930 年 1 月，第 4 卷第 1 期，第 7～12 頁。

不少。這地方上海文學家稱之爲『神秘之街』」〔註49〕。《良友畫報》的主編梁得所則稱北四川路爲「生之欣悅」之街。這條路一帶，影戲院不下十間，跳舞場十餘所，中西餐館不計其數，市井氣十足，好在有許多的男女學生給這條路增加了些明朗的色彩。北四川路在市民的夜生活中佔有重要地位，醇酒婦人和狂歌達旦的娛樂方式，把一些生命力過剩的人士吸引到這裡，把這條街弄得很曖昧〔註50〕。1924 年日本海軍特別陸戰隊司令部在北四川路底建了一座軍艦型的大樓，給北四川路增加了一股火藥味。這裡是租界治安最混亂的區域，飛揚跋扈的日本浪人常常在此出沒，左翼人士和黨政要人也喜歡在此居住或聯絡，魯迅住在北四川路附近，白（崇僖）公館鄰近北四川路，左聯成立大會在附近召開，普羅作家願意與這裡產生些瓜葛牽連。1928 年，上海的第一家咖啡館「上海珈琲」在北四川路開張，被魯迅戲稱爲「革命咖啡店」，「在裏面還雇用了女招待，因此引得一般多情敏感的新文藝作家趨之若鶩，大家都想到這裡面來獲得一些『煙土披里純』（Inspiration 靈感——引者），尤其是一般普羅作家如蔣光慈、葉靈鳳等，更是每天必到的」〔註51〕。施蟄存和劉吶鷗、戴望舒每天晚飯後也喜歡「到北四川路一帶看電影，或跳舞。一般總是先看七點鐘一場的電影，看過電影，再進舞場，玩到半夜才回家」〔註52〕。

如果說霞飛路充滿了法國浪漫情調和俄羅斯氛圍，那麼，北四川路則留下了鮮明的東洋痕迹，以致人們誤認爲虹口是日本租界。80％的日本僑民長期住在虹口，「在酒店的陳列窗中是一瓶瓶的菊正宗，鶴舞，千福；還有應季節而給陳列著的立雛。……藥房在兼賣化裝品以外，還在充分地供給著助興劑和防毒具」〔註53〕。總之，北四川路的城市空間有點邪乎，帶點魔性，惡勢力在這裡恣肆，進步的行動藉此醞釀，大和民族的文化在這裡擴張，製造著泥沙魚龍、聲色犬馬的詭譎傳奇；北四川路營造出來的是中西摻雜、曖昧不明的城市空間，釋放著千奇百怪過剩的生命活力。

〔註49〕 沈從文：《海上通訊》，《沈從文文集・第十卷》，廣州：花城出版社，香港：三聯書店香港分店，1984 年，第 44～45 頁。

〔註50〕 梁得所：《上海的鳥瞰》，《旅行雜誌》1930 年 1 月，第 4 卷第 1 期，第 7～12 頁。

〔註51〕 史蟬：《文藝咖啡》，《文友》1944 年 10 月，第 3 卷第 10 期，第 23 頁。

〔註52〕 施蟄存：《我們經營過三個書店》，《沙上的腳迹》，瀋陽：遼寧教育出版社，1995 年，第 12 頁。

〔註53〕 林微音：《上海百景》，《上海味道》，楊斌華編，長春：時代文藝出版社，2002 年，第 135 頁。

　　上面所分析的四個「標誌性空間」大致屬於宏觀的、公共的城市空間，接近亨利・列斐伏爾所提出的「規劃空間」概念。租界居民的「日常空間」則更多地屬於弄堂、石庫門、亭子間的逼窄天地。

　　上海的弄堂，是「鴉片戰爭後，中西文化交匯的結果」〔註54〕。弄堂口照例有油鹽店、醬園一類的商店，在弄堂門祠裏，什九是可以發現一個補鞋修傘的小攤，一個出租連環圖畫的舊書攤和一家供應熱水的老虎竈。進入弄堂，石庫門連著石庫門，腳下是灰色的水門汀，頭上是支離破碎的一縷天，感覺這裡是「發酵的人間世，骯髒，囂騷，望之黝黑而蠕動，森然無盡頭」〔註55〕。石庫門建築是租界特有的建築模式。「到1949年為止，這種弄堂式的房子，占上海建築的65%以上，也就是上海居民有65%居住在弄堂之中。這種弄堂式的房屋分散在各個不同的租界，出現各種不同異國情調和色彩。」〔註56〕所謂石庫門，是用花崗石或寧波的紅土磚築構的門框，門框有半圓形、三角形或長方形的，門楣上有希臘式、羅馬式或文藝復興時的浮雕，也有中國式的飛簷翹角，兩扇黑漆大門，門上加有弔環，表現了當時弄堂建築中西交匯的特殊形態。常見的石庫門住宅，從大門進去，首先是一個小天井，穿過天井，有間客堂，客堂後面是竈披間（廚房），在客堂和廚房之間有一架狹窄的樓梯通向二樓，二樓的前頭位於堂屋上的是主房，為主人的臥室，在樓梯的拐角處位於竈披間之上的是亭子間，一般用於堆雜物或傭人居住，亭子間上面有個小陽臺，供曬衣乘涼用。但是由於租界房子的緊張，這樣的一套房子住上三、四戶人家也是稀鬆平常的事。

　　弄堂的石庫門住宅是西式的，體現出對理性和實用的追求，與以北京四合院為典型的中國傳統住宅的風格完全不同，不具有四合院空間布局所蘊含的倫理深度模式。四合院按中軸線東西對稱，正房朝南，東西兩側是廂房，另有耳房和小院。四合院的建築空間是最能體現儒家文化之人倫關係的建築，在這種相對封閉的建築系統中，我們可以清楚地看到人與人之間尊卑有等、長幼有序、嫡庶有別的等級關係。「無論是幾進幾齣的四合院，其正中的

堂屋必然是面南背北、至高無上的。它體現了尊者、長者、嫡者不可替代的
正宗地位。在它的周圍，不僅東西廂房的格局較小，就連左右耳房的高度也
較低。它們體現著卑者、幼者、庶者偏離中心的輔助地位。……儒家文化不
僅講究等級的差異，而且講究情感的融合。在堂屋、耳房和廂房之間，有一
道曲徑通幽的抄手迴廊將它們連在一起，彷彿是一種血脈的溝通、情感的聯
繫。每個建築各就各位、各司其職，在天圓地方的『四合院』內共同享用著
天理倫常。」〔註 57〕北京的四合院，適合四代同堂共居，弄堂的石庫門住宅
只適合小家庭生活，改變了過去傳統族居的社會結構。租界的石庫門住宅縮
減了傳統倫理關係的存在空間，擴大了個體自由倫理的生存空間。

　　上海租界的城市空間，體現出作為外國租界的特性。在布局上，上海租
界面朝黃浦江，接受逆水而上的海洋文明，外灘是租界的中心和門面，其後
是商業娛樂休閒區和生活住宅區。城市的空間裏彌散著社會關係，它不僅被
社會關係支持，也生產社會關係〔註 58〕。租界的整個布局，與租界作為西方
國家遠東貿易巨埠的功能相契合。上海租界城市空間的崛起，在上海市乃至
全中國，飛揚跋扈而又生氣勃勃地建立了一個新的中心，改變了原有的「中
心──邊緣」空間結構，不但把舊縣城邊緣化了，而且在文化上、經濟上，
把北京、廣州等城市也不同程度地邊緣化了。

　　上海租界的空間是混合雜交的城市空間，東方和西方，過去和現在，都
自由雜亂地填塞在城市空間裏，製造了對各色人等來者不拒的開放式空間形
象。雜糅的城市空間是中西混合的租界文化的表徵，也為租界文化的形成提
供了適合的空間結構。在上海租界，中外時空的交匯和輻輳，導致了崇洋風
氣的盛行，給租界人製造了時間的緊迫感和落伍的恐懼感，他們不得不適應
租界快節奏的生活，並且對一切前衛觀念和新潮事物趨之若鶩。混合的城市
空間也加強了租界文化「不中不西」的特點。在 30 年代，有人對此持樂觀的
態度：「人常譏上海是四不像，不中不西，亦中亦西，無所可而又無所不可的
怪物，這正是將來文明的特徵。將來文明要混合一切而成，在其混合的過程，
當然表現無可明言的離奇現象。但一經陶煉，至成熟純淨之候，人們要驚歎

〔註 57〕 陳炎：《東西方建築的古代、現代、後現代特徵》，《天津社會科學》2003 年第
　　　　3 期，第 110～116 頁。
〔註 58〕 亨利・列斐伏爾：《空間：社會產物與使用價值》，薛毅主編《西方都市文化
　　　　研究讀本（3）》，桂林：廣西師範大學出版社，2008 年，第 25 頁。

其無邊彩耀了」〔註 59〕。租界城市空間的雜糅，是一種對照，是一種混沌，
是多元文化的表徵，也包含著空間的無序組合。

　　與租界城市空間的雜糅性相對應，是個人生活空間的雜糅性。施蟄存在
散文《繞室旅行記》〔註 60〕對書房的巡視過程展現了租界文人的生活空間：
翻閱幽默雜誌《宇宙風》，點燃一支白金龍香煙，想起父親送的三件恩物（意
大利白石雕像、宜興砂製牧童騎牛水池、柯達相機），視察舊雜誌（主要是畫
報和文藝雜誌），回憶未面世就夭折的《文藝工場》雜誌紙型（《文藝工場》
預備登載的是些左傾文章），檢視二三十枚印石、地球儀盒子和貼報薄，最後
抽煙品茗。這就是「繞室旅行」的過程和所涉及的對象，以及由對象所引起
的回憶。從中可以看出租界文人生活空間色調的駁雜，這也是租界文化的一
個縮影。租界文人的生活是駁雜的，沒有主打的基調。他們把古典和現代，
西方和中國，士大夫趣味和時尚閱讀、革命傾向，打碎糅合在個人的生活空
間裏，顯得豐富多彩又不倫不類。生活空間的雜糅性，影響到租界文人的人
格和精神狀況，使得他們很容易情緒浮躁、心理孤獨、倦怠厭世，使得他們
遠離傳統文人的和諧人格，對一切都感到隔膜，精神迷亂，靈魂漂泊無依，「不
知道風是在哪一個方向吹」。

　　租界城市空間的雜糅性影響到了租界刊物、文人話語和文學創作的特
徵。租界的「雜誌」特別多，雜誌的特徵之一就是「雜」。《東方雜誌》、《現
代評論》、《良友畫報》、《申報月刊》這些大型刊物的內容是蕪雜的，《申報》
的廣告五花八門，《文藝畫報》在「編者隨筆」裏表明：「有時要登幾張女明
星的照片，不過遇到了明覆宋槧的孤本，或是什麼石洞裏的唐人寫經之類，
我們也許會『附庸風雅』的來複印幾張的」〔註 61〕。30 年代小報的類別也特
別雜。1937 年前的小報，《晶報》以消息靈通，大膽揭露官場內幕深受讀者
歡迎；《金剛鑽》是一份以老年讀者爲主的小報；《福爾摩斯》以新聞快速，
善於刺探消息爲特點；《小日報》對報界動態和報人生活尤爲關注；《上海報》
第一張是社論和新聞，第二張是小品文，與讀者打成一片；《社會日報》的
內容以小品文爲主，該報所刊文稿，大部分系中老年人所寫，詞藻之美，一
時無雙；《羅賓漢》專登戲劇新聞和劇談；《開心報》以筆調幽默活潑爲特色；

〔註 59〕　曾覺之：《上海的將來》，上海：中華書局，1934 年，第 66 頁。
〔註 60〕　施蟄存：《繞室旅行記》，《宇宙風》，1936 年 2 月 1 日，第 10 期，第 495～498
　　　　　頁。
〔註 61〕　《編輯隨筆》，《文藝畫報》，1934 年 10 月 10 日，第一卷第一期。

《東方日報》的熱點欄目是唐大郎的打油詩和周天籟的長篇小說《亭子間嫂嫂》；《社會夜報》專登刑事新聞；《辛報》新文藝氣氛較濃，以影劇和小品文見長。〔註 62〕文藝刊物的作者和讀者類別也很繁雜。《文藝風景》的「創刊之告白」預設了「文藝風景」的作者和鑒賞者：「文藝的作者，無論是瑤華公子，繡閣才子，偶爾弄筆，發為佳作；或是坐倦皋比，形勞案牘，濡墨展紙，以為遣興；或是困守家園，憐才悲命，妻子啼饑，仰天長歎，刻腎鏤肝，以謀饘粥；或是自擊狂流，心傷浮世，發憤揮椽，以當木鐸；凡此種種，動機雖然不一，而其成就則無非是文藝界之一景，正如山水，茅亭，癩犬，乞丐之紛然雜陳於我們眼下。說到這文藝風景之鑒賞者，則有閒之人，則在茶餘酒後；如為幫閒之人，則在奔走之餘；如為革命勇士，則在戎馬倥傯之際」〔註 63〕。無論「雲裏霧裏的第三種作家」、「跳舞場裏的前進作家」，還是「亭子間裏的無名作家」〔註 64〕，在租界都有自己的存在理由。租界不光作家雜多，作家的言談和創作的也是駁雜的。洋場作家「從拖鞋談到香煙，從檳榔牌香煙的獎金，談到航空獎券，從航空獎券談到卓別麟的悲哀，從勞萊與哈代談到美國文化，從美國文化談到美國女人大腿的線條，談到嗣治的畫，談到拉斐爾前派，談到中古的建築，談到莎士比亞，談到屠格涅夫，談到碼雅闊夫斯基的花柳病，談到白濁的診法，談到穆朗診白濁的方法，談到現代人的悲哀，談到十月革命，談到小說的內容與技巧的問題，談到沒落的苦悶，談到嘉寶的沙嗓子，談到沙嗓子的生理原因，談到性欲的過分亢進，談到嘉寶的眼珠子，談到嘉寶的子宮病」〔註 65〕。沈從文在給「海派」文人畫像時寫到：「舊禮拜六派的一位某先生，到近來也談哲學史也說要左傾」，「名士相聚一堂，吟詩論文，或遠談希臘，或近談文士女人，行為與扶乩猜詩迷者相差一間」〔註 66〕。魯迅的雜文是拉雜寫來，更不用說把報刊上的新

〔註 62〕 參見曾俺、蔣曉光：《解放前上海小型報概況》，《20 世紀上海文史資料文庫（6）》，「20 世紀上海文史資料文庫」編委會編，上海：上海書店出版社，1999 年，第 46～47 頁。

〔註 63〕 施蟄存：《文藝風景創刊之告白》，《文藝風景》，1934 年 6 月 1 日，第一卷第一期，第 2～3 頁。

〔註 64〕 張諤：《現代中國作家群》，《文藝畫報》，1934 年 12 月 15 日，第一卷第二期。

〔註 65〕 穆時英：《PIERROT》，《白金的女體塑像 聖處女的感情》，北京：人民文學出版社，1988 年，第 124 頁。

〔註 66〕 沈從文：《論「海派」》，《沈從文批評文集》，劉洪濤編，珠海：珠海出版社，1998 年，第 10 頁。

聞、通訊、電報等內容拼貼的做法。租界城市景觀的反差和租界文化的雜糅性，也造成了文本自由聯想和場景跳躍的敘事風格，敘事空間切換靈活。租界文化改革走的也是雜糅的路子。30 年代上海改革後的京劇，打破了男女不同臺的慣例，講究機關布景、燈光效果，把傳統的拉幕封閉舞臺改成敞開的半圓形舞臺，有的演出使用眞刀眞槍，甚至把眞馬眞狗牽上舞臺作爲道具，增加看點。改革後的京劇雜糅了現代科技、電影、話劇和其它劇種的一些特點。

二、複雜的租界體驗

魯迅 1933 年致鄭振鐸的信中寫道：

> 海上「文攤」之狀極奇，我生五十餘年矣，如此怪象，實是第一次看見，倘使自己不是中國人，倒也有趣，這眞是所謂 Grotesque，眼福不淺也，但現在則頗不舒服，如身穿一件未曾曬乾之小衫，說是苦痛，並不然，然而說是沒有什麼，又並不然也。〔註67〕

上面這段話描摹了魯迅在租界文學圈中的感受。其實，這種感受也是大多數人租界體驗的傳神寫照。「如身穿一件未曾曬乾之小衫」，一語道破了租界人的生存狀態和生命體驗，個中滋味，三言兩語實在難得說明白。

人是文化的載體，通過分析租界人來剖析租界文化的特點，是最有說服力的。租界人的民族歸屬、年齡性別、人口結構、人格心理、行爲特徵、價值觀念、婚姻家庭、宗教信仰等方面的狀態，既是租界文化形成和發展最活躍的因子，也是租界文化的深層結構和重要表徵。

1、放縱本我、孤獨漂泊、瘋狂冒險、中西雜糅的個體體驗

所謂「租界是年青人的文化殖民地」，一方面是指租界生活和租界文化具有冒險、前衛、時尚、日新月異的特徵，適合年青人的胃口；另一方面是指在上海租界中，不論外僑還是華人，占人口比例最大的是男性青年市民。這種人口構成特點，在上海租界表現得非常突顯。早期來上海租界的外僑，幾乎爲富有冒險精神的男性青年。「最初歐洲商人中，十九來自英美，類皆年富力強，堪耐勞苦」，「一八五五年，外國居留人之數目，增至二百四十三

〔註67〕魯迅：《書信·331202 致鄭振鐸》，《魯迅全集·第十二卷》，北京：人民文學出版社，1981 年，第 284 頁。

人，……皆係成年男子」〔註 68〕。上海租界創立之初，「一切都需要精神和氣力去建立」，租界灘塗之地的惡劣環境，對於外僑是個考驗，所以外國商行「不能不選一班年輕力壯、敢作敢為的人士來工作，才有成功的希望」〔註69〕。而且，最初闖蕩上海灘的西方青年，「大都是獨身未娶的人，因為這時的上海還不宜於西方婦人的居住。實則至今依舊是不宜的」〔註 70〕。「1870年以前外國婦女非常稀少，從未超過外僑總人口的三分之一。……只有在1900 年以後，當日本人成為外僑中主要團體之一時，外國婦女的比率才恰好到達三分之一」〔註 71〕。出於各種原因，來租界謀事業的華人也大都是青壯年。據《舊上海人口變遷的研究》對 1910 年到 1936 年上海租界口的統計顯示，租界成人的比例一直占 70%左右。〔註 72〕按照人口學家宋德波的觀點，成人（15～49 歲）在人口中占的正常比例是 50％。〔註 73〕由此可以看出，租界人口的青年人比例明顯偏高。租界中的華人同樣是男人居多，「許多中國人只當上海是個賺錢的地方，過路人的城市，連老婆孩子也不帶來同住。那時候，上海的『單身漢』之多，就像今天深圳的『打工妹』一樣」〔註 74〕。從統計數字我們可以更加明瞭租界男女比例失衡的狀況：公共租界男女比例的比值 1870 年為 290（即女性人口數字為 100 人時，男性為 290 人，下同。），1900 年為 197,1925 年為 172,1935 年為 156；法租界的男女比例的比值 1910年為 197,1920 年為 173,1935 年為 141。〔註 75〕

男性文化的本質特徵傾向於征服、侵略、冒險和放縱，青年男性尤其如

〔註 68〕〔英〕H.B.Morse：《中國境內之租界與居留地》，《東方雜誌》，1928 年 11 月10 日，第二十五卷第二十一號，第 53～59 頁。

〔註 69〕〔美〕霍塞：《出賣上海灘》，越裔譯，上海：上海書店出版社，2000 年，第12～13 頁。

〔註 70〕〔美〕霍塞：《出賣上海灘》，越裔譯，上海：上海書店出版社，2000 年，第13 頁。

〔註 71〕〔美〕羅茲·墨菲：《上海——現代中國的鑰匙》，章克生等譯，上海：上海人民出版社，1986 年，第 26 頁。

〔註 72〕鄒依仁：《舊上海人口變遷的研究》，上海：上海人民出版社，1980 年，第 127頁。

〔註 73〕鄒依仁：《舊上海人口變遷的研究》，上海：上海人民出版社，1980 年，第 56頁。

〔註 74〕李天綱：《文化上海》，上海：上海教育出版社，1998 年，第 250 頁。

〔註 75〕鄒依仁：《舊上海人口變遷的研究》，上海：上海人民出版社，1980 年，第 122～123 頁。

此。女性則具有平和、親切、慈愛的一面。在一個男女比例均衡、夫妻朝夕相伴的生活區域，必然比一個男女比例失調、夫妻分離的生活區域，更穩定、平和、少爭端，能享受習俗和文化所認可的性滿足，不會有太多非分的羅曼蒂克和闖蕩世界的血性氣質、冒險精神，缺乏道德墮落和性解放的合適土壤。一個以男性青年為主體人群，且缺少家庭和女性關懷的生活世界，必然對租界的生活習氣和社會心理、行為模式和個體生命體驗造成一定的影響。以男性青年為主體人群，造成了瘋狂、暴力和冒險的行為傾向和社會心理；以男性青年為主體人群，也造成了租界朝氣蓬勃的精神氣象；獨身闖蕩租界的男性青年居多，加強了租界人孤獨、失意、頹廢、漂泊的生命體驗和流行風氣；男女比例的失調，也加劇了租界色情事業的畸形繁榮和傳統倫理道德的大幅度失範。當五湖四海的移民孤身漂泊上海，空間的距離割斷了他們與家族、故土的聯繫，加上租界是陌生人組成的世界，不是鄉親鄰居彼此熟悉的鄉土中國，因此，被傳統倫理文化和鄉村輿論束縛的生命本體便有了釋放的可能性空間。當個體意識到道德淪喪可以不必付出太多代價時，惡便在心底悄然擡頭了，租界也就難逃「罪惡的淵藪」的醜名了。租界最為世人所詬病的是賣淫事業的發達。「1934 年，一家當地中文報紙估計：就賣淫業作為一種特色而論，上海走在全世界城市的最前列；在倫敦 960 人中有一人當娼妓，即娼妓占總人口的九百六十分之一；在柏林，娼妓占總人口五百八十分之一；在巴黎，占四百八十一分之一，在芝加哥，占四百三十分之一；在東京，占二百五十分之一；在上海，占一百三十分之一。」〔註 76〕在這幾個國際大都市中，只有上海是租界城市。租界女性的比例小，單身漢多，造成了租界從事色情事業的女性眾多，只有這樣，才能彌補性比例的失衡。「男子社會不能在婚姻裏得著滿足，照例是向賣淫制度去尋覓補償」〔註 77〕。魯迅在《上海的少女》中所指出的上海少女的性早熟現象，與租界男女比例失調的狀況有一定關係。

　　上海是個移民城市，生活在租界化上海的個體，大都有一種漂泊意識和過客意識，「沒有多少人，不管是中國人還是外國人，抱著長期在此居住的希

〔註 76〕　〔美〕羅茲・墨菲：《上海——現代中國的鑰匙》，章克生等譯，上海：上海人民出版社，1986 年，第 8 頁。

〔註 77〕　孟加：《禁娼與公娼》，《東方雜誌》，1933 年 7 月，第 30 卷 13 號，「婦女與家庭欄」第 1～6 頁。

望來到上海。他們多半在幾年內發財致富，然後離開」〔註 78〕。而且，作為中西文明的交匯之地，各方人士的雜處之所，生存在租界中的個體能夠最大限度地擺脫過去經歷、傳統文化、鄉土家族關係的束縛和羈絆，可以無拘無束地隨時縱容自己，只要自己樂意。西方傳教士、外國流民、洋行大班、中國買辦、政界商界藝界名人、學界文界弄潮兒、避難的鄉下土財主，以及煙花女子、流氓幫派和數目眾多的工人、手藝人、小攤小販……，形形色色的人群從四面八方聚集於此，極力消費租界的自由空氣——四方雜處、中洋混合的自由空氣。過客身份和漂泊意識助長了投機冒險的風氣和揮霍生命的習氣，也造成了政治狂熱和情欲放縱，這是左翼文學、新感覺派小說和色情文學在上海灘流行的一個原因。日本大正作家村松梢風在小說《魔都》（1924 年）中展示了他對上海租界魔性的沉迷：「站立其間，我歡呼雀躍了起來。暈眩於它的華美，腐爛於它的淫蕩，在放縱中失魂落魄，我徹底沉溺在所有這些惡魔般的生活中。於是，歡樂、驚奇、悲傷，我感受到一種無可名狀的激動。這是為何？現在的我不是很明白。但是，牽引我的，是人的自由生活。這裡沒有傳統，取而代之的是去除了一切的束縛。人們可以為所欲為。只有逍遙自在的感情在活生生地蠕動著」〔註 79〕。無普遍性宗教節制的現代文明，在租界放縱了惡的一面。移民為漂泊感所困擾，精神無歸依，又缺乏宗教的禁欲慣例和救贖意識的制約，必然投入物的追逐和欲的放縱中，隨時向潮流起伏，包括政治潮流、商業投機潮流、生活消費潮流、文學潮流等。

租界人明瞭個體的價值和尊嚴，卻又把它們虛擲；經濟生活的投機冒險帶來了租界人生的無常感。二者結合的後果便是以個體價值和生命莊嚴為代價，瘋狂地投入到無限放縱本我的遊戲當中去。租界人大多不具有五四時期魯迅筆下鄉村老兒女的蒙昧麻木，他們是理智地拋棄傳統的生命形式以換取生存的資源和物質的享樂，是清醒地被異化。臧克家的詩《都市的夜》（1933年）通過一系列獨特的意象，精微地傳達出了租界人的異化體驗。在燈火通明的夜上海，人們是那樣虛空、惶惑、驚慌、恐懼地追趕著什麼，又彷彿是被都市的魂魄追趕著，揣著夢把自我溶入都市的猙獰中：

〔註78〕〔美〕羅茲·墨菲：《上海——現代中國的鑰匙》，章克生等譯，上海：上海人民出版社，1986 年，第 10 頁。

〔註79〕劉建輝：《魔都上海——日本知識人的「近代」體驗》，甘慧傑譯，上海：上海古籍出版社，2003 年，第 100～101 頁。

幽靈一般的人群，各自駄一隻空殼，

雜沓的，飄忽的，渡過這銀色的光波，

有如海底的銀魚給月光刺醒了，

拖著隻影子驚慌的飛跑，

像向著什麼急趕，

又像什麼追蹤在後面。

一座銀行莊嚴的陰影，

像一隻巨熊臥在當路，

有個人影，和著夢，

溶在這猙獰的黑影深處。〔註80〕

租界人是中與西、傳統與現代共同塑造的「中間物」。魯迅對典型的租界人進行了畫像：「向上海的夜車是十一點鐘開的……在這車上，才遇見滿口英語的學生，才聽到『無線電』『海底電』這類話，也在這車上，才看見弱不勝風的少爺，綢衫尖頭鞋，口嗑南瓜子，手裏是一張《消閒錄》之類的小報，而且永遠看不完」〔註81〕。租界人的面相大致如此。亦中亦西的生活形態破壞了傳統中國人內外和諧的人格和心態，從張愛玲對 30 年代上海人服裝樣式的描繪可見一斑：「當時歐美流行著的雙排紐扣的軍人式的外套正和中國人淒厲的心情一拍即合。然而恪守中庸之道的中國女人在那雄赳赳的大衣底下穿著拂地的絲絨長袍，袍叉開到大腿上，露出同樣質料的長褲子，褲腳上閃著銀色花邊。衣服的主人翁也是這樣的奇異的搭配，表面上無不激烈地唱高調，骨子裏還是唯物主義者」〔註82〕。上海生意人的服飾更是奇特的中西組合：「他們上身穿的是歐服，黑色硬殼帽，襯衫，領帶，然而下半截卻是舊式褲子，絲腰帶，褲口纏著緞帶，腳上登著皂鞋。……他們上半截『洋體』是爲應付大班的：機警，敏銳，相當地不講情面；那下半截卻深深埋在國粹裏：姨太太，人參白木耳，甚至偶爾來口鴉片煙，還諳於逢節送禮，遞片託情等種種中國處世奇方」〔註

〔註80〕臧克家：《都市的夜》，《烙印》，北京：人民文學出版社，2000 年，第 18 頁。

〔註81〕魯迅：《華蓋集續集·上海通信》，《魯迅全集·第三卷》，北京：人民文學出版社，1981 年，第 363 頁。

〔註82〕張愛玲：《更衣記》，《張愛玲文集·第四卷》，合肥：安徽文藝出版社，1992 年，第 27 頁。

〔註83〕蕭乾：《新舊上海》，《蕭乾散文》（下冊），傳光明編，北京：中國廣播電視出版社，1997 年，第 467～468 頁。

83〕。租界的文化環境使租界人的生命形式變得不倫不類，不中不西。

2、殖民意識和民族主義雙重壓力下租界人的曖昧心態

鄭振鐸對上海大都市曾有過一番感慨：

> 這個大都市的上海可傷感的事實在太多了。這種傷感，也並不
> 是那一班淺薄無聊的都市咒罵者的「都市是萬惡之源」一類的傷感，
> 我們是讚頌都市的，我們對於都市毫無惡感，我們認爲都市乃是近
> 代文化的中心，我們並不敢追逐於自命清高者之後以咒罵都市。我
> 們之傷感，乃是半由民族的感情而生，半由覺察了那兩種絕異的東
> 西文明之不同而生。〔註 84〕

鄭振鐸對都市愛恨交織的評論，道出了處於「殖民地」、「都市」、「民族」、「東西文明」所構成的矛盾話語圈套中的租界人的生命體驗和文化心理。甚至左翼作家殷夫在《上海禮贊》一詩中，對殖民化上海的批判也充滿了內在的思想矛盾張力。詩人作爲殖民化上海「偉大」的「生子」與「審判主」，既「禮贊」之，又「憂患」之，禮贊上海「擊破東方的迷霧」，批判它「領向罪惡的高嶺」〔註 85〕。租界化的上海爲每一個「進入」租界情境的華人或外僑，設置了生命體驗和文化心理的圈套。海外學者盧漢超認爲，「居住在這樣一個由不請自來的外國政權統治下的安定繁榮的城市裏，而這種安定繁榮常常處於一種兩難的境遇之中。這種兩難就是一邊要撫平受傷的民族自豪感，一邊又對西方欣賞崇拜，就是在這種情況下，上海人不知何故已成功地找到了一個舒適而平衡的支撐點」〔註 86〕。筆者認爲，對於「老於世故」的部分小市民來說，他們或許因爲疲勞放任加上自我解嘲，能夠在兩難中找到「一個舒適而又平衡的支撐點」。但是，在思想啓蒙與民族救亡的文化背景下，對於大部分的租界人，尤其是現代知識分子來說，這「舒適而平衡的支撐點」像阿基米德的支點一樣難以尋覓。陳獨秀、周作人、郭沫若、茅盾、錢鍾書、朱光潛等一代文化名人都對租界化上海心懷不滿或心存鄙薄；沈從文、魯迅、郁達夫等著名作家則陷入欲愛而恨、欲棄還留的複雜境地，在租界化上海作靈

〔註 84〕 鄭振鐸：《影戲院與「舞臺」》，《上海：記憶與想像》，馬逢洋編，上海：文匯出版社，1996 年，第 126～127 頁。

〔註 85〕 殷夫：《上海禮贊》，《殷夫選集》，北京：人民文學出版社，1958 年，第 69～70 頁。

〔註 86〕 〔美〕盧漢超：《霓虹燈外——20 世紀初日常生活中的上海》，段煉、吳敏、子羽譯，上海：上海古籍出版社，2004 年，第 285 頁。

魂的掙扎或自我的救贖。對於他們來說,「兩難」是一個懸而未決的命題。

洋人認為:「上海的歷史應該用洋涇浜英語來寫成」〔註87〕。洋涇浜英語的特點是漢語的語法,英語的語音。洋涇浜英語是上海租界流行的交際語言,與上海租界的半殖民性相匹配。古典和現代、西方和東方交織而成的租界文化語境,也造成了文學敘事話語的洋涇浜風格。

上海租界在殖民性的暴力語境中飛速發展。姚公鶴在《上海閒話》(1917)中曾經提到:「上海兵事凡經三次,第一次道光時英人之役,為上海開埠之造因。第二次咸豐初劉麗川之役,為華界人民聚居租界之造因。第三次咸豐末太平之役,為江、浙及長江一帶人民聚居上海租界之造因。經一次兵事,則租界繁盛一次。」〔註88〕照理,華人對租界的暴力話語是痛恨的。但是,由於租界能夠在戰亂時期為華人提供一方安全之地,所以華人對租界的看法,有時變得有些猶疑不定。「戰事逼近上海的時候,租界戒嚴一施,立刻把華界與租界交通遮斷,住在華界的人,恨不會脅下生出兩個翼翅,飛到鐵絲網那邊,又恨不得上海領事團立刻決議,把租界的防區推廣到『我』家的後面,這種歡迎租界的思想與嫌惡租界的思想常常交戰於我們的心中」〔註89〕。「從政治上觀之,則上海為外力侵佔入手地。從物質上觀之,則上海又為全國文明發軔地」〔註90〕。正因為租界性質的兩重性,導致了華人對上海租界的態度有點曖昧不明。「我們承認租界加增中國都市不少的繁榮,然而不可不知租界為中國培植諸多禍根,包藏多少嗅惡,事實上成為盜匪,鴉片,內亂的一個巢穴。我們並非排外,我們樂於招待外國人,彷彿招待鄰舍朋友一樣,只要他們認清楚做客人的身份,並不是來做民之父母,也不是來做太上老君,更不是來做包庇煙賭的二房東!」「我們除了企望租界從速收回之外,更要督促政府注意收回後的責任。收回之後,地方的治安和建設,要勝過未收之前。這樣,收回租界對於國民的利益,理論上與事實才得一致」〔註91〕。希望從

〔註87〕〔美〕霍塞:《出賣上海灘》,越裔譯,上海:上海書店出版社,2000年,第21頁。

〔註88〕姚公鶴:《上海閒話》,吳德鐸標點,上海:上海古籍出版社,1989年,第60頁。

〔註89〕楊端六:《上海自治市問題》,《現代評論》,1925年2月21日,第一卷第十一期,第14～16頁。

〔註90〕姚公鶴:《上海閒話》,吳德鐸標點,上海:上海古籍出版社,1989年,第1頁。

〔註91〕《編後語》,《良友畫報》,1931年3月,第五十五期,第2頁。

速收回租界的願望，和對政府能否治理好租界的擔心，二者存在的語意張力，
流露出了華人對外國租界患得患失的複雜心態。

賽義德認為：「每一個歐洲人，不管他會對東方發表什麼看法，最終幾乎
是一個種族主義者，一個帝國主義者，一個徹頭徹尾的民族中心主義者。」〔註
92〕其實，租界裏的華人不管他對租界發表什麼看法，最終幾乎是民族主義者，
否則，便會被視為「賣國賊」或「洋奴才」。但是，在上海租界中，民族主義
並不是完全讓華人心安理得。形成租界華人民族主義感情最直接的原因是：
租界是西方列強侵略的產物。然而，租界又實實在在地製造了現代化的物質
文明和精神文明。因此，對於租界華人來說，西方勢力具有敵人和老師的雙
重身份。正是這種雙重身份，使得現代化與民族主義的關係變得撲朔迷離起
來，在許多時候，尤其是民族危急時刻，西化與質樸的民族主義情感常常格
格不入，甚至發生衝突。華人要堅決地高舉民族主義旗幟就難免會遇到心理
障礙。租界的民族主義似乎來得底氣不足、不徹底。民族主義有時成了隨意
使用的招牌，被用在商品推銷上。中國南洋兄弟煙草公司利用民族主義來做
香煙廣告：「打倒一切劣品，挽回外溢利權；鞏固實業基礎，倡吸國產名煙；
注意老牌國貨，大聯珠香煙」〔註 93〕。與之相對，美國寶華公司在《良友畫
報》為其產品「寶華乾牛奶」做廣告，利用的也是華人的民族主義心態：「強
國必先強民，強民必先強兒；美國製造，強兒之道。」〔註 94〕

詹姆遜（Fridric Jameson）認為第三世界的文本必然是「民族寓言」，「所
有第三世界的本書均帶有寓言性和特殊性：我們應該把這些本書當作民族寓
言來閱讀」〔註 95〕。詹姆遜是按照「遭受殖民主義和帝國主義侵略的經驗」
來定義「第三世界」的。在中國近代史上，租界是典型的「遭受殖民主義和
帝國主義侵略的經驗」的區域。民族寓言成了租界知識分子可以選擇的文學
形式。沈從文的《阿麗思中國遊記》和茅盾的《子夜》就屬於關於上海租界
的「民族寓言」。但是，在租界中，民族主義不是一個單純的問題，任何具有

〔註 92〕〔美〕愛德華・W・薩義德：《東方學》，王宇根譯，北京：生活・讀書・新
　　　　　知三聯書店，1999 年，第 260 頁。
〔註 93〕《良友畫報》，1927 年 6 月，第十六期。
〔註 94〕《良友畫報》，1927 年 1 月，第十二期。
〔註 95〕〔美〕弗雷德里克・詹姆森：《處於跨國資本主義時代中的第三世界文學》，《新
　　　　　歷史主義與文學批評》，張京媛主編，北京：北京大學出版社，1993 年，第
　　　　　234〜235 頁。

深度的民族主義文本，實際上都內在地包含了自反性的因素。比如，租界文本中往往摻雜著對外人殖民行徑的批判和對自我民族劣根性的暴露。阿赫默德對詹姆遜的「民族寓言」觀點提出了置疑，他指出了一種例外的情形：「如果資本主義不只是一種外化的，而且是這些地區內在的構成性力量，那麼人們一定也會得出這樣的結論，在這些地區，公共領域與私人領域的分離作爲資本主義的顯著特徵，至少在某種範圍，尤其在生產大多數寫作性文本的都市知識分子中間出現了，這些文本自身也被資本主義商品社會所擁有。隨著這種分化，對於某些文本生產者來說，必然是力比多能量的個人化和個性化，是接近『具體』體驗的途徑的喪失，隨之而來的是個體體驗作爲一種孤獨的、異化的實體，不能與任何的集體性發生眞實的、有機的聯繫」〔註 96〕。就上海租界來說，由於租界實行的是西方的制度，掌控租界的主要是外僑，再加上租界和這些品性不可分離：現代文明、道德淪喪、罪惡叢生、殖民性、國際大都市、戰亂時期的避風港，等等，因此，與任何政治集團發生本質性的聯繫，似乎都會陷入一種難堪或悖論的處境。非民族主義、非左翼、非國家主義，毋庸置疑是爲群衆或政府所拒斥；而悠閒自得地做著海上寓公，坐在咖啡館裏暢談民族主義、階級鬥爭和國家意識，本身就具有了反諷的意味，難免陷入精神悖論狀態，這樣的人在租界並不少。租界人的精神境況接近阿赫默德所指出的例外情形，「不能與任何的集體性發生眞實的、有機的聯繫」。正因爲如此，衆多作家表達了對於租界「在而不屬」的感想，他們憎恨上海租界的烏煙瘴氣但又不願離開它。明白了租界人的精神境況，我們也就能夠理解葉靈鳳、穆時英、劉吶鷗等無根底的左翼傾向；我們也能對「兩個口號」之爭多點認識。有論者說：在上海租界，「不僅完全不存在具有向心力的民族主義，甚至對於所謂的以想像力的共同體爲前提的『國民國家』包藏著破壞作用」〔註 97〕。也有論者指出：「中國的經濟變革，像中國民族主義運動一樣，在黃浦江邊，充分地生長出最早的現代根苗；兩者共同描繪出當代的圖景」〔註 98〕。之所以出現這樣相反的說法，還是可以從阿赫默德的觀點得到解釋。戊

〔註96〕 艾賈茲・阿赫默德：《詹姆遜的他性修辭和「民族寓言」》，《後殖民主義文化理論》，羅鋼、劉象愚主編，北京：中國社會科學出版社，1999 年，第 346 頁。

〔註97〕 劉建輝：《魔都上海──日本知識人的「近代」體驗》，甘慧傑譯，上海：上海古籍出版社，2003 年，第 3 頁。

〔註98〕 〔美〕羅茲・墨菲：《上海──現代中國的鑰匙》，章克生等譯，上海：上海人民出版社，1986 年，第 5 頁。

戌變法前後，乃至辛亥革命前夕，知識分子對上海倍加讚譽，但到了二十年代，上海則遭到了極力的謾罵。人們對上海租界貶褒不一，是由於民族主義、階級理論、傳統文化等先後在上海租界熱鬧過。說到底，還是租界中的個體「不能與任何的集體性發生真實的、有機的聯繫」。租界文人缺乏京派文人的文化堅守精神，租界語境中的知識分子具有「主體曖昧」的特點，這就導致他們把持的民族主義也具有曖昧性。我們可以把租界看作中西民族的「接觸地帶」。瑪麗·路易·普拉特把「接觸地帶」這個術語描述為「殖民遭遇的空間，在地理和歷史上分離的民族相互接觸並建立持續關係的地帶，通常涉及到壓制、極端的不平等和難以消除的衝突的狀況」。「接觸地帶是統治的地帶，因為它並未廢除權力結構，它是這種權力的表達，也是為這種權力服務的中介地帶。但是，接觸地帶也意味著疏離，與自我的社會的疏離，以及與他者的社會的疏離」〔註99〕。與他者社會和自我社會疏離是租界的外僑和華人通常遭遇到的生命體驗，尤其是買辦之類的「假洋鬼子」，他們與洋人的交往接觸以疏遠自己的社會而告終，他們成了被懷疑的對象，最終與洋人的交往比與自我社會的交往還要自如。租界中的洋人也存在這樣的情況，有的洋人衣食住行都中國化，投身於中國政界或中國實業，如魚得水。

三、文化體制：商業化、社會化與市民化

　　租界制度是租界文化的一個重要構成部分。楊東平認為可以從五個方面來分析城市文化，其中的一個方面就是城市制度。他認為，城市的組織制度和社會結構，包括「城市的權力結構、自主程度、決策和管理、城市的政治生活和公共生活、社會分工和專業分化、社會團體和組織程度等等，反映出城市是充滿活力的、高效和有機的、以人為中心的，還是僵硬而低效、非理性的、見物不見人的兩種不同的管理和制度」〔註100〕。制度本身就是一種文化，制度文化不僅和其他文化因子互相融合滲透，而且是對文化基本屬性最具改造力的因素之一。雷蒙德·威廉姆斯曾一再強調，文化作為一個意義系統不只存在於藝術和知識這類東西當中，而且還存在於各種制度和日常行

〔註99〕阿里夫·德里克：《中國歷史與東方主義問題》，《後殖民主義文化理論》，羅鋼、劉象愚主編，北京：中國社會科學出版社，1999年，第89～90頁。
〔註100〕楊東平：《城市季風：北京和上海的文化精神》，北京：東方出版社，1994年10第1版，第64頁。

為當中〔註 101〕。因此，對租界制度進行批判分析乃是租界文化研究的題中之義。

　　租界制度是圍繞商業貿易活動而誕生和成熟的。所謂租界，說白了就是外僑在中國租地做生意。為了保證租界事業有著獨立自主的發展環境，外僑組織了工部局，攫取了租界的行政、司法、警察和財政權，創設了租界制度。從租界的起源看，上海等口岸城市是因商開埠，後發展為租界。上海英租界最初的管理組織為「道路碼頭委員會」，負責徵收捐稅和道路、碼頭的維護建設事宜。自小刀會攻入上海縣城後，「西人乃謀自衛組織強有力之政府。一八五四年七月五日，英，法，美，三國領事（英 Alcock，法 Edan，美 Murphy）會商，草一土地章程以資共守。同月十一日召集西人大會通過。並根據新章程，由大會選出董事七人組成工部局，將原來之道路碼頭委員會解散」〔註102〕。公共租界和法租界分別由工部局和公董局執行包括稅收、市政建設、司法和治安等管理事務。租界制度仿傚西方的議會制度，重大事務由納稅人會議集體決議。納稅人會議分「外人納稅會」和「華人納稅會」。居住在租界的外人有一定的產業並且每年繳納的捐稅達到一定數額，就具有加入納稅人會議的資格。華人納稅會的產生是自覺參政意識覺醒的產物：「華人本『有納稅之義務即有應享之權利』之義，自動起而組織納稅人華人會，以謀參與租界市政。該會於民國九年（一九二○年）成立。其宗旨見於該會之章程第二條：『本會為發達租界之自治，謀公共之利益與平等之待遇』」〔註103〕。華人納稅人會議的代表資格也對個人財產做出了要求。所以，無論是外人納稅會還是華人納稅會，往往被視為資產階級控制的組織。比較而言，外人納稅會掌控了租界重大事務的決策權，華人納稅會除間接選舉一部分董事外，在市政管理上沒有獲得應有的權力。但是，在爭取華人的權利方面，由精英階層領導的華人納稅會憑藉強大的市民階層的支持，發揮了一定的作用。

　　除了工部局、納稅人會議之外，上海租界還存在著眾多的團體組織，如：政黨、商會、幫派、行會、俱樂部、同鄉會，以及各種各樣的協會，等等。「協

〔註101〕李陀：《上海酒吧——空間、消費與想像·序》，南京：江蘇人民出版社，2001年，第 7 頁。

〔註102〕徐公肅、丘瑾璋、蒯世勳等：《上海公共租界史稿》，上海：上海人民出版社，1980 年，第 26 頁。

〔註103〕徐公肅、丘瑾璋、蒯世勳等：《上海公共租界史稿》，上海：上海人民出版社，1980 年，第 112 頁。

會曾經是資產階級公共領域的社會基礎」〔註104〕。協會團體也是市民社會的基礎。微小的個人進入各種組織,借助集體的力量,個人的能量得到了放大,普通的工人、學生、黃包車夫也能通過集體向社會表達他們的願望,影響租界當局的決策。上海租界權力構成呈現出多元化的狀態。租界的勢力首先分爲兩大陣營:華界和外界。華界又包括各種政黨派別、行業團體、同鄉會和各種階層利益聚合體;上海租界的外僑基本上都有代表本國僑民的領事,幾個重要的租界開關國在工部局佔有董事席位。力量構成的多元化爲民主協商提供了良性環境,爲各種激進或保守團體組織的存在留下了較寬鬆的政治語境,爲文學的眾聲喧嘩和自由論爭提供了平臺,爲精英知識分子的活動提供了舞臺,爲了公共政治領域的形成創造了條件,也使當局在執行各項職能時須考慮市民社會的意願感受和利益均衡。租界的議會制度、西方的法律制度、民主人權觀念在租界得到宣傳和執行,加上各種富有活力的機構團體的存在和各種媒介的輿論效力,共同爲租界市民提供了較爲寬鬆自由的話語空間、生活空間、倫理空間和政治空間。市民理性、社會契約關係、個體自我意識與幫會組織、社會團體的互動,促使了市民社會的形成。在30年代的中國,只有上海租界存在眞正的市民社會,市民社會推動了租界文化和文學的現代性轉型。租界的法律保障、言論自由,以及新聞報刊的發達、行會組織的興盛和重商主義的流行,形成了市民社會和公共輿論的批評功能,提供了市民社會與國家權力對抗的話語空間。從1919年到1920年「上海公共租界華顧問會的始終」〔註105〕來看,租界內的權利鬥爭是依法、理智地進行的,主要使用「協商」的方式,與中國傳統的官民對立行動模式顯然有別。華商在鬥爭中持有理、有利、有節的原則,憑藉了覺醒的、合作的、有序的市民社會的力量。市民社會的強大,培育出了發達的市民文化,諧趣、色情、花邊新聞、名人逸事、偵探武打等文化產品被市民廣泛地消費。

上海租界市民社會的興起,還和租界本質上是一個「社會」有關。上海租界基本上是國家權力達不到的地方,中國的軍隊不准進入租界管轄區,中國政府和警察司法機關不能直入租界逮捕人犯,甚至李鴻章、蔣介石這樣的

〔註104〕〔德〕哈貝馬斯:《公共領域的結構轉型》,曹衛東等譯,上海:學林出版社,1999年,第29頁。
〔註105〕具體介紹見《上海公共租界史稿》,徐公肅、丘瑾璋、蒯世勳等著,上海:上海人民出版社,1980年,第498~547頁。

人物，也需要得到工部局的許可，才能帶著自己的武裝護衛隊進入租界。所以，在租界中，國家是可以被懸置的，至少國家和社會處於一種疏離狀態。再加上傳統的士紳階層在租界不僅數量少，而且失去了控制地方事務的特權。因此，市民生活意志的自由發揮有較廣闊的空間。租界本質上是一個「社會」，工部局的職能也主要是一種社會職能，和中國政府的國家職能截然有別。我們如果看看《申報》的廣告，是一件很有意思的事。1932 年 12 月 1 日的《申報》第六版的廣告，有同鄉會公告、訃告、綢布店啓示、律師任職通告、壽宴請客告示、解除父女關係的啓示、工部局布告、財政部與外交部的布告等等。上至國家大事，下至個人任職慶壽之類的小事，都廣而告之，廣告眞正展現了公共領域的屬性。尤其有意思的是，財政部、外交部、銓敍部、國民政府建設委員會、海關稅務司和工部局等權力機關的公告，不顯眼地和其他廣告排列在一起，遠遠不如《申報》電影院專版的新片預告張揚醒目。在第八版中，化痔神丸廣告、護膚品廣告、性病藥品廣告和觀音普門佛教圖冊廣告、馬軼群的書畫廣告，左右排列在一起。對於這樣的廣告排列，我們或許會覺得滑稽，但是，這樣的廣告版面設計恰恰告訴了我們：租界是一個「社會」，一切信息都是平等的，這些事件共同組成了租界的「生活世界」。對於傳統中國的國家和社會不分、家國合一模式，租界是個例外。在鄉土中國皇權專制和中央集權制的管理下，該公有的資源往往爲極少數的特權階級所享有，而原本屬於私人的生活空間卻暴露在公眾之下。在一個農業社會，個人被單個勞動家庭和基層組織束縛在狹小的空間裏。由於在租界中「社會」擺脫了國家的強有力控制，公共領域和私人領域相對區別了開來，個人的價值得到提升，生活空間得到拓展，市民具有了政治批判意識，個人可以依託「公眾」，對社會發言。

上海租界的商埠發展模式，造成了工商業的繁榮和重商主義的流行。租界文化具有商業化的特徵。陳獨秀在《再論上海社會》（1920 年）中對租界化上海的文化「商業化」取向頗爲不滿。文人順應消費市場的需要隨時更換文化招牌，「從前做黑幕一類的小說，不用說是爲了金錢主義；……現在黑幕的生意不大好，搖身一變來做新潮的雜誌騙錢，外面掛著新文化的招牌，裏面還是賣黑幕一類的貨」。商人則打著文化的招牌攬錢，「覺悟，愛國，利群，共和，解放，強國，衛生，改造，自由，新思潮，新文化等一切新流行的名詞，一到上海便僅僅做了香煙公司，藥房，書賈，彩票行底利器。嗚呼！上

海社會！」〔註106〕由陳獨秀的這些「怨詞」我們可以看出，在租界化的上海，文化通過商業的形式得以播撒，商業借文化來包裝，提高品位。文化商業化與商業文化化的良性或惡性互動，造成了租界文化的商業性。

在重商主義的上海租界，誕生了中國的資產階級。在中國，只有 20 世紀上半葉的上海存在過成氣候的資產階級，他們的生活情調至今仍令後人神往緬懷。由於上海租界是以資本來衡量事業成功和個人價值的地方，因此，擁有豐厚資本的銀行家、洋行大班、買辦、實業家和海上聞人的生活方式就爲小市民所羨慕，資產階級生活方式對小市民的日常生活秩序構成了挑戰，小市民極力仿傚資產階級的生活方式，接受資產階級的文化觀念。從 19 世紀 70 年代上海人所謂的「七恥」就可以看出端倪：一恥衣服不華美，二恥不乘轎子，三恥狎身份較低的妓女，四恥吃價錢不貴的飯菜，五恥坐便宜的獨輪小車，六恥身無頂戴，七恥看戲坐價格最廉的末座。〔註107〕到了二三十年代，在上海租界，流行刊物《良友畫報》的預設讀者明顯是資產階級，大多數月份牌繪畫體現的是資產階級的審美情調，租界流行的音樂是爵士樂，流行的男士服飾是西裝革履。翻閱 1932 年 12 月的《申報》廣告，我們會得出這樣的印象：這是一份面對資產階級的報紙，廣告以各電影院的影片預告、各大百貨公司的產品廣告以及香煙、化妝品、保健品、律師的宣傳廣告爲最多。《申報》是讀者最多的大報之一，但它的標準讀者卻定位爲資產階級，《申報》的廣告製造了娛樂和消費的欲望，提供了資產階級的生活圖景。雖然《良友畫報》、《申報》和月份牌的實際文化消費者並不限於資產階級，還包括廣大的學生、工人和小職員之類的普通市民。這說明，資產階級的生活方式構成了租界市民共同的生活想像。小市民從閱讀中雖然並不能現實地獲得資產階級的生活境遇，但是至少可以獲得想像性的滿足。租界是充滿機遇和冒險的地方，資產階級生活方式也就給了小市民更多的想像空間。即使不能像資產階級出門坐洋車，經常出入夜總會、大飯店，小市民偶爾還是可以體會一下資產階級的享受的。洪深寫到：」普通人的宴樂飲博，總是到菜館和到旅館裏『開房間』的。這裡，現代的享樂工具，應有盡有；每個月只賺五十塊錢的

〔註106〕陳獨秀：《再論上海社會》，《獨秀文存》，合肥：安徽人民出版社，1987 年，第 589 頁。

〔註107〕海上看洋十九年客：《申江陋習》，《申報》，清同治癸酉三月十一日（1873 年 4 月 7 日），第 2～3 頁。

人，在『開房間』的一天，他可以生活得像賺五百塊錢的人一樣。摩登傢具，電話，電扇，收音機，中菜部，西菜部，伺候不敢不周到的茶房，這一天小市民在旅館裏，和百萬富翁在他的私家花園裏，氣焰沒有什麼兩樣」〔註108〕。因此，雖然張愛玲筆下的凡俗人生是租界生活的底子，但是資產階級的生活方式和文化觀念是租界的主打曲。

　　殖民性、商業性的租界文化，影響了租界知識分子的身份特徵。文化身份並不像我們所認爲的那樣透明或毫無問題，它不是已經由歷史和傳統完成的、然後由新的文化實踐加以再現的事實。文化身份是一種「生產」，它永不完結，永遠處於過程之中，而且總是在內部而非在外部構成的再現。〔註109〕租界的商業化和殖民化語境不斷地對知識分子進行「嬉戲」，調整他們的心理現實，迫使他們不斷地生產自己的文化身份。資本消磨了知識分子的神聖光環，「作者向商人分手，永遠成爲一種徒然的努力」〔註110〕。在租界中，知識分子沒有傳統文人與宮廷的依附關係，缺少京派文人做「官的幫閒」的機遇。知識分子的文人節氣被資本擠兌，他們必須把知識和智力轉化成商品，才能傳播個人的思想，實現人文抱負。在租界的文化商業潮流和殖民性語境中，知識分子擁有較爲自由的話語權，一定程度上從御用文人的依附人格中脫身出來，但是又陷入了新的危機，「知識分子」這一身份成了「受威脅的身份」，由於其依賴的「連貫性、獨特性和自尊原則受到威脅」〔註111〕，知識分子難以理直氣壯地維持傳統的「士」的身份或純粹的啓蒙者的角色。外部的威脅帶來內部的威脅，租界知識分子既背負著傳統文化的心理重負，承受民族主義的壓力，又要接受殖民性和商業化的挑戰。內含悖論的歷史和現實文化語境的「嬉戲」，使租界知識分子的心理和身份充滿瞭解不開的疙瘩。郭沫若的《月蝕》是租界殖民性語境中知識分子痛苦心理的典型寫照；沈從文的《寄給某編輯先生》是租界商業化語境中作家寫作困境的辛酸戲仿。

　　當我們說租界文化生產的決定性因素是市場，是商業利潤的同時，我們

〔註108〕洪深的：《大飯店》，《良友畫報》，1935年11月，第111期，第34～35頁。
〔註109〕斯圖亞特・霍爾：《文化身份與族裔散居》，《文化研究讀本》，羅鋼、劉象愚主編，北京：中國社會科學出版社，2000年，第208頁。
〔註110〕沈從文：《記胡也頻》，《沈從文文集・第九卷》，廣州：花城出版社，香港：三聯書店香港分店，1984年，第82頁。
〔註111〕徐賁：《走向後現代與後殖民》，北京：中國社會科學出版社，1996年，第198頁。

不得不做出補充。因為商業化是租界生存環境的外在壓力造成的，在文化界內部，不可否認還存在民主的、革命的、保守的、啓蒙的、或人文主義的評價機制，這是文化生產者多少要考慮的問題。文化生產作為一個場域，有自身的遊戲規則，文化事件和文化產品要獲得較多的附加資本，還必須考慮到它的超越性價值，在實現商業價值的同時，最好能具有高品位的精神蘊含。另外，租界的出版機構基本上是民營的，屬於自主經營，但同時又受到國民黨的書報檢查制度的掣肘。租界文人也是既有自由的寫作空間，又需遵從所屬團體的訓導，還得在追逐文化商業利潤最大化的同時，在媚俗與救世之間有所反思，有所平衡。租界文人不得不在個體自由抒懷和政治化、商業化、人文主義使命的夾縫中寫作。總的來說，現實生活的壓力具有更強大的改造力，在人文理想和商業價值的矛盾中，知識分子不得不尋求與社會的新的關係，重新自我定位，把寫稿當作一種謀生的職業。知識分子從高尚的樓臺走了下來，參與市場競爭，經營自己的世俗生活。

第三節 「租界文化」概念的文學史意義——兼論 「海派」概念的困境

因為是首次闡釋「租界文化」概念，為了避免給人留下與「海派文化」和「都市文化」似乎「類似」或「差不多」的印象，筆者對租界文化的分析，盡量凸現其獨特性，致力於在這幾個文化概念的間隔地帶探求「租界文化」的內涵和表徵。對於租界文化與都市文化、海派文化相通的那些特性，往往避而不談，即使談到，也是以「租界」的眼光來打量。由此，筆者對租界文化的分析不可避免地存在偏頗或片面性，這是筆者在首次闡釋「租界文化」的過程中願意承擔的缺憾。另外，租界文化可以分析的層次和角度繁多，本書不可能一一涉及，只能揀幾個要緊的方面力求深入地分析。實際上，任何一種文化分析，都傾向於歸納提煉，有意使用強調和忽略的雙重技巧，盡量得出一種文化範式，使之明晰可辨。

一、租界文化與海派文化、都市文化的區別

說租界文化具有都市文化的特性，或者說海派文化和租界文化有親緣關係，都是大致不錯的。一種文化的特性只有在與鄰近文化的辨析中，才能夠

談得明白透徹。索緒爾《普通語言學教程》提出的語言學分析方法，為我們
分析租界文化的本質屬性提供了啟示。索緒爾認為，語詞本身是沒有意義的，
語詞的意義是在與相鄰語詞的關係和比較中產生的；索緒爾主張語言學關注
的焦點，應該從歷時研究轉向共時研究。文化分析也存在這樣的問題，我們
試圖撇開「鄰近」的文化，獨立地談論一種文化的特性，是不可能的。當我
們談論某種文化時，已經預設了以歷時性或共時性的「鄰近」文化作為參照。
我們要使租界文化的特性突顯，就有必要對文學研究中慣用的「海派文化」
和「都市文化」視角的合理性和價值進行再評價，有必要辨析租界文化和海
派文化、都市文化的區別。租界文化作為中西文化交流碰撞的產物，共時性
的分析比歷時性的分析顯得尤為切要。通過與共時性的鄰近文化的比較，「租
界文化」概念的文學史意義才能更顯明，我們才能對之有著更清晰的領會。

　　在中國，租界是海派文化和都市文化的滋生地，租界文化和海派文化、
都市文化在本質上有相通之處。中國 30 年代的都市文化與西方都市文化的差
異，很大程度上由於中國的都市進程是被租界所推動的。在上海，無論現代
城市景觀的出現、市民理性的形成、自由話語空間的提供、開放寬容意識的
成熟、重商主義的流行、聲光化電工業文明的發達，都和租界的存在密不可
分，這些特徵也被當作都市文化和海派文化的精神內涵。

　　雖然租界文化、海派文化和都市文化都是租界開關後產生的文化現象，
但是租界文化與海派文化、都市文化之間存在明顯的區別。二者的區別筆者
在「導論」部分已列出，在這裡我們再重複一遍：

　　一、上海租界與華界在城市風貌、政治語境、管理體制、文化制度、社
會心理等方面存在巨大差異，海派文化與都市文化籠統地把上海看作一個整
體，租界文化則重視租界與華界的區分，因而對相關文化與文學現象的闡釋
更為確切，更能揭示文化與文學之間具體而微的內在本質關係。

　　二、三種文化所屬的坐標體系和解釋框架不同。租界文化處於中國傳統
文化和西方現代文化所構成的解釋框架中，有著殖民入侵的文化背景；海派
文化和京派文化構成一個二元對立的文化詮釋框架，20 世紀 30 年代的海派是
租界罪惡品性的替罪羊；都市文化和鄉村文化構成一個二元對立的文化詮釋
框架，現代轉型是聯繫二者的關節點。

　　三、租界文化具有強烈的殖民性和民族性特徵，而殖民性和民族性並不
構成海派文化和都市文化的必要元素。

四、從租界文化角度來打量，能夠發現作為文化主體的租界人所具有的一系列獨有的特性：上海租界人口的年齡性別構成具有獨特性，男女比例嚴重失衡，青年人占的比例明顯高於中外非租界城市，因而上海租界妓院林立，淫風熾盛，租界人有著強烈的冒險投機意識；在租界人中流行的語言是洋涇浜語；租界知識分子不能與任何集體發生有機真實的聯繫，與租界的心理關係是「在而不屬」，身份特徵變得曖昧；上海租界由資產階級引導消費和生活的風尚，歐化趣味與小資情調成為租界人標籤式的特性；等等。

五、租界文化是西方文化與本土文化在上海租界面敘、碰撞、雜糅的結果，不中不西，亦中亦西，是一種混合性的現代文化，具有「四不像」的特徵。這是都市文化不具有的特徵，雖然學界把這個特徵歸結到海派身上，但是歸到租界文化門下更妥貼。

筆者並不打算列出租界文化與海派文化、都市文化的所有區別，實際上這也不可能。筆者的主要目的是為了說明：租界文化是和海派文化、都市文化有著明顯區別的概念。對它們之間差異的分析是不是非常完整、是不是相當縝密，並不是特別重要。只要所作的努力已經說明了租界文化和海派文化、都市文化是明顯不同的概念，那麼，本書的基礎概念「租界文化」就立起來了。

二、「海派」概念的困境

海派（文化）和京派（文化）是一組對立共生的概念。對立模式限定了概念詮釋的思維路向和內涵特徵的發掘。30 年代的「京海派」論爭就已經預設了從京派文化的視角來看海派的思維模式。魯迅、胡風、曹聚仁、楊晦、魏京伯等都以「京派與海派」或「京派和海派」為題寫過文章，姚雪垠評論「京派」時也不忘與「海派」對舉：「海派有江湖氣，流氓氣，娼妓氣；京派則有遺老氣，紳士氣，古物商人氣。」〔註 112〕賈植芳在「海派文化長廊」的「總序」裏也沿用了「京海」對照的詮釋方式：「與北方地區的高大雅文化相比，海派文化顯得低調、鬆弛和雜亂，但同時也就自在得多。海派遠離皇城，正統思想和傳統道德到底少了許多，而且有著十里洋場的半殖民地背景，藏污納垢的同時，也保存了各種離經叛道的思想生氣，文化氣氛相對要輕鬆一

〔註112〕姚雪垠：《京派與魔道》，《上海：記憶與想像》，馬逢洋編，上海：文匯出版社，1996 年，第 53 頁。

些。從文人一方來說，他們一開始就面對了市場，他們需要用新的文字技巧和審美感情來征服讀者，把讀者從傳統文化的讀者市場中爭奪過來。這就是爲什麼北京文人出思想明星，海派文人重文學先鋒；北京文人講載道，上海文人講創新；北京文人提倡爲人生，上海文人講爲藝術而藝術，什麼唯美派、現代派、頹廢派、新感覺派……全出在上海」〔註113〕。

在 30 年代，「海派」是一個下作的概念，無論海派文化還是海派文人，都是充滿了不敬的名詞。沈從文曾直言不諱地表示：「『海派』這個名詞，因爲它承襲著一個帶點兒歷史性的惡意，一般人對於這個名詞缺少尊敬是很顯然的」〔註114〕。甚至以超然姿態出現的「第三種人」蘇汶也認爲：「新文學界中的『海派文人』這個名詞，其惡意的程度，大概也不下於在平劇界中所流行的。它的涵意方面極多，大概的講，是有著愛錢，商業化，以致於作品的低劣，人格的卑下這種種意味」〔註115〕。所以，在30年代，是沒有誰願意站出來承認自己是「海派」的。

照理，今天的學者在文學批評中是不大適合採用飽含惡意的「海派」舊概念的。實際情形卻與之相反，80 年代中期以後，「海派」是批評界中一個炙手可熱的名詞。個中緣由，正如李天綱所言：「『海派』原是城鄉對立時期產生帶有強烈倫理偏見的名詞，事實上應該摒棄。但我們使用詞彙的習慣常不受理智支配，這也無可奈何」〔註116〕。「爲什麼是在 80 年代，爲什麼又獨獨在上海本地，才有這『海派文化』的轟談。這其實在原初並不是個學術問題，而是交織著這個城市裏這一代人的理想、願望，以及看來不甚健康的憤懣、孤獨、自慚自憐和自尊，是心態問題。」〔註117〕錢穀融在談論港派與海派時，表達了相似的看法：「今天的港派與海派之辨，情況就不同了。首先，問題並不是由學術界引起的，討論的主要也不是學術問題。其次，過去京派人士提

〔註113〕賈植芳：《總序》，《海派文化長廊·小說卷》，上海：學林出版社，1997 年，第 1 頁。
〔註114〕沈從文：《論「海派」》，《沈從文批評文集》，劉洪濤編，珠海：珠海出版社，1998 年，第 10 頁。
〔註115〕蘇汶：《文人在上海》，《上海：記憶與想像》，馬逢洋編，上海：文匯出版社，1996 年，第 9 頁。
〔註116〕李天綱：《海派文化和都市文化》，《文化上海》，上海：上海教育出版社，1998 年，第 348 頁。
〔註117〕李天綱：《海派文化和都市文化》，《文化上海》，上海：上海教育出版社，1998 年，第 345 頁。

出海派的名稱，是為了貶斥之，意存輕視。……振興海派，不消說也是振興上海應有的課題之一」〔註118〕。當今學人當然不可能直接把 30 年代的「海派」概念挪用到當下的批評語境中。學人對舊「海派」概念作了大手術，為其正名。對「海派」概念的關鍵性改造就是：把都市文化或城市文化作為「海派」的精髓。其實，30 年代就有人把「上海氣」當作僅僅是「都市氣」的別稱〔註119〕。當代學人重提這個策略：「這個城市的人一定要以『海派』作城徽，就像美國人接受英國人丟給他們的『楊基』那樣，也是可以的。不過，我們要重新解釋，這就是我為什麼要把『海派文化』理解為『城市文化』的原因。」〔註120〕上海市把振興海派作為振興上海的課題之一，而對「海派」的內涵重新做出「都市文化」的解讀，因為屬於城市形象塑造的重大現實舉措，「不是學術問題」，也不是我輩能夠置喙的問題，故筆者對此不作進一步的討論，把話題轉向文學。

　　在文學研究中，學人也在為海派正名。正名的緣由，一方面，當然是為了消除「海派」舊概念的灰暗面，重新鍍金，企望恢復「本原」面目。另一方面，是由於「現有的海派定義本身有可能是充滿誤解地使用的。由於它包容了行為如此蕪雜的文人，說明在作品之外進行考察的方法面臨困境」〔註121〕。就目前的研究成果來說，筆者認為對「海派」概念正名所作的努力，以及正名後的「海派」概念與文學研究的對接，還存在一些沒有解決的癥結。在研究海派文學方面所取得的成果中，《都市漩流中的海派小說》和《海派小說與現代都市文化》兩本著作是為學界所共同稱道的，兩本著作史料翔實，筆法靈動，見解精闢，在海派小說研究領域取得了突破性的成果，筆者對兩位著者的求真意志和學術睿智也是仰慕不已的。但是，任何研究都不可能無懈可擊，後來的研究不可避免得要在已有成果的薄弱處開闢新的路徑。「名不正則言不順」，《都市漩流中的海派小說》和《海派小說與現代都市文化》首先做的工作就是為海派正名。兩者正名採取的策略大致相似：把海派文化和

〔註118〕錢穀融《海派文化需要振興》，《上海：記憶與想像》，馬逢洋編，上海：文匯出版社，1996 年，第 237 頁。

〔註119〕蘇汶：《文人在上海》，《上海：記憶與想像》，馬逢洋編，上海：文匯出版社，1996 年，第 10 頁。

〔註120〕李天綱：《海派文化和都市文化》，《文化上海》，上海：上海教育出版社，1998 年，第 348 頁。

〔註121〕李歐明：《浮世代代傳——海派文人說略》，北京：華文出版社，1997 年，第 28 頁。

都市文化聯繫在一起談論，把都市文化作爲海派文化的核心因素。《都市漩流中的海派小說》的「導言」直接就取名爲「爲海派文學正名」，強調海派文學的第一品格是「現代質」。此書把海派文學的現代質歸結爲四個方面：「它應當最多地『轉運』新的外來的文化」；「迎合讀書市場，是現代商業文化的產物」；「它是站在現代都市工業文明的立場上來看待中國的現實生活與文化的」；「它是新文學，而非充滿遺老遺少氣味的舊文學」〔註122〕。《海派小說與現代都市文化》對《都市漩流中的海派小說》的立論方式提出了疑問，認爲「把海派小說作爲整體進行研究，從文學的角度來看是很不規範的。這不僅因爲在文學史上從來沒有產生過以『海派』命名的，有著共同的綱領、文學主張和活動的社團或流派，而且當北平的知識分子把常常用來形容上海城市生活的某些惡劣作風的『海派』一詞引入文壇，而挑起 30 年代『京海之爭』時，所泛指的也是上海文壇的惡劣風氣」〔註123〕。《海派小說與現代都市文化》的作者認爲，「把『海派文學』作爲研究對象，實際上採取的是一個文化的角度，是一個文化視野下的文學課題。確立『海派文學』概念的根據，恰恰主要不是文學的因素，而是文化的因素」〔註124〕。於是《海派小說與現代都市文化》放棄了使用「海派文化」概念來作爲區分「海派小說」的依據，正如此書標題所標明的，是把海派小說置於「都市文化」視野下進行考察。兩書的理論基礎都是把海派和都市文化進行對接，把都市文化作爲海派的文化核心，把「都市」的特質灌到了海派的舊皮囊裏。且不說正名後的「海派」概念和 30 年代京派製造的「海派」概念大相徑庭，更何況二書對「海派」「現代質」的解釋和新時期全國各大城市培育的普泛意義上的都市文化似乎沒有本質上的差異，這樣可能會讓我們產生時空錯亂的感覺：這到底僅僅是 30 年代海派文化的特點，還是歷史上的海派文化已經「文藝復興」，泛化成當代都市文化了。延用一個舊概念，並對之整容，造成了新舊概念之間的斷裂不說，還把海派文化投入到都市文化的懷抱中，加以泛化。所以，二書對「海派」的正名，經過了一次整容和一次變性。這種研究方式是否屬於錯位的文化批

〔註122〕吳福輝：《導言》，《都市漩流中的海派小說》，長沙：湖南教育出版社，1995年，第 3 頁。
〔註123〕李今：《海派小說與現代都市文化》，合肥：安徽教育出版社，2000 年，第 2頁。
〔註124〕李今：《海派小說與現代都市文化》，合肥：安徽教育出版社，2000 年，第 4頁。

評?這也許是當今的文學研究者重新詮釋和使用「海派」概念時,難以擺脫的困境。當然責任不一定要由研究者個人全部承擔,因為使用習慣的固執,因為我們對 30 年代上海是那樣地難以釋懷,因為上海人「一定要以『海派』作城徽」啊!

三、「租界文化」概念的文學史意義

　　無論從都市文化還是從海派文化的角度談論上海這個城市或 30 年代文學,涉及到現代都市的興起、西方觀念的流行、市民社會的壯大、公共領域的產生、新聞傳播的發達、通俗文化的泛濫、倫理觀念的變化、社會心理的轉型、作家生命體驗的流動、激進思潮和先鋒意識的出現等問題,都繞不開租界,學者傾向於使用類似於這樣的句式——「租界開闢後,租界提供的……空間,給……造成……影響……」——作為前提來進入話題;在提到上海的罪惡品性時,如罪犯叢生、花柳遍地、道德墮落、廉恥喪盡,等等,人們都願意把罪惡的根源歸結到租界方面。既然都和租界有關係,以租界文化的名義討論不是更直接妥當嗎?《都市漩流中的海派小說》給海派定位時是這樣說明的:「海派產生於近代海禁打開之後。自滬地 1843 年(清道光二十三年)闢了租界,起初稱『夷場』、『洋場』,這才有所謂的『洋場文化』和『洋場文學』。在時空兩方面,這樣來給海派定位,大體是不差的」〔註125〕。撇開概念的使用不說,這段話不就相當於在談論租界文化嗎?我們如果把「海派」置換成「租界文化」或「租界文學」,內在關係似乎更妥貼。在此,筆者要鄭重聲明:我並沒有以「租界文化」取代「海派文化」或「都市文化」的盲目衝動,在文學研究中,這三個概念各有自己的存在價值和空間。不過,我堅信:「租界文化」可以成為文學研究中的一個富有生命力的概念。

　　鑒於「海派」概念在文學研究中的困境,筆者提出「租界文化」概念。

　　提出「租界文化」概念來研究 30 年代文學,不是為了嘩眾取寵或單純地標新立異。「租界文化」概念在文學研究中具有多方面的意義:

　　一、使用租界文化來分析 30 年代文學,從某種角度來說,更貼近文學和歷史的本相。在文學研究中,租界文化、海派文化和都市文化有著各自的存在空間和存在理由,但是,如果把 30 年代的上海當作一個區域,與海派文化

〔註125〕吳福輝:《導言》,《都市漩流中的海派小說》,長沙:湖南教育出版社,1995年,第2頁。

或都市文化相比，租界文化是更切合上海區域文化總體特徵和歷史本相的一個概念。雖然不能說租界文化對所有的文學現象和作品都適用，但是能夠彌補「海派文化」研究視角所造成的一些缺憾。從海派文化角度研究過的許多文學現象和作家作品，我們可以換一種視角再研究，海派文化不能納入的一部分現象，如茅盾、沈從文、魯迅、郭沫若等作家和京派、左翼文學等現象，可以置於租界文化的視野下進行觀照。

二、30年代的許多文學現象和作家作品受到租界文化的影響，我們有必要進行系統的解讀。租界文化為文學研究提供了照亮對象的新維度。

三、一種新的視角往往內含一種新的評價尺度，能夠開拓新的評價空間。如果從租界文化角度審視30年代文學，那麼其排序、特徵、層次和景觀都會呈現出新的樣態。

租界文化三個方面的意義，實際上是交叉在一起的，共同為文學史研究提供的新的維度、新的尺度、新的空間。

第二章　租界文化與30年代文學的
　　　　　風貌格調

　　30年代的上海租界，是現代作家彙集的區域。1928年前後，魯迅滿懷悲憤和失望，攜許廣平風塵僕僕地從廣州來到上海，住進了公共租界的「共和旅館」。沈從文、胡也頻、丁玲先後離開北京，移居上海法租界，尋找謀生的機遇。《現代評論》和新月社的徐志摩、丁西林、葉公超、聞一多、饒孟侃以及胡適，爲規避行將崩潰的北洋軍閥的高壓政治，連刊物一起轉移到上海租界。應成仿吾的邀請，馮乃超、朱鏡我、李初梨、彭康、李鐵聲從日本回國，奔赴上海，在租界共謀創造社的發展。茅盾、郭沫若、蔣光慈、錢杏邨、陽翰笙、孟超、李一氓從北伐的前線來到上海。蕭紅、蕭軍從東北淪陷區流亡到上海。沙汀、艾蕪從四川來到上海。巴金、徐霞村從法國留學回來。30年代在上海的作家還有葉聖陶、潘漢年、葉靈鳳、劉吶鷗、戴望舒、施蟄存、杜衡、周全平、鄭伯奇、彭家煌、夏衍、田漢、馮雪峰、洪靈菲、柔石、殷夫……。

　　如此多的作家彙聚上海，究其原因，主要是因爲租界爲他們的生活和創作提供了自由的空間，租界的文學市場給了他們賣文爲生的機遇；對於有著留學背景的歐化作家來說，十里洋場可以看作西方社會的模擬空間，適宜於他們傳播、販賣在留學經歷中所獲取的西方文學經驗；對於熟悉傳統社會的作家來說，租界新奇的都市景象和人事狀況，無疑是一個「陌生化」的文本，能引起他們敘述的衝動。

　　上海租界是民國作家精神想像的興奮點，給了他們無盡的文學創作資源

和靈感。沈從文曾說：「我的文章是只有在上海才寫得出也才賣得出的」〔註1〕。沈從文也正是在租界文化的刺激下，確立了都市鄉村對立的文化立場，進入了創作的高峰期，在 1928 年到 1930 年間寫下了《柏子》、《龍朱》、《媚金・豹子・與那羊》、《會明》、《夫婦》、《神巫之愛》、《蕭蕭》、《紳士的太太》、《丈夫》等經典短篇小說，並在長篇小說《阿麗思中國遊記》中對租界文化進行了反思。郁達夫在 1933 年 11 月 6 日致杜衡的信中也表達了相似的感慨，他短暫離開上海去杭州，「自到杭州之後，習於疏懶，什麼都寫不出來，不知是否因為少了激刺」〔註2〕。也有作家表達了相反的看法，魯迅就曾說：「我到上海後，即做不出小說來，而上海這地方，真也不能叫人和他親熱」〔註3〕。但是，上海租界成就了魯迅後期雜文嬉笑怒罵皆成文章的風格，租界文化影響了《故事新編》的境界風貌。「必須有某種精神氣候，某種才幹才能發展；否則就流產」〔註4〕。不論得失，租界和租界文化吸引了作家，也影響了作家的創作，這個事實是不容否認的。

租界文化通過各種場景和觀念充斥著上海的大街小巷，「19 世紀末葉以來，新的、變革的、反傳統或反現實的觀念標準都須穿戴起『西方的』面具才能流行。租界裏便不乏這類面具」〔註5〕。上海租界特有的文化精神不只是使作家能夠在這裡生活和創造，同時也在某種意義上決定著他們怎樣在這裡生活和創造。從周天籟的長篇小說《亭子間嫂嫂》的敘述視角，可以看出租界文化精神如何決定了作家講述故事的方式。「《亭子間嫂嫂》寫的是二三十年代上海紅燈區會樂里的一個暗娼的平常生活」〔註6〕，小說講述的是一個流浪文人與一個風塵女子構築起來的惺惺相惜的傷感故事。《亭子間嫂嫂》有兩個「我」，兩個視角，即亭子間作家朱先生和私娼亭子間嫂嫂顧秀珍。在小說中，朱先生

〔註1〕 沈從文：《書信・193110629 致王際眞》，《沈從文全集・書信・第 18 卷》，太原：北嶽文藝出版社，2002 年，第 143 頁。

〔註2〕 《現代作家書簡》，孔另境編，廣州：花城出版社，1982 年，第 94 頁。

〔註3〕 魯迅：《書信・341206 致蕭軍、蕭紅》，《魯迅全集・第十二卷》，北京：人民文學出版社，1981 年，第 585 頁。

〔註4〕 〔法〕丹納：《藝術哲學》，傅雷譯，北京：人民文學出版社，1963 年，第 35 頁。

〔註5〕 李天綱：《「海派」──近代市民文化之濫觴》，《文化上海》，上海：上海教育出版社，1998 年，第 19 頁。

〔註6〕 陳思和：《導言》，《亭子間嫂嫂》，周天籟著，上海：學林出版社，1997 年，第 5 頁。

和亭子間嫂嫂兩個視角交替使用，用的都是第一人稱。作家和妓女擁有的話語權是平等的，隱含作者對兩個聚焦人物的態度也是平等的。這種敘事姿態，只有租界化的上海才會出現。文本中，朱先生和鄰居亭子間嫂嫂的生活觀念所構成的參差對照的文化態度，實際上也是本我、自我與超我的相互辯駁。文本把一切成見都放入括號中懸置起來，讓「此在」顯明。租界自由、開明、新奇的文化氣氛，為30年代作家的文學創作提供了令人心儀的前景。

租界文化語境下的上海，為30年代文學的發展搭建起了一個新奇喧鬧的舞臺。文學的生長和城市之間，原本有著密切聯繫，「城市裏有文學所必需的條件：出版商、贊助者、圖書館、博物館、書店、劇院和刊物。這裡也有激烈的文化衝突以及新的經驗領域：壓力，新奇事物，辯論，閒暇，金錢，人事的迅速變化，來訪者的人流，多種語言的喧嘩，思想和風格上活躍的交流，藝術專門化的機會」〔註7〕。在20年代，北京為新文學的起步提供了言論寬鬆、思想自由的話語環境，主要由大學教授和學生構成的文學場域，支撐了新文學創作和傳播體系的運轉。20年代後期，文化中心由北京南移，上海主導了全國的文學風向。「在某種意義上，當我們說30年代文學，幾乎實際上就是指30年代以上海為中心發生的一些文學事實」〔註8〕。上海租界所擁有的自由創作環境、豐富的海外文學信息、發達的出版印刷機構和大量的讀者接受群，為新文學提供了良性發展環境。而且，上海租界為現代作家提供了生存空間、寫作資源和藝術靈感，促成了左翼文學和新感覺派的興起，並在一定意義上造就了30年代的魯迅、沈從文和茅盾。租界作為一個強勢的文化場和富有活力的文學場，為京派文學的興起提供了價值參照系，強化了他們的啟蒙立場和人文精神，隱隱約約規約了京派文學的藝術風貌和精神訴求。租界文化作為一種殖民性的現代都市市民文化，作為一種宏大的文化話語，在30年代文學的思潮流派和作家的生活方式、生存體驗、寫作理念、話語風格、審美取向中，投下了或濃或淡的影子。要言之，租界文化是30年代文學不可規避的有形或無形存在，影響了30年代文學的流變走向和風貌格調。

租界文化氣候對30年代文學的影響是多方面的。30年代文學從思想傾向

〔註7〕　〔英〕馬爾科姆·布雷德伯里：《現代主義的城市》，《現代主義》，馬·布雷德伯里、詹·麥克法蘭編，胡家巒等譯，上海外語教育出版社，1992年，第76頁。

〔註8〕　曠新年：《1928：革命文學》，濟南：山東教育出版社，1998年，第284頁。

到審美風格，或濃或淡地打下了租界文化的投影。30 年代文學的殖民性、商業性、頹廢敘事、激進姿態、小資情調、欲望主題、雜糅話語、戲謔風格，以及對自然精神家園的追尋等方面，都能從租界文化的角度做出一些解說。換句話說，上海的租界文化語境對於 30 年代文學的殖民性、商業性、頹廢敘事、激進姿態、小資情調、欲望主題、雜糅話語、戲謔風格和對自然精神家園的追尋等特點的形成，具有重要的或局部的作用。

關於 30 年代文學的激進姿態與小資情調，將在第三章的「左翼文學」部分討論；欲望主題、雜糅話語與租界文化的關係，我們在第一章分析租界文化的特徵時已經有所說明，其它章節也會涉及到。在這一章，我們只打算論述租界文化影響下 30 年代文學的五個特點：殖民性、商業性、頹廢敘事、戲謔風格和對自然精神家園的追尋。「殖民性」與「商業性」兩個特徵雖然在第一章中已有較多的分析，但是因為是租界文化最重要的兩個特徵，對 30 年代文學的影響最大，所以有必要聯繫文學現象專門論述。在「租界文化的特徵」一節中我們沒有對租界文化的「頹廢特徵」展開討論，因此在本章中結合作品對之進行補充論述，在第四章我們還將專門討論茅盾的頹廢觀念和頹廢敘事。「對自然精神家園的追求」這一個方面本書其它章節基本上沒有涉及，故也在此專門討論。

第一節　租界文本的殖民性透視

租界文化是一種殖民性的混合文化。由於租界兼有殖民和現代、罪惡和文明的兩重性，華人言說租界時的心態是複雜的，人們往往用一種充滿悖論的言說方式來評價租界和表述租界體驗，如，「偉大或卑弱」（林語堂：《上海頌》），「進步與反動」（陳旭麓：《上海租界與中國近代社會新陳代謝》），去留兩難（魯迅：《書信‧310521 致王際真》）。殖民性、民族性、商業性和現代性交織的租界語境，造成了租界知識分子敘述租界故事的複雜情態。

一、租界文本民族意識與殖民意識的奇異交織

上海的首位英國領事曾得意地說：「一切未開化的民族必將屈服於我們那較高的文明之前」〔註9〕。這既是殖民者侵略野心和強權邏輯的表現，也是兩

〔註9〕　〔美〕霍塞：《出賣上海灘》，越裔譯，上海：上海書店出版社，2000 年，第8頁。

種文化較量時常常出現的結果。所謂對「較高的文明」的「屈服」，是一種既覺委屈，又不得不折服的辛酸體驗。朱自清的《白種人——上帝的驕子》寫的是「我」在上海租界遭遇到的無言打擊和倍感「屈服」的殖民體驗。「我」喜歡凝視小孩，這回在電車裏又發了老癖氣，我兩次三番地看那坐在對面的白種的孩子，小西洋人！初時他不注意或者不理會我，讓我自由地看他。但快到站時，那小西洋人走近我，「突然將臉盡力地伸過來了，兩隻藍眼睛大大地睜著，那好看的睫毛已看不見了；兩頰的紅也已褪了不少了。和平、秀美的臉一變而爲粗俗，兇惡的臉了！他的眼睛裏有話：『礎！黃種人，黃種的支那人，你——你看吧！你配看我！』他已失了天眞的稚氣，臉上滿布著橫秋的老氣了！我因此寧願稱他爲『小西洋人』。他伸著臉向我足有兩秒鐘；電車停了，這才勝利地掉過頭，牽著那大西洋人的手走了。……兒子也不去告訴他，只獨斷獨行地伸他的臉；伸了臉之後，便又若無其事的，始終不發一言——在沉默中得著勝利，凱旋而去。不用說，這在我自然是一種襲擊，『出其不意，攻其不備』的襲擊！」〔註 10〕殖民地人們慣有的敏感自尊心受到了打擊，引發了複雜的心理回應：

> 這突然的襲擊使我張皇失措；我的心空虛了，四面的壓迫很嚴
> 重，使我呼吸不能自由。我曾在 N 城的一座橋上，遇見一個女人；
> 我偶然地看她時，她卻垂下了長長的黑睫毛，露出老練和鄙夷的神
> 色。那時我也感著壓迫和空虛，但比起這一次，就稀薄多了：我在
> 那小西洋人兩顆槍彈似的眼光之下，茫然地覺著有被呑食的危險，
> 於是身子不知不覺地縮小——大有在奇境中的阿麗思的勁兒！我木
> 然目送那父與子下了電車，在馬路上開步走；那小西洋人竟未一回
> 頭，斷然地去了。我這時有了迫切的國家之感！做著黃種的中國人，
> 而現在還是白種人的世界，他們的驕傲與踐踏當然會來的；我所以
> 張皇失措而覺著恐怖者，因爲那驕傲我的，踐踏我的，不是別人，
> 只是一個十來歲的「白種的」孩子，竟是一個十來歲的白種的「孩
> 子」！我們向來總覺得孩子應該是世界的，不應該是一種，一國，
> 一鄉，一家的。我因此不能容忍中國的孩子叫西洋人爲「洋鬼子」。
> 但這個十來歲的白種的孩子，竟已被攝入人種與國家的兩種定型裏

〔註10〕朱自清：《白種人——上帝的驕子》，《朱自清全集·第一卷》，朱喬森編，南京：江蘇教育出版社，1988 年，第 44 頁。

了。他已懂得憑著人種的優勢和國家的強力，伸著臉襲擊我了。這一次襲擊實是許多次襲擊的小影，他的臉上便縮印著一部中國的外交史。他之來上海，或無多日，或已長久，耳濡目染，他的父親，親長，先生，父執，乃至同國，同種，都以驕傲踐踏對付中國人；而他的讀物也推波助瀾，將中國編排得一無是處，以長他自己的威風。所以他向我伸臉，決非偶然而已。

　　這是襲擊，也是侮蔑，大大的侮蔑！因了自尊，一面感著空虛，一面卻又感著憤怒；於是有了迫切的國家之念。我要詛咒這小小的人！但我立刻恐怖起來了：這到底只是十來歲的孩子呢，卻已被傳統所埋葬；我們所日夜想望著的「赤子之心」，世界之世界（非某種人的世界，更非某國人的世界！），眼見得在正來的一代，還是毫無信息的！這是你的損失，我的損失，他的損失，世界的損失；雖然是怎樣渺小的一個孩子！但這孩子卻也有可敬的地方：他的從容，他的沉默，他的獨斷獨行，他的一去不回頭，都是力的表現，都是強者適者的表現。決不婆婆媽媽的，決不黏黏搭搭的，一針見血，一刀兩斷，這正是白種人之所以為白種人。〔註11〕

朱自清對白種小孩伸臉向前看他的敏感——租界人的敏感，使他產生了民族自卑感和壓迫感，張皇失措。他在白種人面前的神經質似的自卑，他對世界主義的呼籲，對看女人的聯想，對白種小孩的從容、沉默、專斷獨行所表達的敬意，對力和強者的崇拜，以及在文章結尾以「王侯將相寧有種乎」的觀念對種族主義的無力置疑，典型地表現了租界華人的殖民經驗，流露出租界文人的殖民心態。

　　在租界文本中，民族意識和殖民意識往往處於對抗的境地。但是，由於租界知識分子文化身份和租界心態的曖昧性，導致了租界文本中民族主義和殖民主義交鋒的複雜性。郭沫若的《月蝕》〔註12〕是一個典型的租界文本，其中對「領帶」的解說、對日本的溫情回憶、對小孩在黃浦灘的歡欣雀躍和我的流淚的敘述，都值得深究。由於黃浦灘公園是禁止華人入內的，為了帶孩子去公園

〔註11〕　朱自清：《白種人——上帝的驕子》，《朱自清全集・第一卷》，朱喬森編，南京：江蘇教育出版社，1988 年，第 44～45 頁。

〔註12〕　郭沫若：《月蝕》，《郭沫若全集（文學編）・第九卷》，北京：人民文學出版社，1985 年。

玩,「我」只有「上樓去披件學西洋人的鬼皮」,「穿件洋服去假充東洋人去罷!」「我」的委屈和憤慨是顯而易見的。於是,「我」採取了阿 Q 式的排解方式,從話語上優勝,把繫領帶的西洋人解讀成「狗」:「我單看他們的服裝,總覺得他們是一條狗。你看,這襯衫上要套一片硬領,這硬領下要結一條領帶,這不是和狗頸上套的項圈和鐵鏈是一樣的麼?」並借考古學的新發現貶抑西洋人。「我從前在什麼書上看過,說是女人用的環鐲,都是上古時候男子捕擄異族的女子時所用的枷鐐的蛻形;我想這硬領和領帶的起源也怕是一樣,一樣是奴隸的徽章了。弱族男子被強族捕擄為奴,項帶枷鎖;異日強弱易位,被支配者突然成為支配者,項上的枷鎖更變形而為永遠的裝飾了,雖是這樣說,但是你這個考古的見解,卻只是一個想像,恐怕真正的考古專家一定不以為然。……然不然我倒不管,好在我並不想去做博士論文,我也不必兢兢於去求出什麼實證。」這段話代表了租界知識分子對於西方殖民者的一種想像性征服。郭沫若在文本中對領帶和硬領的「牽強附會」的解說,典型地體現了租界文人的複雜心態——殖民地民族主義的扭曲形態。我身穿西服,以日本人的身份才能進入黃浦公園,由此產生的民族主義情緒從三個方向獲得釋放:對西洋人的譏諷謾罵;對日本民族身份的傾慕和對日本戀人記憶的喚醒;對故土的懷想和自豪感。欲以他者民族身份的轉換來完成內心焦慮的破解,這恰恰與民族主義的文化立場相悖。文本故事的內在張力呈現出租界華人知識分子民族主義情緒的支離破碎。在這篇文章中,郭沫若用了一些外語詞彙和歐化句式,文體修辭更加說明敘事的矛盾。文本對孩子在黃浦公園的快樂玩耍的聚焦,流露出「我」對租界糾纏不清的感情,當大兒子對「我」說:「爹爹,你天天都引我這兒來罷!」「我」幾乎流淚!孩子的快樂和「我」的流淚所構成的情緒反差,體現了民族主義者消費殖民性現代文明資源時的無奈和屈辱。

二、洋人的雄強化形象建構與華人的自我東方化

租界殖民文化的複雜性,從華人與洋人租界敘事的差異與合謀中也可以看出。「對一塊領土或一個國家的控制,不僅是個行使政治或經濟的權力問題;它還是一個掌握想像的領導權的問題」〔註 13〕。租界作為「想像的共同體」,華人想像的結果和洋人想像的結果既有差異,又有共通之處。上

〔註13〕 〔英〕艾勒克・博埃默:《殖民與後殖民文學》,盛寧、韓敏中譯,瀋陽:遼寧教育出版社,1998 年,第 6 頁。

海租界的殖民者憑藉宗主國的強盛國勢而擁有一種自信、雄強的心態和形象。1931年美國記者海倫·斯諾乘海輪奔赴上海灘,「站在『林肯總統號』上,我們覺得也是這個古老傳統的一部分。我站在船頭上,像一隻古老的快速帆船的船頭雕飾一樣,面對著未來,體魄健壯而又雄心勃勃」〔註14〕。另外,殖民者還刻意製造自我的雄強形象,並因此在華人世界投下殖民化的經驗,在華人心中塑造高超、優越、雄強和自信的殖民者形象。這種心態和形象對於殖民者穩定地控制租界,攫取利益是至關重要的。賽義德談到印度殖民地時指出:「在印度,……四千英國公務人員,……居住在一個有三億人口的國家,維持這樣一種情況所需要的意志、自信甚至傲慢的心態只能由我們來猜想了。……這些態度至少和軍隊、公務人員或英國從印度攫取的財富一樣重要」〔註15〕。上海租界的洋人同樣「僅僅憑藉這片小小的泥灘為根據地對抗著四萬萬的中國民眾」,「他們從高樓上的窗戶中間望下去,望見那批穿著長袍的中國人時,心裏便免不了要發生恐懼之念的」〔註16〕。租界的外僑和華人比較起來是如此之少,要控制租界,塑造殖民者的雄強形象至關重要。他們以此來抵抗恐懼心理,並期望對華人起到震懾作用。他們的衣食住行必須擺足派頭,即使從黃浦灘到禮查飯店這麼近的地方,「我們得到的忠告是,無論如何我們也得乘人力車」〔註17〕。電車、輪船、火車的乘客區實行華洋分隔和座位分等,包含了殖民策略在內,著意殖民者形象的塑造。洋人對雄強形象的看重,還可以從外僑對工部局處理小車夫罷工的態度中得到確證〔註18〕。工部局極有限的妥協,受到納稅外人會的強烈指斥,工部局董事會的董事被迫全體辭職。事件的結果體現了外人對於維持強者形象的共識,意識到強者形象是欺凌弱者的最有利資本。

〔註14〕〔美〕海倫·斯諾:《初進上海(1931年)》,《回眸上海》,賈樹枚主編,上海:上海人民出版社,2003年,第38頁。

〔註15〕〔美〕愛德華·W·薩義德:《文化帝國主義》,李琨譯,北京:生活·讀書·新知三聯書店,2003年,第12頁。

〔註16〕〔美〕霍塞:《出賣上海灘》,越裔譯,上海:上海書店出版社,2000年,第192頁。

〔註17〕〔美〕海倫·斯諾:《初進上海(1931年)》,《回眸上海》,賈樹枚主編,上海:上海人民出版社,2003年,第39頁。

〔註18〕具體事件參見《上海公共租界史稿》,徐公肅、丘瑾璋、蒯世勳等著,上海:上海人民出版社,1980年,第432頁。

30 年代文學關於洋人和華人形象的對比描寫，部分歸因於殖民者形象的刻意雄強化。殖民者的雄強化形象，一方面造就了殖民者自身的獨特經驗，另一方面也塑造了租界華人對洋人敬畏、羨慕的心理，並對華人的「自我東方化」起到了推波助瀾的作用。

西方人不僅著意於自我形象的雄強化塑造，也有意無意地把中國人「妖魔化」。把陌生的種族妖魔化，是一種自我保護的文化機能，恐懼與鄙視同在。魯迅 1934 年 3 月 24 日致姚克的信中寫到：西洋人畫數千年前之中國人，就已有了辮子，而且身穿馬蹄袖袍子〔註 19〕。魯迅認爲，由於西洋人不瞭解中國的歷史和風俗人物，竟鬧出了笑話，指出了正確介紹中國文藝情形的重要意義。實際上，這不僅僅是介紹正確與否的問題，西洋人看取中國時有意無意地使用了殖民眼光，西洋人的中國人畫像是西方殖民者慣有的文化思維造成的誤讀例證。

五四時期，以陳獨秀爲代表的知識分子，在新文化運動和文學革命中，持「全盤性反傳統」的文化態度，對封建制度和禮教文化塑造的民眾的愚昧、麻木、軟弱等劣根性痛心疾首。爲了啓蒙大眾，強國強種，陳獨秀在《新青年》發表了多篇有關中西文化比較和國民性批判的文章，如：《敬告青年》（一卷一號）、《法蘭西人與近世文明》（一卷一號）、《東西民族根本思想之差異》（一卷四號）、《新青年》（二卷一號）等。民族的自卑意識和自強理念，使得陳獨秀有意無意矮化漢民族的形象，提升西方「老師」的雄強形象。陳獨秀出於啓蒙目的的言論，無意中承繼了西方帝國主義的人種學理論，換一句話說，陳獨秀對中西文化的比較和中西民族特性的展示，多少有助於租界洋人形象的確立，並影響到接受者對自身和對外人形象的再構造。

五四啓蒙時代以陳獨秀爲代表所介紹的洋人形象和後來小說敘事中的洋人形象是一種互相印證和加強的關係，無意中爲租界事務的順利推進和洋人統治的強化，提供了適合的社會心理。而且，陳獨秀四次專門撰文對「上海社會」的醜惡現狀進行了批駁，把華人世界寫得十分齷齪，只是不大提洋人的過錯〔註 20〕。一面是洋人的雄強化，一面是華人的「妖魔化」，二者共同支持了殖民者的東方主義觀念，並且參與了自我東方化的形象構設。陳獨秀不

〔註 19〕魯迅：《書信：340324 致姚克》，《魯迅全集・第十二卷》，北京：人民文學出版社，1981 年，第 359 頁。

〔註 20〕具體參見陳獨秀：《獨秀文存》，合肥：安徽人民出版社，1987 年。

過是無意中參與殖民話語構造的知識分子之一。殖民化形象包含了西洋人的自我塑造和民國知識分子的「協助」塑造。洋人的雄強化形象特徵，包括身材高大威猛、性格堅毅果斷、神情高貴文雅、意志堅韌不拔、態度樂觀向上等方面的類似品質，再加上一些惡性的「力」的品質，如強橫粗暴、野蠻殘忍、舉止粗魯，等等。社會語境中洋人的雄強化形象，是租界文本塑造洋人形象的摹本。「歐美人眼中的亞洲如何融入了亞洲人的自我形象之中，這最終是與『西方』思想本身的影響分不開的。」〔註21〕丁玲的小說《莎菲女士的日記》中的南洋青年凌吉士，沈從文的小說《一個女劇員的生活》中的東洋人宗澤，《阿麗思中國遊記》中的英國紳士儺喜先生，便是例證。在租界花樣繁多的廣告中，洋人都是以樂觀、健康、理性、文雅、高貴的形象出現，而一些治病、藥品廣告中的病態人物形象，則往往是華人。

民國知識分子對洋人形象和華人形象的想像，說明了租界文學必然是「民族寓言」。但是，我們必須認識到租界知識分子「民族寓言」建構的片面性。中國知識分子的現代啟蒙包含了兩個向度的努力：對西方文明的引進和對傳統文化的評判。引進西方文明意味著對西方文明所蘊含的價值觀念和話語權威的認同，也就意味著濡染西方帝國的東方主義，自我東方化。民國知識分子對傳統文化批判的一項重要內容就是批判國民性。在租界的殖民語境中，東方主義、自我東方化、批判國民性和民族主義的交織，就造成了租界文本殖民文化的複雜性和「民族寓言」的片面性。

三、反殖民敘事與殖民心態的解構

近代中國的屈辱歷史，造成了民族主義與殖民主義的直接對抗。但是，租界的民族主義有時顯得底氣不足，因為華人託庇租界，享受租界的繁華，本來就與民族觀念相違背。郁達夫指出了在上海租界談論國家民族的尷尬：「我們大家一樣的寄居在租界上，在坐外國人的電車，在用外國人的電燈，並且有時候拿起筆來寫點東西，還在抄襲抄襲外國人的可以扶助我們的主義的文章。現在寄寓在租界上的中國人，差不多生活境況，都是這樣的。在這樣的狀態下，我們當大談國家主義之餘，若受旁人一問：『你們的國家在哪

〔註21〕阿里夫・德里克：《中國歷史與東方主義問題》，《後殖民主義文化理論》，羅鋼、劉象愚主編，北京：中國社會科學出版社，1999年，第80頁。

兒？』有時恐怕要回答不出話來。……以國家主義者自命，歌於斯吃於斯，坐高車馴馬於斯，覺得有點不大對。」〔註22〕

　　郁達夫的觀點有助於解釋上海文壇的一種特別現象：爲什麼高揚民族主義旗幟的上海作家極少在虛構性的作品中借殖民者的形象來承載反帝的主題？包括以反帝、反資相號召的左翼作家，在虛構性作品中也策略性地以超越國界的無產階級觀念來規避上海殖民者形象的正面塑造，僅僅以（買辦）資本家作爲帝國勢力的替代人物，茅盾的《子夜》即是如此，30 年代的左翼電影亦是如此。

　　但是，也有作家參透了殖民者的心態，明瞭「歐美人眼中的亞洲」，但是對「歐美人眼中的亞洲如何融入了亞洲人的自我形象之中」保持清醒的認識和反諷的態度。這裡我們要提到是彭家煌。

　　彭家煌（1898～1933 年），一個性格直爽、固執而孤僻的湖南籍作家，於 1923 年 10 月到上海，一年後在上海開始了他的編輯與創作生涯，1933 年 9 月在上海病逝。彭家煌在上海常常「穿一身破亂的藏青嗶吱洋服，一件舊灰呢褲，油迹滿滿的灰呢帽，走了樣的黃皮鞋。但是，他毫不因此畏縮，就這副樣子在這奢華的大都市裏混了十多年！」〔註23〕彭家煌面對租界化上海的心態，既不像五四時期的陳獨秀、周作人、郭沫若那樣充滿鄙薄或厭恨，也不像 30 年代的沈從文、魯迅那樣陷入欲愛而恨、欲去還留的複雜境地，更不像三四十年代的穆時英、劉吶鷗、張愛玲那樣沉迷其中。身穿破亂洋服的彭家煌在十里洋場毫不畏縮，他冷靜辨析城與人的權力關係，對上海華人與外僑的空間權力意識進行編碼，試圖以民族自尊感來拆解租界洋人慣有的殖民震懾力。

　　彭家煌的短篇小說《Dismeryer 先生》〔註24〕敘述了同一屋檐下的外僑與華人間的故事。華人群體對 Dismeryer 先生的態度，有同情、疏離，也有恐懼。小說著重呈現的是 P 的妻子對 Dismeryer 先生的態度。P 妻印象中的外國人是「盛氣凌人不可一世的」，她最初對 Dismeryer 先生懷著恐懼和提防心理，把他當作危險的存在。同時，P 妻對蹭飯吃的 Dismeryer 先生心懷不滿，不滿中夾雜著民族仇恨：「我們爲什麼要供養他呢？難道我們中國人還沒有受夠洋鬼子的糟蹋嗎？他們是野獸，南京路，漢口，廣州，那處他們不橫暴的作踐我們！」最後，

〔註22〕郁達夫：《牢騷五種》，吳秀明主編《郁達夫全集·第八卷》，杭州：浙江大學出版社，2007 年，第 12～13 頁。

〔註23〕賀玉波：《悼彭家煌》，《讀者月刊》1933 年 9 月，第 1 卷第 1 期，第 4～5 頁。

〔註24〕彭家煌：《Dismeryer 先生》，《慫恿》，上海：開明書店，1927 年，第 1～15 頁。

窮無依歸的異邦落魄者 Dismeryer 先生知趣而退，悄然離開了仁義弄，不知所終。借助 Dismeryer 先生形象，小說實際上完成了「積弱的中華」對「橫行世界的德意志」的想像性復仇。同時，小說也細緻地描摹了華人的複雜心態：對落魄的外僑既同情又恐懼，同情中摻雜著對殘暴帝國的仇恨，恐懼中又有鄙夷。小說散發著人道主義與民族主義、殖民主義的混合氣息。

　　《Dismeryer 先生》從華人的眼光和心態來建構異邦落魄者的形象，《教訓》〔註 25〕則從一個自感「高貴」的西洋女人「蔚藍眼的視線」來打量中國人，剖析了西洋女人的殖民者意識，解構了西洋人「君臨」租界的畸形心態。《教訓》可以算一篇微型心理小說，情節非常簡單，鋪陳的是西洋女人在租界乘電車的傲慢心理。上海租界的電車於 1908 年開始運行，電車分頭等和三等〔註 26〕，洋人坐頭等車廂，華人只能坐三等，20 年代初仍然如此〔註 27〕。直到 20 年代後期，乘客上車後方可「隨意入頭等和三等」〔註 28〕。電車的座位分等和華洋分隔，本身就是殖民意識的體現，著意於建構殖民者與被殖民者的身份差異。正因為如此，《教訓》中等電車的西洋女人心存傲慢，自感高貴，「在她那蔚藍色的視線中」，周圍擁擠著等候上車的華人顯得「可憐又可笑」，「晃動如蟲豸一般的微細而渺茫」，「顯不出確定的輪廓」。她與這些人雖然擠在一堆，但在她的心理視界中，她與他們的距離彷彿「『頭等』『三等』在她的心房參差的樹著」。她以鎮定、傲慢的姿態來表明她的高貴，期待眾人謙卑的禮讓。無奈並沒有人理會她的心曲，眾人各顧各的湧上電車。此時，西洋女人以阿 Q 式的心理邏輯來維持高貴的自尊：「跟孩子們擠什麼，讓他們先上去吧！」她從容地慢慢攀上車後，發現頭等座位已占滿。她昂首挺胸，以君臨的姿態「巡視」眾人，預想這些蟲豸般的華人會給高貴的她讓座。無人讓座讓她頗感沮喪，她恨這些人不懂得什麼是高貴什麼是尊嚴，她恨十里洋場的華人不傚仿歐美紳士的作風，她感到受了「奇恥大辱」，憤而半途下車。下車時，她雄赳赳地對著車上的華人教訓道：「Chinese never stand up when the ladies come！」「教訓」在小說中具有極強的反諷意味，譏諷了西洋女子充滿民族歧視、帶有自戀傾向的傲慢心態。

〔註 25〕彭家煌：《教訓》，《文學週報》1927 年 9 月 25 日，第 283 期。

〔註 26〕子云：《上海法租界之電車》，《中華實業界》1914 年 11 月，第 11 期，第 1～3 頁。

〔註 27〕曹聚仁：《上海春秋》，上海：上海人民出版社，1996 年，第 169～170 頁。

〔註 28〕張光宗：《上海之電車事業》，《商業雜誌》1929 年 6 月，第 4 卷第 6 期，第 1～6 頁。

　　西洋女子的心態無疑是上海外僑心態的縮影。上海的外僑通常「異常自負，喜歡擺出一副大國的姿態」，覺得他們的「任何要求都必須得到最高的尊重」〔註29〕。外僑的傲慢自負伴隨著對中國的鄙薄，例如，怡和洋行的老闆來中國已經三十年，「讓他很自得的是他至今一句中文都不會」〔註30〕。《教訓》中的西洋女子同樣覺得自己高人一等，理當被尊崇。當她沒有獲得預期中的特別尊崇，當她明白租界裏的華人並不放棄「國粹」，並不追隨西方習俗，也就是說，當想像的一切與她的殖民者經驗相違背時，她感到了「奇恥大辱」。因此，西洋女人的優越感與受挫感都是殖民者意識的體現。在優越感向受挫感轉換的過程中，彭家煌完成了對殖民者心態的嘲諷和對租界空間的殖民霸權的批判。《教訓》充分表明了彭家煌「能夠表現很不容易表現的模糊而不穩定的心理狀態」，「善於描寫很不容易描寫的充滿變化的感情過程」〔註31〕。彭家煌對殖民者心理軌迹的揣摩與敘述，接近霍米・巴巴所提出的「殖民模擬」理論。模擬借助文化翻譯的渠道，挪用和複製殖民者的價值觀，消解殖民權威，顛覆殖民者的普世主義圖謀；模擬即潛在的嘲弄。〔註32〕借由模擬的話語策略，彭家煌對殖民者的傲慢自負進行了嘲弄。

　　彭家煌的小說對上海中外市民心態的摹寫，以及從民族意識出發所構設的空間權力對抗和民族自尊較量，可謂選材獨特，目光犀利；他的反殖民敘事所包含的蓬勃的民族自尊心態和熾熱的人道主義情懷，提供了租界體驗影響作家創作的另一種情形。

第二節　租界文化的商業性對文學生產的規約

　　西方列強「開埠」的主要目的是擴大在華貿易，上海租界首先是作爲一個國際商貿港口而存在，租界人的主要價值取向是重商主義。因此，租界文化的商業化特徵對 30 年代的文學生產起到了重要的規約作用。

〔註29〕　《1886 年的上海：租界見聞》，鄭曦原編《帝國的回憶：〈紐約時報〉晚清觀察記》，北京：當代中國出版社，2007 年，第 64 頁。

〔註30〕　〔英〕薩默塞特・毛姆：《在中國屏風上》，唐建清譯，南京：江蘇人民出版社，2006 年，第 152 頁。

〔註31〕　劉納：《彭家煌論》，《文學評論叢刊》第 29 輯，北京：中國社會科學出版社，1987 年，第 258～270 頁。

〔註32〕　章輝：《抵抗的文化政治：霍米・巴巴的後殖民理論》，《吉首大學學報》2010 年第 1 期，第 62～69 頁。

在第一章中，我們已經分析了租界文化的商業性對知識分子的身份特徵所帶來的影響，「商的幫忙」使作家的「連貫性、獨特性和自尊原則受到威脅」，產生失重心理和焦慮情緒，商業社會的紛紛擾擾，使魯迅這樣的作家「能躁而不能靜」，在「焦躁」中譯作；分析了由於重商主義的流行，資本成了調控社會生活的核心因素，資產階級的價值觀念、審美情趣對市民社會起到了導向作用，規約了市民的生活想像和報刊雜誌的讀者預設。下面，我們進一步探討租界文化的商業性特徵對30年代文學所造成的其它重要影響。

對租界發展和運轉起關鍵作用的是資本，租界文學具有商業化的特徵。租界文學的商業化主要表現為文學產品必須進入市場，文化事業的發展和命運受利潤原則支配。文化的商品化產生了現代的稿酬制度。租界文人的日記和書信中敘述頻率最高的詞語就是「稿酬」，租界文人因此被譏笑為「商的幫忙」。最早實行稿酬制度的是上海租界的《申報》。租界文人最初受「恥於賣文」的傳統思想影響，發表文章一般不取稿酬，1872年4月30日《申報》創刊號就曾宣佈所登稿件「概不取酬」。到了19世紀末，撰稿取酬已是文化圈中常見的現象，收取稿酬也被視為理所當然的事，更不用說文人後來對稿酬的斤斤計較。在文學工場的擺佈下，租界的知識分子把文學寫作和出版首先當作一種商業行為。1935年王魯彥致汪馥泉的信中提到：「我還有一部現成的世界短篇小說集及莫利哀的喜劇均未脫手。便請代我兜攬主顧」〔註33〕。「脫手」、「兜攬主顧」都是生意場用語，說明王魯彥把文學作品的出版事宜看作一種商品交易。《現代評論》周刊1927年7月底從北京遷移到上海法租界後，首先就從「商業」角度進行了變革：一是刊物刊登的廣告增加了，配著摩登美女插圖的白金龍香煙廣告印在卷首；二是講究包裝，封面使用的紙張更考究了。

在30年代之前，鴛鴦蝴蝶派等通俗小說正是投合了文學消費市場的需求，造成了很大的陣勢。1927年左右，新文學作家彙集上海後，新文學終於全面走向商業化。新文學借助商業化的強大推動力，傳播的範圍突破了知識分子的狹小天地，新文學創作走出了20年代的相對疲軟狀態。沈從文曾精闢地分析了30年代文學商業化的現象：「新文學與商業打成一片，是北伐前一年。那時節北方的作家遭受經濟壓迫，慢慢向南方移動，與上海剩餘資本結

〔註33〕《現代作家書簡》，孔另境編，廣州：花城出版社，1982年，第8頁。

合，作品得熟於商品分派技術的人推銷，因此情形一變。」〔註34〕商業化帶來了 30 年代新文學創作的繁盛局面。文學和商業攜手，對 30 年代文學的發展造成了多方面影響。

一、催生了專門從事寫作的職業作家，給文學創作注入了新的活力，拓展了新文學的傳播範圍，奠定了新書業的基礎

新文學和稿酬制度密切聯姻後，誕生了一批以賣文爲生的專業作家，如沈從文、魯迅、茅盾、巴金等。「作品一用商品方式分佈，於是有職業作家，緣於作品自由競爭產生了選擇作用和淘汰作用，所以在短期間作品質與量兩方面都得到長足進步，且即奠定了新書業基礎。」〔註35〕1934 年，因爲辦雜誌可以掙錢，一年中市面上增添了上百種新雜誌，1934 年也因此被稱爲「雜誌年」。「有的出版機構還直接孕育出有特色的作家群體，如包括葉聖陶、豐子愷、夏丏尊等在內的『開明』作家群」〔註36〕。

二、租界文化的商業性影響了各種文體的發展命運

自實行稿酬制度後，發表文章一般是按字數取酬。爲了獲取更多的稿酬，作品是越寫越長，很多作品不精練，語言囉嗦。從按字數付酬的規則中，受益最大的是寫小說的人，因爲小說一般都比較長；而創作詩歌的人，就顯得寒磣了，短短的幾行，值不了幾個錢。沈從文指出：「新文學同商業發生密切關係，可以說是一件幸事，也可以說極其不幸。如從小說看看，二十年來作者特別多，成就也特別好，它的原因是文學徹底商品化後，作者能在『專業』情形下努力的結果。至於詩，在文學商品化意義下實碰了頭。新詩標準一提高，新詩讀者便較少。讀者較少，它的發展受了影響。因之新詩集成了『賠錢貨』，在出版業方面可算得最不受歡迎的書籍。」〔註37〕在 20 年代初期，新文學還基本上沒有與商業接軌，因此，詩歌和散文園地呈現出一片繁盛蔥

〔註34〕沈從文：《「文藝政策」探討》，《沈從文批評文集》，劉洪濤編，珠海：珠海出版社，1998 年，第 73 頁。

〔註35〕沈從文：《「文藝政策」檢討》，《沈從文全集·第十七卷》，太原：北嶽文藝出版社，2002 年，第 280 頁。

〔註36〕黃萬華：《中國和海外：20 世紀漢語文學史論》，天津：百花文藝出版社，2004 年，第 63 頁。

〔註37〕沈從文：《新詩的舊帳》，《沈從文全集·第十七卷》，太原：北嶽文藝出版社，2002 年，第 97 頁。

茂的景象。到了 20 年代後期,文學中心南移上海,新文學與上海租界的商業
風氣全面接觸,小說這種更有利可圖的文體獲得了空前的繁榮,出現了茅盾、
巴金、沈從文、丁玲、張天翼、蕭紅、蕭軍、穆時英、劉吶鷗、施蟄存等一
大批小說大家和名家。相對於 20 世紀 20 年代,20 世紀 30 年代的散文和詩歌
創作反而顯得不夠熱鬧,富有影響的作家作品也相對少了。由此可見,租界
文化的商業性對各種文體的發展確實起到了重要制約作用。

三、租界文化的商業性影響到文學風氣的培養

　　大多數租界人喜歡「看下去很暢快的小說,不費心思的」〔註 38〕。大多
數人喜歡看,是書商謀劃出版事宜首先要考慮的。因為暢銷的作品能夠給書
商和作者帶來豐厚的利潤和聲譽。暢銷書最簡單的創作策略便是媚俗,站在
接受者的立場構思主題、選擇題材、設定故事模式和話語風格。凡是能夠弔
起市民胃口的重大社會事件、聞人風波和娛樂界的花花事,都被書商「敏銳
的」職業眼光捕捉到,新聞記者、小說家、雜論家、電影導演、戲劇編劇便
會收到文化實業家的約稿,就這些事件潤色虛構,製造一時的文藝熱點。如
30 年代發生在上海租界的「阮玲玉之死」事件,就被反覆地書寫、閱讀,甚
至新戲《黃慧如產後血崩》還熱鬧過一陣子。沈從文在分析革命文學興起的
原因時指出:「一萬塊錢或三千塊錢,由一個商人手中,分給作家們,便可以
購得一批戀愛的或革命的創作小說,且同時就支配一種文學空氣,這是一九
二八年來中國的事情」〔註 39〕。茅盾在《文風與「生意眼」》一文中談到上海
書店老闆「愈來愈尖銳」的「生意眼」與冒險文人「善觀風氣的巨眼」共同
製造「文風」的現象。蕭軍、蕭紅等東北作家「逃到上海來寫他們親身經歷
的生活,這是前年以來文壇上的一股活力,但這旋即被冒險家諸公認為『生
意眼』,『東北作品』成為『一窩風』,從沒到過東北的人也在寫『東北作品』,
甚至還故意注出自長春或在大連作。近來報紙上連登了幾篇講西北的通訊,
我預料不久東北『風』將轉為西北『風』,冒險家諸公又將大顯身手了」〔註

〔註 38〕　魯迅:《書信・293022 致韋素園》,《魯迅全集・第十一卷》,北京:人民文學
　　　　　出版社,1981 年,第 659 頁。

〔註 39〕　沈從文:《論中國現代創作小說》,《沈從文批評文集》,劉洪濤編,珠海:珠
　　　　　海出版社,1998 年,第 89 頁。

〔註 40〕　茅盾:《文風與「生意眼」》,《茅盾全集・第二十一卷》,北京:人民文學出版
　　　　　社,1991 年,第 301～302 頁。

40〕。商業主義、世俗的文化時尚、快節奏的都市生活，形成了上海人「一窩風」的習氣，租界書商和租界文人受其影響，更樂於借「風」營利，導致文壇的「人造風」與「自然風」攪成一團。

四、租界文化的商業性造成了文學創作的模仿現象，使得大多數作品給人「差不多」的印象

上海租界憑藉發達的現代工商業而繁榮，大工業生產的特點就是同一產品的大批量生產。同一產品的規模生產，能夠增加生產效率，降低成本，提高利潤。租界文學生產的工場特性，在 30 年代尤爲突出。30 年代施蟄存策劃的一本未曾面世的刊物就取名爲《文藝工場》。張資平 30 年代創作小說的速度和數量非常驚人，且不脫三角戀愛的套路，據說是因爲他有一個寫作班子。商業貿易的特點，是什麼東西掙錢，大家一窩蜂上；商業消費的特點，是什麼東西時髦，大家爭著買。「一個做生意的地方，模仿乃成爲一般人的技巧。」〔註 41〕模仿多了就成爲潮流，所以「上海灘上每逢產生一種新事業，只消時髦些、發達些，就會有人跟著學步，如潮水一般的蜂湧起來。……最遠的，在清季發生過一回橡皮股票潮，入民國後，最大的是交易所潮，其他如話劇潮、捲煙潮、牙粉潮、畫報潮、橫報潮、模特兒潮等等，……最近的電影潮和武俠小說潮還在繼續產生，方興未艾」〔註 42〕。趕潮流說明租界人是沒有根基的，生命中沒有真正的依憑，在商人促銷策略的引導下隨波逐流。這種狀況鼓勵了文學創作的模仿現象。模仿、趕潮流、「文藝工場」創作模式，以及爲稿酬而大量寫作的現象，帶來了文學作品「差不多」的弊端。1936 年，沈從文寫道：「近幾年，如果什麼人還有勇氣和耐心，肯把大多數新出版的文學書籍和流行雜誌翻翻看，就必然會得到一個特別印象，覺得大多數青年作家的文章，都『差不多』。文章的內容差不多，所表現的觀念也差不多。」「作者既想作品坐收商品利益，又欲作品產生經典意義，文字已平庸無奇，故事又毫不經心注意安排。間或自作聰明解說，便與流行的諧趣風氣相牽混。作品『差不多』於是成爲一種不可避免的命定」〔註 43〕。早期新文學的創作，

〔註41〕沈從文：《現代中國文學的小感想》，《沈從文批評文集》，劉洪濤編，珠海：珠海出版社，1998 年，第 84 頁。

〔註42〕郁慕俠：《上海鱗爪》，上海：上海書店出版社，1998 年，第 46 頁。

〔註43〕沈從文：《作家間需要一種新運動》，《沈從文批評文集》，劉洪濤編，珠海：珠海出版社，1998 年，第 30 頁。

也出現過「相互類似」的現象。茅盾在《文學家的環境》一文中對 1921 年的小說創作有過統計性的描述:「我們試把去年發表在各雜誌各報的創作小說按性質歸納一下,便知道這一百篇中有百分之五是描寫學校生活,百分之二十是描寫無產階級的生活,其餘的都是描寫青年的婚姻問題」。他接著評價道:這些小說基本上都「相互類似了,尤其是占全體百分之七十五的婚姻小說,幾乎篇篇一律」〔註 44〕。那時小說創作的「相互類似」,「真正原因是作者的環境相彷彿。現在做小說的人,大概是青年,他們的家庭生活和學校生活大概是相彷彿的,他們四面的空氣也是相彷彿的」〔註 45〕。然而,租界作家的年齡、生活境況千差萬別,租界存在了各種各樣的思想觀念,和 1921 年茅盾說的情況不可同日而語。30 年代文學創作的「差不多」現象主要是租界文化的商業性因素造成的。當然,租界的創新之風也非常強勁。因為工商業的創新能帶來高利潤,文學的創新能帶來文學聲譽等附加資本,所以,租界中文學的模仿現象和先鋒性的創新試驗同樣活躍。

五、租界文化的商業投機性,使得文學生產也充滿了投機意味

在租界中,商業活動充滿了投機和冒險色彩。外僑來租界大都抱著下賭注發洋財的動機,愛狄密勒的長篇小說《上海——冒險家的樂園》對之有生動的描述。紛紛湧進租界的華人,同樣希圖在十里洋場找到好的運氣,影片《都市風光》《天明》的開頭提供了盲目瘋狂「到上海去」的鄉下人群的影像。租界風氣如此,有些作家辦刊也持投機的態度,企望以迎合消費者的嗜好來獲利。田漢致葉靈鳳的信中寫到:「友人金焰君擬和我合辦一《舞臺與銀幕》雜誌(仿 Stage and Screen 例),由他出面去編,專載關於戲劇電影的專門的,一般的,趣味的文字。另外特別注重插圖和通信。老金們是直接參加電影和戲劇的,他自己每天平均接二十幾封信,所以材料不愁缺乏。第一期可以登載舞臺劇本《復活》,電影劇本《三個摩登女性》(這在雜誌界恐怕是創舉)。我們想和你談談,看『現代』願不願幹這生意。如能再來合作,我想辦得比《南國》一定像樣些。這你也一定相信吧。而且《三個摩登女性》

〔註44〕 雁冰(茅盾):《文學家的環境》,《小說月報》,1922 年 11 月,第十三卷第十一號,第 1~2 頁。

〔註45〕 雁冰(茅盾):《文學家的環境》,《小說月報》,1922 年 11 月,第十三卷第十一號,第 1~2 頁。

影片將於下月大舉開映，《復活》亦同時公演，其規模比《卡門》還要大。在尊處也大可投一下機。如果你們肯火速地答應這個提議，可以寫一信去回覆老金」〔註46〕。辦《舞臺與銀幕》雜誌注重插圖和通信，一是爲了滿足市民的視覺欲望，二是爲了滿足市民的窺視欲望。邀請《現代》參與辦此雜誌的藉口是：「大可投一下機」——商業市場投機。沈從文描畫「海派」的面目列出的一些特性也說明了租界文人的商業投機作派：禮拜六派「近來也談哲學史，也說要左傾」；「感情主義的左傾，勇如獅子，一看情形不對時，即刻自首投降，且指認栽害友人，邀功倖利」；「因渴慕出名，在作品之外去利用種種方法招搖；或與小刊物互通聲氣，自作有利於己的消息；或每出書一出，各處請人批評；或偷掠他人作品，作爲自己文章；或借小報，去製造旁人謠言，傳述攝取不實不信的消息」〔註47〕。30 年代的上海，各種力量衝突不已，戰爭風雲密佈，更助長了文學界的投機現象。

六、租界文化的商業性造成了半部作品現象與續作現象

　　文學創作，尤其是長篇作品，在寫作之前需要總體規劃其長度與結構。由於上海文人依託報刊雜誌而生存，其長篇作品往往先在報刊上連載。上海報刊的創辦隨意自由，其市場亦漲落無常。報刊多，編輯常向暢銷作家催逼稿子，暢銷作家窮於應對，臨時起意創作長篇小說來應付「文債」的現象並不鮮見，而「明天的應如何寫，他們簡直可以不必問」〔註48〕。由於初時對小說後面的情節既無成熟預想和系統規劃，因此就容易出現寫不下去的現象，最終只留下半部作品。例如《新上海》雜誌 1925 年創刊時，爲了名副其實，創刊號同時登載了幾部關於未來上海的連載小說，但基本上都未終篇。報刊旋起旋滅也是半部小說現象的重要原因。報刊一旦不能給創辦者帶來利潤，往往關門大吉，小說的連載也就隨之中斷。或者辦刊者、編輯者覺得某部連載小說在吸引讀者、創造銷量方面效果不佳，也會停止該小說的連載，使小說中途夭折。商業性的考慮，使得半部作品成爲晚清與民國文學的一個重要現象（也存在政治性因素所造成的半部作品現象，那是另一回事）。

〔註46〕《現代作家書簡》，孔另境編，廣州：花城出版社，1982 年，第 9 頁。
〔註47〕沈從文：《論「海派」》，《沈從文批評文集》，劉洪濤編，珠海：珠海出版社，1998 年，第 10～11 頁。
〔註48〕鄭振鐸：《最後一頁》，《小說月報》1926 年 10 月，第 17 卷第 6 號，第 2 頁。

相反的情形則是續作現象。續作現象主要體現在通俗文藝領域。晚清的《海上繁華夢》《二十年目睹之怪現狀》等小說，因連載時大受讀者追捧，故上海文人從商業角度考慮，在小說故事已經收結的情形下，或又提出端緒，二集、三集連載下去，如《海上繁華夢》；或接著上一部小說另寫一部類似的小說，如吳趼人因《二十年目睹之怪現狀》廣受稱讚、不斷翻印，於是又創作了《近十年之怪現狀》。30 年代同樣如此。一個典型例子是影片《火燒紅蓮寺》的續集拍攝。明星電影公司 1928 年拍攝的武俠片《火燒紅蓮寺》在上海上映後，深受觀眾喜愛，於是明星電影公司便拍續集，三年中拍了十八集才告結束。另一個典型例子是張恨水違背初衷續寫《啼笑因緣》。張恨水應上海鴛蝴文人嚴獨鶴的約稿，創作了長篇小說《啼笑因緣》，在上海的《快活林》連載，並由三友書社結集出版，一時洛陽紙貴。《啼笑因緣》初版時，作者聲言小說「不能續，不必續，也不敢續」〔註 49〕。然而，在三友書社的不斷催促下，張恨水最終創作了續集〔註 50〕。三友書社的熱情催促，自然主要出於商業的考慮。總之，中斷和續作可以看作市場誘導而出現的文學現象。

第三節　租界文化的頹廢特徵與文學的頹廢敘事

一、頹廢的變異：由西方到上海

　　30 年代租界化的上海是一個頹廢的城市，儘管上海的頹廢與西方現代大都市的頹廢在根源與特質上有所出入。

　　西方的頹廢與宗教信仰有關。在西方，對歷史終結的信仰，即基督教的末世論，導致了一種劇烈增強的時間意識、緊迫的危機感和內心的不安。對末日審判來臨的恐懼容易誘人沉入頹廢。而中國的儒佛道傳統要麼引人沉迷俗世，要麼引人超然遁世，要麼引人神往來世。即使消極厭世或憤然避世，也不頹廢。諸如屈原、陶潛、李白、杜甫、阮籍、嵇康等中國傳統文人，或超然散淡，或憤世嫉俗，或狂放不羈，但都與現代的頹廢意識有別。

〔註 49〕張恨水：《一九三〇年作者自序》，《啼笑因緣》，太原：北嶽文藝出版社，1993年，第 14 頁。

〔註 50〕張恨水：《一九三三年續集〈作者自序〉》，《啼笑因緣》，太原：北嶽文藝出版社，1993 年，第 369～370 頁。

在 19 世紀的西方，頹廢感最爲濃厚的國度要算法國，因爲「這個國家在世界上的權力和榮耀正在衰落的感覺」，「特別是在 1848 年革命失敗後，以及在 1870 年普法戰爭中法國潰敗和隨後導致 1871 年短暫的巴黎公社的暴動之後——其時這種感覺更爲激烈」〔註 51〕。頹敗的帝國、異化的意識、爲藝術而藝術的觀念、個人主義無拘無束的表現風格等方面，導致了法國頹廢派藝術的產生，波德萊爾的詩歌是法國頹廢派文學的代表。而大清帝國的危機和沒落主要激發了強烈的民族意識和富國強種願望，表現在文學上便是譴責小說的盛行，以及近代文學變革對工具理性的強烈追求。

20 世紀初期，頹廢意識在西方蔓延，尤其是巴黎、倫敦這樣的大都市，情況更爲突出。在上帝的觀念遭到質疑後，經歷了第一次世界大戰所造成的空前浩劫後，對天國理想與俗世文明的雙重失望是頹廢感蔓延的主要原因。因此，西方的頹廢藝術具有反資產階級庸俗文化的性質，對進步理念喪失信心，徹底否定傳統，走向非理性的藝術實驗，展現異化、孤獨、疲弱、紊亂、無信仰、歇斯底里的生命體驗和精神危機。頹廢派藝術因其對資產階級物質文明的災難性反思與極端個性化的藝術風格而具有現代性意義。

在租界化的上海，英法的頹廢主義文學思潮曾被廣泛介紹，「在 20 年代後期和 30 年代初期的幾年間達到了前所未有的廣度和深度」〔註 52〕。在創作方面，李歐梵認爲，全中國只有大都市上海產生了「某些具頹廢色彩的作品」〔註 53〕。在 30 年代的上海，與西方頹廢派文學最爲「神似」的是劉呐鷗、穆時英、施蟄存、葉靈鳳、邵洵美等人的創作。但是李歐梵認爲「由於文化和歷史背景的差異」〔註 54〕，「這一群中國作家在模仿英、法頹廢文學之餘，並沒有完全體會到其背後的文化意蘊：這是一個歐洲藝術家反庸俗現代性的『表態』。反觀中國這個時期的『頹廢』文學，其資源仍來自五四新文學商業化後的時髦和摩登，並沒有徹底反省『現代性』這個問題」〔註 55〕。李歐梵的觀

〔註 51〕 〔美〕馬泰‧卡林內斯庫：《現代性的五副面孔》，顧愛彬、李瑞華譯，北京：商務印書館，2003 年，第 173 頁。

〔註 52〕 解志熙：《美的偏至——中國現代唯美——頹廢主義文學思潮研究》，上海：上海文藝出版社，1997 年，第 58 頁。

〔註 53〕 李歐梵：《漫談中國現代文學中的「頹廢」》，《中國現代文學與現代性十講》，上海：復旦大學出版社，2005 年，第 58 頁。

〔註 54〕 李歐梵：《漫談中國現代文學中的「頹廢」》，《中國現代文學與現代性十講》，上海：復旦大學出版社，2005 年，第 58 頁。

〔註 55〕 李歐梵：《漫談中國現代文學中的「頹廢」》，《中國現代文學與現代性十講》，上海：復旦大學出版社，2005 年，第 75 頁。

點代表了學界的普遍看法，以之評價整個30年代租界文化和文學現象的頹廢性質是大致適合的（不排除個別具有「現代性」，在第四章我們將討論到茅盾頹廢敘事的現代性）。西方的現代頹廢是在資本主義文明高度發達、邏各斯中心主義受到質疑、傳統的宗教倫理道德力量潰散的大都市產生的。在30年代，現代文明高度發達的上海租界在中國只是個異數，整個中國的物質文明發展水平還處於前現代階段，國民政府設計的社會前景大致是資產階級的夢想王國。就文明發展的進程來說，資本主義文明無論在整個中國還是在上海，暫時還富有活力，還缺乏攻擊其「過熟」的充分理由，全面反思資產階級文明的庸俗現代性的時機尚未成熟。相反，無論是國民政府還是赤色政權，無論紳商階層還是普通市民，對於上海租界的非意識形態性的現代城市景觀和物質文明無不稱羨。如果說現代性的頹廢是對物質現代性或歷史現代性的反叛，那麼，由於上面這些因素的制約，使得租界化上海的頹廢派難以具備西方頹廢派的審美現代性品格。

頹廢思潮經過轉譯傳播到租界化的上海後，一方面與中國傳統的名士風流以及租界的瘋狂享樂觀念相結合，另一方面，講求文藝功利效應的文藝家又試圖以人文主義和民族大義的觀念來重新劃定頹廢的意義邊界，由此導致了頹廢向庸俗滑落。但不管怎麼說，租界化的上海是一個頹廢的城市，30年代的上海文壇即使在左翼思潮的衝擊下也難以掩藏其頹廢的一面〔註56〕。日本大正作家村松梢風的小說《魔都》（1924年）有一段話表現了他對頹廢的上海「難以名狀的感動」：「站立其間，我歡呼雀躍了起來。暈眩於它的華美，腐爛於它的淫蕩，在放縱中失魂落魄，我徹底沉溺在所有這些惡魔般的生活中。於是，歡樂、驚奇、悲傷，我感受到一種無可名狀的激動。這是為何？現在的我不是很明白。但是，牽引我的，是人的自由生活。這裡沒有傳統，取而代之的是去除了一切的束縛。人們可以為所欲為。只有逍遙自在的感情在活生生地蠕動著」〔註57〕。

〔註56〕 為了避免重複相關的研究成果，筆者在資料使用和論述上基本不涉及象徵主義詩人李金髮、新感覺派作家、「獅吼社」的邵洵美等人。這些作家都是與租界化上海有密切關係的典型頹廢派，相關研究比較豐富，我們不如找其它的材料作為例證。或許，這樣做更能顯示本書立論的可靠性。

〔註57〕 轉引自劉建輝：《魔都上海——日本知識人的「近代」體驗》，甘慧傑譯，上海：上海古籍出版社，2003年，第100～101頁。

二、租界頹廢的形成與租界的頹廢敘事

　　二三十年代的上海號稱「東方巴黎」，物質文明發展的程度緊追世界最現代化的大都市。租界化的上海被時人認為是「不夜之城，銷金之窟」〔註58〕，其文化以「財色為中心」〔註59〕。租界人無普遍性宗教約束，傳統道德觀念鬆弛，情欲放縱，嗜好投機冒險。林語堂在《上海之歌》（1933 年 6 月）中指責上海是「偉大神秘的大城」，「銅臭的大城」，「摟的肉與舞的肉的大城」，「行屍走肉的大城」，「浮華、平庸、澆漓、淺薄」，豪奢而貧乏，淫靡而頹喪〔註60〕。租界化上海有利於培育奢靡、頹廢、唯美、歇斯底里空氣的娛樂空間非常繁多，「跑馬廳外尚有跑狗場和回力球場，舞臺外尚有影戲院，跳舞場和夜花園，大飯店外尚有咖啡室，酒吧間和彈子房，理髮室外尚有美容館，按摩院和土耳其浴室……」〔註61〕。進入這些空間的租界人，其精神和心理處於非常態的境地。「人，一走進回力球場，他的意識情緒完全改變樣兒了。他變成定命論者，變成多疑，易於衝動」，「他如同吃醉了酒，一切節制的力量都消失掉」〔註62〕。在證券交易所裏，人們「提心弔膽」地望著電光記數牌上的紅色電光記錄，那上面變換的數字「成為多數人的不可測的『運命』」，「無稽的謠言吹進了交易所裏會激起債券漲落的大風波。人們是在謠言中幻想，在謠言中興奮，或者嚇出了靈魂」〔註63〕。上海租界的頹廢世風對個體具有明顯的「污染」效力。1913 年秋天，郁達夫初到上海，短短幾日的逗留，「上海的頹廢空氣」就使他「有點固持不住」，「性的啟發，靈肉的交關」，在他心裏「起了發酵的作用」〔註64〕。有閒階級更是沉湎於租界頹廢的氛圍。鄭伯奇的《深夜的霞飛路》（1933 年）寫到，霞飛路是「摩登的」，是「神秘的，肉感的，異國趣味的」，為摩登小姐和摩登少爺所激賞，他們這些人橫豎「都

〔註58〕郁達夫：《海上——自傳之八》，《郁達夫文集·第四卷》，廣州：花城出版社，香港：三聯書店香港分店，1982 年，第 27 頁。

〔註59〕周作人：《上海氣》，《語絲》，1927 年 1 月 1 日，第 112 期，第 264～265 頁。

〔註60〕林語堂：《上海之歌》，《林語堂名著全集·第十九卷》，長春：東北師範大學出版社，1994 年，第 24～25 頁。

〔註61〕陳伯吹：《黃埔江》，《浪淘沙——名人筆下的老上海》，倪墨炎選編，北京：北京出版社，1999 年，第 487 頁。

〔註62〕曹聚仁：《回力球場》，《良友畫報》，1935 年 9 月，第 109 期，第 20～21 頁。

〔註63〕茅盾：《交易所速寫》，《茅盾全集·第十一卷》，北京：人民文學出版社，1986 年，第 388、390 頁。

〔註64〕郁達夫：《海上——自傳之八》，《郁達夫文集·第四卷》，廣州：花城出版社，香港：三聯書店香港分店，1982 年，第 28 頁。

感覺到時間過剩，金錢過剩乃至生命過剩的痛苦」〔註65〕。

上海租界作爲「借來的時空」，爲租界人設置了與基督教世紀末預言相似的文化心理情境。在「借來的時空」中，租界人難以產生文化歸依感，精神家園在風雨中飄搖，意志薄弱者偏向於自我放逐；自由的空氣和重商主義又促成了極端個人主義的流行。而且，世界範圍的政治、軍事、經濟衝突時時激蕩著租界的穩定和發展，勞資矛盾引發的年年不間斷的罷工讓租界當局和大班、買辦、資本家心神不安，收回租界的呼聲使各階層感覺未來不可設計、命運不可把握。因此，租界人有一種時間緊迫感和危機意識，與西方的「世紀末危機」相似的末日情緒成爲租界心理的有機構成。租界人因此容易陷入靈魂躁動、焦慮不安、頹唐厭世、沉淪墮落、放蕩不羈，迫不及待地追求刺激、冒險、瘋狂，急切地希望成名、發財，倉促地尋求情欲的滿足。茅盾在散文《春來了》（1933年5月）中描摹了摩登姑娘的世紀末頹廢。摩登姑娘對命運、未來懷著不可知的恐懼，因而追求新奇強烈的官能刺激，揮霍生命、青春、肉體獲取享樂。她「打膩了『高爾富』，也看厭了野獸神怪香豔巨片，『爵士』的音樂也不再能使她興奮，春天裏的摩登姑娘轉又覺得春天太無聊賴，她渴望著力強的更新奇的刺激，刺激，第三個刺激！」她老子金融交易所的巨大虧損或許有機會翻回來，「永遠翻不回來的，是那青春時代的如水流年！在這上頭，我們的摩登姑娘看得非常明白，看得非常透澈；『未來』是那麼不可知，她只能捉住了『現在』，——發瘋似的要求刺激，肉體的官能的刺激！你能說她錯麼？一長排一長排的摩登男女在這歷史的前夜走他們命運的旅途，走上了沒落，走上了毀滅！」〔註66〕感到「這樣的風光不會長久」，「上海的秋的公園」才會成爲摩登男女「都市式高速度戀愛的舊戰場」〔註67〕。正是對未來的恐懼，才在此刻瘋狂，追求世紀末的狂歡。年青的洋場作家張愛玲之所以感歎「出名要趁早呀！」是因爲深知「個人即使等得及，時代是倉促的，已經在破壞中，還有更大的破壞要來。有一天我們的文明，不論是昇華還是浮華，都要成爲過去」〔註68〕。

〔註65〕鄭伯奇：《深夜的霞飛路》，《申報·自由談》，1933年2月15日，第18版。
〔註66〕茅盾：《春來了》，《茅盾全集·第十一卷》，北京：人民文學出版社，1986年，第155頁。
〔註67〕茅盾：《秋的公園》，《茅盾全集·第十一卷》，北京：人民文學出版社，1986年，第136、134頁。
〔註68〕張愛玲：《〈傳奇〉再版序》，《張愛玲文集·第四卷》，合肥：安徽文藝出版社，1992年，第107頁。

　　租界文化的其它一些特徵也促使了頹廢主義的形成。其一，從上海城市空間的落差看，租界與華界形成巨大反差、繁華的「標誌性空間」與灰暗的弄堂構成鮮明對照。林語堂在《上海頌》（1934 年）一文中感歎「上海眞是可怕，可怕在它的偉大，可怕在它的畸形、邪惡與矯浮，可怕在它的歡樂宴會、可怕在它的眼淚、苦楚與墮落。可怕在它的高聳在黃埔江的石砌大樓，以及靠著垃圾桶殘餘物質以苟延生命的貧民」〔註 69〕。租界空間的反差與貧富的懸殊容易造成租界人的心理落差和對消費、享樂、金錢、權力的強烈欲望，也容易萌發極端的不平衡心理，滋生反社會的行爲。租界人往往得意時揮霍無度、爲所欲爲，失意時頹廢厭世、墮落柔弱。從鄭伯奇的散文《深夜的霞飛路》（1933 年）的有關描述中，我們可以深切地體會到這一點。其二，從租界話語的雜糅性和文化歸依的尷尬來看，租界話語中西古今雜糅，殖民話語與民族話語混雜，租界知識分子的自我文化身份持續地被「嬉戲」，不能與任何集體發生本質性的聯繫，既與自我社會疏離又與他者社會疏離，產生了話語焦慮、身份焦慮，導致靈魂失重、信仰迷失。租界人承受著生命不可承受之重，一些人便頹廢厭世、虛無慵懶，陶醉於炫目的美和冶豔的肉。張愛玲說，「上海人是傳統的中國人加上近代高壓生活的磨練。新舊文化種種畸形產物的交流，結果也許是不甚健康的」〔註 70〕。頹廢便是新舊文化畸形交流所帶來的「不甚健康」的一個方面。茅盾的小說《幻滅》（1927 年）中的靜女士原本是外省一個純樸的女學生，到上海後，其文化價值取向充滿迷惘，「我們在上海，討厭它的喧囂，它的拜金主義化，但到了鄉間，又討厭鄉村的固陋，呆笨，死一般的寂靜了；在上海時，我們神昏頭痛；在鄉下時，我們又心灰意懶，和死了差不多」〔註 71〕。因此，她慢慢產生了人生虛無的幻滅感，進而追求各種富有刺激性的生命體驗，甚至愛上了樂於從戰爭中尋求極度刺激的受傷軍人。其三，從價值觀念的駁雜看，在租界化的上海，傳統的道德觀念和爲人準則難以帶來生命的酣暢而受到嚴重的挑戰，新市民的惡俗作派能夠較容易地獲取名利，租界人不同程度地經受了價值迷失的精神焦慮，在堅

〔註 69〕林語堂：《上海頌》，《林語堂名著全集・第十五卷》，長春：東北師範大學出版社，1994 年，第 56 頁。
〔註 70〕張愛玲：《到底是上海人》，《張愛玲文集・第四卷》，合肥：安徽文藝出版社，1992 年，第 15 頁。
〔註 71〕茅盾：《幻滅》，《茅盾全集・第一卷》，北京：人民文學出版社，1984 年，第 7 頁。

守的價值受挫的情形中容易墮落頹唐，與濁流沆瀣一氣，炫耀醜惡，分享卑劣，沉迷淫蕩，欣賞病態。《上海男子生活》（1933 年）以戲謔的筆調描繪了頹廢浪漫文人的生活狀態。每當天色已晚，浪漫文人習慣於「在爵士音樂與女人肉香的混合空氣中坐下來，故意用一種似乎孤獨的心理，來造成自己與環境的神秘的對視」〔註 72〕。其四，從知識分子群體的遭遇來看，知識分子的連續性、自尊性原則在租界化的上海受到阻礙，感覺個人渺小，淪入商的幫忙的尷尬境地。他們與租界的心理關係是「在而不屬」，亭子間的生活空間又增加了他們的孤獨激狂，再加上北伐戰爭後，相當一部分革命知識分子失去進取的方向，他們的追求得到幻滅，幻滅後有的走向頹廢虛無，無可作為，神經衰弱，咀嚼玩味被拋出時代之潮的落寞，染上了世紀末情緒，以極端個人主義對抗流俗，以頹廢的形象標新立異，以頹廢的姿態確證自我挽救自我。茅盾的小說《追求》（1928 年）中的時代新女性章秋柳對社會和前途失望之後，染上了歇斯底里的頹廢意識，追求強烈的官能刺激，「在刺激中略感生存意味」〔註 73〕。

　　頹廢是租界化上海的一種色調，也是 30 年代的一些作家、作品的色調。在 30 年代租界化的上海，頹廢是浪漫文人的審美嗜好和生命體驗，也是時代大變動中進步的小資產階級作家可能陷入的思想境地和文學風格。新感覺派作家和其創作塗上了濃厚的頹廢色彩，左翼作家和左翼作品也不能完全與頹廢脫離干係。想起當年周旋的一曲《夜上海》因為傳達出華豔萎靡的上海情調而風靡上海灘，無論洋場摩登男女抑或弄堂小市民，都為之傾倒；想起茅盾這樣堅持「為人生」而寫作的左翼作家也曾頹廢，也曾敘述頹廢（我們在第四章將詳細論述）。我們就有理由說，租界文化的頹廢特徵影響了 30 年代文學的精神風貌和敘事風格。

第四節　租界的邪僻特性與詼諧滑稽的文風

　　不論嚴肅文學還是通俗文學，講究趣味應該不是一件壞事。魯迅這樣的嚴肅作家，在 1928 年也曾慨歎：「說到『趣味』，那是現在確已算一種罪名了，

〔註 72〕柳眉君：《上海男子生活》，《上海：記憶與想像》，馬逢洋編，上海：文匯出版社，1996 年，第 87 頁。

〔註 73〕茅盾：《追求》，《茅盾全集·第一卷》，北京：人民文學出版社，1984 年，第358 頁。

但無論人類底也罷，階級底也罷，我還希望總有一日弛禁，講文藝不必定要『沒趣味』。」〔註74〕文學的「有趣」可以通過各種形式表現出來，其中，幽默、諷刺、滑稽、荒誕的表現手法和文本風格，無疑是最易奏效、最受普通讀者歡迎的。如果把民國文學史上的北京、上海、重慶這三個中心的文學風格相比較，會發現上海文學尤其重「趣味」，幽默調侃的文風遠比北京、重慶濃厚，「輕文學」、「軟文學」非常發達。北京的新文學面孔嚴肅，重慶的大後方文學悲憤沉重。即使就其喜劇性的一面來說，北京的新文學和市民文學主要表現為不失莊嚴、無傷大雅的幽默，重慶的抗戰文學則對大後方統治的腐敗混亂進行了尖銳的諷刺，而上海的文壇彌漫的則是一股戲謔調侃的風氣。上海文壇的詼諧滑稽文風並不限於 30 年代，而是自晚清以來的一貫風氣。

　　上海文壇的詼諧滑稽文風與上海租界的社會文化語境密不可分，與市民社會的審美趣味相互投合。租界化的上海是現代中國最典型的移民城市，形形色色的中外移民組成了上海的市民社會。與北京較單純的市民結構相比，上海的市民社會結構顯得紛亂蕪雜。蕪雜龐大的市民社會構成了通俗文學的消費群體。面對市民社會的紛亂蕪雜，文學如果想要獲取「大眾」，傳統詩文的典雅風格和新文學的正經面孔，顯然都難以達到預期效果。創刊於上海租界的《青年雜誌》（第二卷起改名為《新青年》），一開始只有一千多份的銷量。魯迅在上海出版的《吶喊》，應該算是新文學中比較暢銷的書，也不過銷售了二萬餘冊。相反，1897 年創辦的「以詼諧之筆，寫遊戲文章」的《遊戲報》，一創刊就受到消費者的歡迎，銷售量很快突破萬份；20 世紀初創辦的滑稽玩世風格的小報《笑林報》，銷量達四萬份；提倡幽默的半月刊《論語》，「始終保持銷數超過三萬份的勢頭」。〔註75〕可以說，面對紛亂蕪雜的上海市民群體，諧趣風格是贏取「大眾」的上策。所謂「諧趣」，就是「以遊戲的態度，把人事和物態的醜拙鄙陋和乖訛當作一種有趣的意象去欣賞」〔註76〕。諧趣風格在租界化上海尤其膨脹，除了一般人都喜歡閱讀輕鬆有趣的作品這個原因之外，還與租界化上海的特殊文化語境有關。進入租界時代之後的上海，傳統價值體系崩潰，文化迷失，市民越來越不信任本土傳統，人們發現他們

〔註74〕魯迅：《集外集·〈奔流〉編校後記》，《魯迅全集·第七卷》，北京：人民文學出版社，2005 年，第 177 頁。

〔註75〕白丁：《釣臺的春畫——〈論語〉萃編·前言》，上海：上海古籍出版社，1999年，第 1 頁。

〔註76〕朱光潛：《詩論》，上海：上海古籍出版社，2001 年，第 22 頁。

堅守的價值，在自由放縱、燈紅酒綠、投機鑽營、瘋狂冒險、頹廢享樂的令人羨慕的生活映照之下，不斷受挫，心理充滿鬱結，於是迫切需要打趣調侃、嘲弄謾罵的文字來釋放。不過，像陳獨秀的《上海社會》《再論上海社會》《三論上海社會》《四論上海社會》那樣以盛氣凌人的姿態討伐上海黑暗的政論化文風，到底與普通市民的趣味和心態有些距離。市民需要的是置身其外的「看笑話」的文字，像《官場現形記》《二十年目睹之怪現狀》《海上繁華夢》《上海春秋》甚至是張愛玲的《連環套》這樣的作品。作品提供的人物「以低於普通人的道德原則行事」〔註77〕，市民在閱讀中獲得了一種道德優越感，或者人物與市民讀者一樣的可笑可憐，市民從作品人物的價值觀念和生活狀態中找到了自我解嘲、自我諒解的理由。

上海因租界的闢設而突然崛起為號稱「東方巴黎」的大都市，西方城市制度的橫向移植和中西文化的直接交流，在租界化的上海醞釀出了許多邪僻的特性，人們「常譏上海是四不像」，是「不中不西，亦中亦西，無所可而又無所不可的怪物」〔註78〕。租界化上海的邪僻特性，為滑稽諧趣的寫作提供了態度和素材的支撐。在瞬息萬變的租界化上海，市民得緊跟都市的快節奏，承受生存的高壓力。租界的邪僻特性和市民的生活壓力，需要調侃打趣來言說和釋放；租界知識分子民族意識與殖民意識的糾纏，也需要戲謔滑稽來破解；租界化上海的文學創作既受到商業主義的引誘，又得面對時代政治的制約，「文運經過『商業』與『政治』兩種勢力分割後，作家的『天真』和『勇氣』完全消失了，代替它的是油滑與狡詐習氣」〔註79〕。況且，上海的「一般讀者似乎只願意瀏覽一點輕性讀物，對於比較有深度的厚實的作品就沒有胃口」〔註80〕。因此，詼諧滑稽的作品大行其道，譴責小說、黑幕小說、鴛鴦蝴蝶派小說借助租界的文化語境先後繁衍，提倡「幽默閒適」的《論語》雜誌在上海廣受歡迎，以市民趣味為中心的《萬象》成了「孤島上海」影響廣泛的刊物，滑稽戲成了現代上海富有地方特色的戲曲形式。

〔註77〕 李嶸明：《浮世代代傳——海派文人說略》，北京：華文出版社，1997 年，第 63 頁。

〔註78〕 新中華雜誌社編：《上海的將來》，上海：中華書局，1934 年，第 66 頁。

〔註79〕 沈從文：《文運的重建》，《沈從文全集·第十二卷》，太原：北嶽文藝出版社，2002 年，第 82 頁。

〔註80〕 柯靈：《編輯室》，趙福生編選《無花的春天——〈萬象〉萃編》，上海：上海古籍出版社，1999 年，第 384 頁。

　　詼諧滑稽的風格，表現在報刊的品格、作家作品的文風上。上海幾家大報的副刊，基本上走的是詼諧趣味路子。《申報》副刊《自由談》，1911 年 8 月創刊，由王鈍根編輯，「內容皆爲滑稽小品」〔註81〕，後繼的幾位主編也是鴛鴦蝴蝶派文人，1932 年 12 月起由黎烈文主編，成了新文學的一個重要陣地，但是，追求趣味仍是其主導風格；《新聞報》副刊《快活林》「所載多遊戲文章」〔註 82〕；《時報》副刊名稱就爲《滑稽餘談》。小刊小報就更不用說了，如《滑稽畫報》《滑稽新報》《遊戲報》《遊戲新報》《快活》《笑林報》《笑雜誌》《笑畫》《荒唐世界》，從報刊的名字就可看出滑稽玩世的品格。30 年代上海的漫畫雜誌特別多，「它代表一個傾向，就是普遍的譏諷這個社會人與事。譏諷易觸忌諱，因此一來，這類刊物卻常常用一個小丑身份存在於讀者間了。它同幽默雜誌有類似處，本身原爲一根小刺，常常向社會各方面那麼一戳，內容有時過於輕浮，效率有時只能打趣。」〔註 83〕在創作上，有以滑稽幽默名世的作家，新文學陣營中的林語堂被譽爲「幽默大師」，鴛鴦蝴蝶派文人徐卓呆的小說內容滑稽〔註 84〕，范煙橋「善戲謔」〔註 85〕，胡寄塵、程瞻廬、包天笑也都擅長滑稽。

　　滑稽詼諧風格的鴛鴦蝴蝶派作品，其意並不在諷世或勸世，而只是饒有趣味地窺視邪僻的現實，展覽隱私，矮化人生，醜化社會，滿足上海市民歇斯底里的趣味。老舍說，滑稽是「幽默發了瘋」〔註86〕。鴛鴦蝴蝶派的作品，許多采用了毫無節制的滑稽風格。程瞻廬的散文《水果式之家庭》〔註 87〕就是一個很好的證明。散文提供了「惡家庭寫眞相」，作者希望「閱者勿泛泛以遊戲文字目之」。這篇態度「正經」的滑稽散文，實則與惡趣相距不遠，作者

〔註81〕 上海通社編：《上海研究資料》，上海：上海書店，1984 年，第 167 頁。

〔註82〕 魏紹昌編：《鴛鴦蝴蝶派研究資料（上）》，上海：上海文藝出版社，1984 年，第 480 頁。

〔註83〕 沈從文：《談談上海的刊物》，《沈從文批評文集》，劉洪濤編，珠海：珠海出版社，1998 年，第 26 頁。

〔註84〕 范煙橋：《徐卓呆的滑稽史》，袁進主編《活在微笑中》，上海：東方出版中心，1997 年，第 123 頁。

〔註85〕 嚴芙孫：《范煙橋》，袁進主編《活在微笑中》，上海：東方出版中心，1997 年，第 36 頁。

〔註86〕 老舍：《論幽默》，《老舍選集·第五卷》，成都：四川文藝出版社，1986 年，第 358 頁。

〔註87〕 程瞻廬：《水果式之家庭》，袁進主編《閒者的盛宴》，上海：東方出版中心，1997 年。

並沒有扮演憂心忡忡的角色，除了展覽家庭道德的腐化狀況、滿足讀者的窺視欲和印證讀者對男女私情的隱秘想像，並不試圖喚起讀者的良知和道德責任感。試看其中兩段：

> 老太太——有慈善婦人之目，人皆稱之曰慈姑。素性信佛，與香火結不解緣，故自稱曰香橡老人。終日喃喃誦波羅蜜，合十其手作佛手狀。或時宿僧寺中，經旬逾月而不知返，與老僧同飲葡萄美酒，蔗境回甘，津津乎有餘味也。

> 少奶奶——肌膚白皙，有白小娘（香瓜之一種）之稱。每遇少年，輒濫用其甜蜜愛情，人又稱之曰水蜜桃。大少爺久作狎斜遊，少奶奶翠樓獨上，情緒無聊，蓮子心中苦，梨兒腹內酸，因情欲之衝動，遂多置面首以為樂。紅杏梢頭，正不知消受春風幾度矣。人有贈以詩者曰，兩條玉藕千人枕，一顆櫻桃萬口嘗。少奶奶之放浪形骸，可見一斑。

以「水果」喻家庭人物，已屬調侃；對老太太和少奶奶的描畫，更顯惡俗不堪；而終篇涉及的家庭成員，都不離偷情嫖妓，除了展示家庭整體的墮落、以揭發隱私來吸引讀者之外，似乎並無道德教化的效果。作者的文字固然機巧，但機巧的文字僅僅在惡俗上增加了趣味。

就是林語堂這樣「有品位」的幽默大師，有時也難免陷入「海式的有趣」的泥淖。他在《悼張宗昌》〔註88〕中對「狗肉將軍」張宗昌的悼念之詞，寫得妙趣橫生，然而，在打趣的幽默文風中，價值的判斷顯得模糊而遊移：

> ……他凡事剛勇，總是憑良心之驅使，直爽做去，想做什麼，便做什麼；要怎麼行，便怎麼說。如果他要你的老婆，他便誠實告訴你，他要你老婆。而且一生他不肯辜負人家。他要了你的老婆，便把你升為公安局長。而且他尊重女性自由，男女平等，姬妾有私，也不追究。這一點已經難能可貴了，凡有姬妾的學者、部長、和尚、神父都不能望其肩背了。他極崇孔，事母極孝，待友極忠。他很關心文化及他人的道德，如禁止女子游公園便是一例。……我們敬祝張宗昌在天之靈，千古不朽。

這篇幽默文字，實在令人啼笑皆非，讀過之後，笑過之後，對於作者到底持

〔註88〕林語堂：《悼張宗昌》，白丁編選《釣臺的春畫——〈論語〉萃編》，上海：上海古籍出版社，1999年。

什麼態度，竟有些茫然。文章在每提出張宗昌的一種「莊嚴」品格後，馬上以一個荒唐可笑的例證加以消解。把學者、部長、和尚、神父與姬妾聯結談論，使得崇高與卑俗同樣成了被譏諷的對象。文章解構了張宗昌的偉大和愚蠢，也同時消解了自身的意義指向，是一篇揭發隱私趣味的遊戲之作。如果文章以正經的態度來寫，定能達到針砭軍閥乖戾品性的目的，而以「幽默」出之，則使得價值判斷陷入迷狂。難怪沈從文說：「至於《論語》，編者的努力，似乎只在給讀者以幽默，作者存心扮小丑，隨事打趣，讀者卻用遊戲心情去看它。它的目的在給人幽默，相去一間就是惡趣。」〔註89〕

　　或許我們會認為，諧趣文風只是上海小報及各類副刊、鴛鴦蝴蝶派作品以及幽默作家的品格。實際上並非如此。租界邪僻特性製造的油滑打趣風格，同樣也侵入到左翼文學當中，魯迅這樣的嚴肅作家也難以幸免。關於這點，將在相關章節中專門討論。

第五節　在租界中尋求自然精神家園

　　30 年代上海租界發展達了巔峰狀態。30 年代的上海租界是高度物質化的世界，鋼筋水泥和閃爍的霓虹燈構成了十里洋場的現代城市景觀。租界人被物質所異化，失去了傳統的自然和諧人格。租界人逃離了鄉下人從自然中、從泥土中討生活的方式。擁擠的弄堂、逼窄的亭子間、缺少陽光的紗廠車間、桌子連著桌子的寫字間、熙熙攘攘的街道、滿載乘客的電車、人山人海的四大百貨公司，構成了租界人的主要生活空間。租界人的生活空間已經遠離了山水自然。混身於租界的「十里紅塵」中，「聽車聲／不聽鳥啼聲／看霓虹燈／不看植物油燈」〔註90〕。所謂「智者樂水，仁者樂山」的雅士情調，在租界已找不到釋放的空間。洋涇浜填築成了愛多亞路，黃浦江和蘇州河上船隻往來穿梭，一派商業港口的繁華氣象，再也找不到「野渡蒼茫」和「漁村晚照」的詩話意境了。租界人承受著擁擠空間和快速生活節奏的壓抑，壓抑的結果是尋求釋放。市民的庸俗釋放方式無外乎嫖、賭、毒。高雅人士的娛樂方式是在曖昧的舞廳、杯觥交錯的大酒店、瘋狂的跑馬廳或放映

〔註89〕沈從文：《談談上海的刊物》，《沈從文全集‧第十七卷》，太原：北嶽文藝出版社，2002 年，第 90 頁。

〔註90〕舒巷城：《上海某天》，《啊，上海，你這個中國的安樂窩》，姚建斌、瞿吉好編選，長沙：嶽麓書社，2003 年，第 254 頁。

最新好萊塢大片的電影院，釋放過剩的利比多。但是，經過「天人合一」文化氣韻薰陶的中國人，心中還是放不下對山水田園風光的眷戀，放不下對人倫純淨的自然人生的緬懷。30年代的許多租界文本，書寫了對自然精神家園的尋求主題。

一、尋找「春天」與構築「自然」

《上海之春》〔註91〕（1935年）是一篇以尋找「春天」為主題的散文。作者開篇就感歎：「住在上海的人，是永遠見不著春天的」。「那擁有多量金錢的資產階級，他們所注意的是新聞紙上占著半張篇幅的有聲電影廣告；申園，逸園的跑狗日期；先施，永安，新新三大百貨公司的大減價廣告……」。「住在齷齪的弄堂裏的窮人，也是一樣的見不著春天。」他們大清早擠上三等電車，整天不見陽光地重複著枯燥的工作，「等到工作完畢，回到那齷齪的弄堂時，已是青天隱去，全是電光的世界了」。於是「我」在上海的早春二月，開始尋找春天。紅木鋪地的南京路，「只看見鈔票與銀角子在空中飛舞」，不見一點春的消息。而弄堂裏面不但沒有春的消息，「而且滿充著深秋的肅殺之氣」。「我」最後在賣花姑娘手裏買了一枝夾竹桃，算是尋到了春天。其代價是花了身上僅有的一個洋鈿，沒錢坐車，跑著回家。在十里洋場，要擁有春天，「格種物事貴來希！」無論是人文精神的春天還是自然的春天，在租界都不容易尋到。普通工人的生活不見天日，南京路上飛舞的是銀角子，弄堂口有人大清早發現棄嬰，「革命家走過香粉弄的一剎那，常常會將革命的情緒暫時拋掉」吧，或許。

在30年代的租界中，由於「春天」很難尋覓，因此，有人就耗費心思在狹小的石庫門天井中經營自己的一小片自然。葉聖陶《天井裏的種植》〔註92〕（1935年）講述的就是這樣的經歷。「住弄堂房子，非但栽不成深林叢樹，就是幾棵花草也沒法種，因為天井裏完全鋪著水門汀。你要看花草只有種在花盆裏」。在租界裏，要弄點種植花草的泥土都無處得手。挖開水門汀，在天井裏埃埃擠擠地種上了些花草，卻在「一·二八」戰火中被毀了。租界的自然構築是脆弱的。搬家後，請人從華界的江灣挖了棵柳樹，種在天井裏，還種了其它的一些花草灌木，在擁擠的大都市裏重新構築自己的小片自然。地方

〔註91〕周樂山：《上海之春》，《良友畫報》，1931年4月，第56期，第16頁。
〔註92〕葉聖陶：《葉聖陶散文選集》，朱文華編，天津：百花文藝出版社，1992年。

實在是小，算是「安排下一個『物競』的場所，任它們去爭取『天擇』吧」。
這何嘗不是租界人生的真實寫照。

二、自然人性的危機與精神家園的虛構

　　租界是沙漠，要在沙漠中尋求精神家園非常艱難。劉吶鷗的小說《遊戲》
（1930 年）有一段話書寫了主人公身處喧鬧的租界空間如同置身於沙漠的感
受：「從一條熱鬧的馬路走過的時候，我覺這個都市的一切都死掉了。塞滿街
路上的汽車，軌道上的電車，從我的身邊，摩著肩，走過前面的人們，廣告
的招牌，玻璃，亂七八糟的店頭裝飾，都從我的眼界消滅了。我的眼前有的
只是一片大沙漠，像太古一樣地沉默」〔註 93〕。這是在感情遊戲中受傷的男
主人公對喧鬧租界的精神幻覺。茅盾《五月三十日的下午》（1925 年）刻畫了
五卅慘案後市民經過現場露出的惡意、卑怯的微笑：「那邊路旁不知是什麼商
鋪的門檻旁，斜躺著幾塊碎玻璃片帶著槍傷。我看見一個纖腰長裙金黃頭髮
的婦人踮著那碎玻璃，姍姍地走過，嘴角上還浮出一個淺笑。我又看見一個
鬢戴粉紅絹花的少女倚在大肚子紳士的臂膊上也踮著那些碎玻璃走過，兩人
交換一個瞭解的微笑」。麻木的人們給予自由戰士的，是「微笑！惡意的微笑！
卑怯的微笑！永不能忘卻的微笑！我覺得我是站在荒涼的沙漠裏，只有這放
大的微笑在我眼前晃」〔註 94〕。《五月三十日的下午》以「荒涼的沙漠」喻示
了紳士和洋人對自由戰士生命的冷漠。

　　無論是自然的家園還是人性的家園，在 30 年代的租界裏都面臨著存在的
危機。生活在租界中，彷彿局促於「洋磁臉盆」裏的「蝌蚪」，缺少泥土的滋
潤，水草豐茂的大地只是一個奢侈的夢想。豐子愷的散文《蝌蚪》〔註 95〕（1934
年）營造的「洋磁臉盆」意象是租界生存現狀的「苦悶的象徵」，「象徵著某
種生活之下的人的靈魂！」生活在洋磁臉盆裏的蝌蚪，彷彿是遠離自然的租
界生存現狀的寫照：「我見這洋磁面盆彷彿是蝌蚪的沙漠。它們不絕地游來游
去，是為了找尋食物。它們的久不變成青蛙，是為了不得其生活之所」。「它
們身上有著泥土水草一般的保護色，它們只合在有滋潤的泥土，豐肥的青苔

〔註 93〕劉吶鷗：《都市風景線》，上海：水沫書店，1930 年，第 4 頁。
〔註 94〕茅盾：《五月三十日的下午》，《茅盾全集·第十一卷》，北京：人民文學出版
　　　　社，1986 年，第 15 頁。
〔註 95〕豐子愷：《蝌蚪》，《人間世》，1934 年 5 月 5 日，第 4 期，第 15～18 頁。

的水田裏生活滋長」。他們「關在這洋磁面盆裏，四周圍著堅硬的洋鐵，全身浸著淡薄的白水，所接觸的不是同運命的受難者，便是冷酷的琺瑯質。任憑它們整日急急忙忙地游來游去，終於找不到一種保護它們，慰安它們，生息它們的東西。這在它們是一片渡不盡的大沙漠，它們將以幼蟲之身，默默地夭死在這洋磁面盆裏，沒有成長變化，而在青草池塘中唱歌跳舞的歡樂的希望了」。當蝌蚪被置於玻璃瓶中，又生發出另一種寓意──作者看出了光怪陸離的十里洋場的虛幻和可笑。「它們游到瓶中央時，玻璃瓶與水的凸鏡的作用把它們的形體放大，變化參差地映入我們的眼中，樣子很是好看。而在這都會的旅館的樓上的 50 支光電燈底下看這東西愈加覺得稀奇。這是春日田中很多的東西。要是在鄉間，隨你要多少，不妨用斗來量。但在這不見自然面影的都會裏，不及半粒瓜子大的 4 隻，便已可貴，要裝在玻璃瓶內當作金魚欣賞了，真有些兒可憐。而我們，原是常住在鄉間田畔的人，在這清明節離去了鄉間而到紅塵萬丈的中心的洋樓上來鑒賞玻璃瓶裏的 4 隻小蝌蚪，自己覺得可笑」。作者因此發出置疑：十里洋場的繁華世界，恐怕也全靠著玻璃瓶的凸鏡作用映得如此光怪陸離，一旦失手把玻璃瓶打破了，恐怕也只是尋常鄉間田裏的四隻蝌蚪罷了。生活在租界中的人，有著和蝌蚪同樣的嚮往：「它們所憧憬的故鄉，是水草豐足，春泥黏潤的田疇間，是映著天光雲影的青草池塘」。四隻蝌蚪的命運也是租界人的命運：「如今把它們關在這商業大都市的中央，石路的旁邊，鐵筋建築的樓上，水門汀砌的房籠內，磁製的小茶杯裏，除了從自來水龍頭上放出來的一勺之水以外，周圍都是磁，磚，石，鐵，鋼，玻璃，電線和煤煙，都是不適於它們的生活而足以致它們死命的東西。世間的淒涼，殘酷和悲慘，無過於此。這是苦悶的象徵，這象徵著某種生活之下的人的靈魂！」但是，租界現代文明的誘惑力，使得租界人寧願被異化，也不願再歸返田園，過日出而作，日落而息的農家生活。所以，作者最後想拯救蝌蚪，把它們「放乎青草池塘之中」，不過是「為了象徵的意義」，是對抗存在的被遺忘的一次象徵性努力。

當租界生活撕碎了人們的傳統生活方式和人倫情意模式，存在墮入遺忘、靈魂失去根基時，需要歸返自己的精神家園。鄉土故園、青山綠水，往往是他們的時時返顧的所在。但這只不過是一種自我精神救贖的努力，帶有很大的虛幻性。實際上，租界生活慢慢造就或扭曲了租界人的存在方式，即使再投身自然，也已經沒有那份「天人合一」的從容和興致。林語堂的《說

避暑之益》（1933 年）便是一個很好的例子。租界鋼筋水泥構成的擁擠生存空間，使得紳士階層，尤其像林語堂這樣的閒適的中產階級，對自然和花鳥蟲魚充滿了情趣興味，但是他們缺乏古典文人才子遊歷山川的情懷，也無陶潛「採菊東籬下，悠然見南山」的隱逸性情。他去山莊海濱避暑，而要帶留聲機和福爾摩斯的小說，完全一副上海紳士的生活作派；他把在避暑勝地能有幸遇到上海的街坊朋友、重搬上海的生活模式，作爲意外樂趣，把在避暑期間搜羅回城後的交際材料，當作一件樂事和收穫。他完全是把遠離塵囂的避暑勝地當作上海生活的一個延伸，不過是置換了空間而已。而且，林語堂寫這種閒適的文章，末了，還不忘此地無銀三百兩的來點商業性的廣告：「要想起來，避暑的益處還有很多。但是以所舉各點，已經有替廬山青島飯店做義務廣告的嫌疑了。就此擱筆。」〔註 96〕租界的文人就是不一樣，像林語堂這樣的，是已經被租界的生活方式所「化」了。即使像沈從文那樣的鄉下人，在租界的鬧市造「希臘小廟」，對鄉村兒女健康、自然、準乎人性的生命形式神往緬懷，他還是依然留在租界賣文爲生。文本的敘述，對他而言，主要不過是一種想像性自我拯救的方式而已。這就是租界生命的悖論：既甘願承受租界生活的異化，又通過構築精神家園來拯救自我的失落。

〔註96〕林語堂：《說避暑之益》，《林語堂名著全集・第十四卷》，長春：東北師範大學出版社，1994 年，第 83 頁。

第三章　租界文化與30年代文學現象

現代中國的許多文學現象都和租界文化的影響有關係。

從晚清一直延續不斷的譴責小說，以揭露個人、社會的隱私和批判傳統價值的象徵體系受到市民的歡迎。「轉入隱私趣味同進入租界時代之後的上海變得越來越不信任傳統的心理有關。人們發現他們堅守的價值在更令人羨慕的生活對比下不斷受挫的情形。」〔註1〕作為一種心理報復和補償，知識分子在對社會戲劇化的嘲弄中，在對人性醜化的描述中，獲得了心理平衡。市民在文本閱讀中，從故事中尋找到了自我解嘲的依據，租界人文化身份的尷尬，在對自我和他人的雙向譏諷中，暫時得到緩解。市民在譴責小說的閱讀中，不僅能夠緩解租界文化製造的心理壓力，而且能夠獲得閱讀的快感。

鴛鴦蝴蝶派的豔情小說，張資平的三角戀愛小說，乃至「嫖妓指南」之類的色情文學泛濫的原因，首先和租界傳統禮教束縛的鬆弛有關。西方文明和制度的輸入，使得租界相對於其它區域來說，是傳統禮教的化外之區，個人很大程度上擺脫了非人性的禮教束縛，利比多有了自由釋放的空間。其次，在租界裏，青年男性公民占多數，相當一部分或者尚未婚配，或者離別妻兒父母獨自來到上海謀事業。男女比例的失調，情欲的滿足不能訴求於傳統的婚配，形成了一個龐大的潛在男性性消費群體。性匱乏的滿足，一個方面可以從豔情小說的文本閱讀中，獲得想像性的替代補償，另一方面則尋求婚姻規則之外的性行為。所以，租界的賣淫事業特別發達（租界的稅收政策也支持了賣淫行業的自由泛濫），三角戀愛和偷情也成了傳統道德崩潰後的一種情

〔註 1〕李嶸明：《浮世代代傳——海派文人說略》，北京：華文出版社，1997 年，第66 頁。

欲平衡方式。一些刊物所附的色情小說廣告的紙張和篇幅都很醒目，以煽情的廣告語擊打市民的虛弱處：「《荒唐夢》：肉一般動人情欲之社會長篇……」；「《春水微波》：花花世界，紙醉金迷，衣冠禽獸，肉欲橫流，癡情媚骨，顛倒眾生……」；書寫人性邪惡欲望的《荒唐大觀》「行銷鉅萬，現已三版將次售完之」〔註2〕。鴛鴦蝴蝶派小說、張資平的三角戀愛小說和色情文學，反映了租界的現實情欲狀況，配合了市民的閱讀需求，也就沒有理由不蔚然成風了。

武俠小說和偵探小說的流行，則與租界的冒險風氣有關。租界裏流氓幫派的勢力盤根錯節，連巡捕房也要籠絡他們來維持治安。因此，租界裏潛藏著不穩定的暴力因素，綁票、搶劫案件層出不窮，雖然巡捕房不斷增加警力，仍然效果有限。租界是冒險家的樂園，商業投機很有市場，實業投資和金融債券市場都充滿了風險。冒險、投機和風險，往往伴隨著邪惡的產生。所以，租界人缺乏精神安全感。武俠小說和偵探小說，或者以江湖俠士的超群武功和俠義情懷，或者以偵探的機智聰明和法律武器，最終戰勝邪惡，留下了天下正義太平的表象，以平息讀者在現實生活中產生的不安定情緒，獲得一種精神安全感。

普羅文學的成長，首先和租界較寬鬆自由的政治話語環境分不開。租界當局執行言論自由政策，對於作家說什麼，寫什麼，不大干涉。普羅作家利用租界政黨統治薄弱的有利環境，來創作革命文學。普羅文學在租界的繁盛，還和租界人的接受心理有關。租界中的大多數人承認租界發展了現代中國應有的希望，但也對租界的道德敗壞耿耿於懷，幾乎沒有人認為上海應該繼續這種令人深感憂慮的狀況，在各種路途中受挫的人士更是不滿租界的現狀。在上海，馬克思的階級鬥爭理論廣泛傳播，共產黨領導的工人運動積極開展，使得租界作為下層市民的「地獄」愈發暴露出猙獰的一面。普羅文學描繪的社會圖景，為各種抱怨租界的人指出了充滿希望的前景。對於大多數知識分子和工商民眾來說，普羅文學的革命煽情描寫，以及對民族主義的強調，無疑預示了黑暗租界的一種出路。普羅文學革命加戀愛的敘述模式，亦令小知識分子興奮不已。普羅文學在租界中成為一種時尚文學潮流，也就不是什麼怪事了。

上海作家被戲稱為「亭子間作家」。亭子間的陰暗逼窄影響到租界作家的

〔註2〕《紫羅蘭》，1930 年 3 月 1 日，第四卷第十七號，廣告插頁。

生活體驗和思想觀念。「不管你住的是前樓還是亭子間還是什麼名目的房子，你總會覺得這回是進了牢籠了。四處都是房子，除了仰頭到四十五度的角度以上才看得見的天空，再不會瞅見其他任何的自然，大都市的激動的神經強烈的刺激，也更到不了您那裡了。在人群的中間待著，您會感到比在沙漠曠野更為孤獨」〔註 3〕。「漂泊在大都會之中，局促在弄堂的亭子間裏，覺得自己懷才不遇，窮愁潦倒，於是他們怨憤、頹廢、思想激狂，形成中國近代學術思想與文化轉變中的特殊現象」〔註 4〕。由此，我們或許會對上海的譴責小說、情色文學、左翼文學和新感覺派等文學潮流的濫觴多一點理解。

在本章下面的內容中，我們將集中討論 30 年代最重要的三種文學現象——左翼文學、新感覺派和京派，發掘這些文學現象的生成、特徵與租界文化的關係。

第一節　租界文化語境下的左翼文學

左翼文學的研究，是近年學界頗為關注的一個領域。就已有的成果來看，左翼文學研究的思維路向在不斷拓展，評判的立場和價值的尺度趨向於多元化。但是，目前的研究也存在不少的遺憾，尤其值得指出的是：學界注意到左翼文學的興起繁衍以及文學特質與國內外大環境的關係，能從二三十年代中外政治大氣候的考察中給出頗有說服力的解釋，然而忽略了上海租界的區域文化因素在其中所扮演的重要角色。丹納在《藝術哲學》中強調：藝術作品的產生和特徵不僅取決於時代精神，也取決於「周圍的風俗」〔註 5〕。脫離左翼文學現象的城市文化環境，來談論它的發生和特質，其結論難免落入片面。

為什麼左翼文學思潮是在上海產生？為什麼左翼作家如此熱衷於講述上海的故事？為什麼左翼文本在文體風格上存在明顯的斷裂？要洞穿這些問題的實質，租界文化是一個不可缺少的考察維度。我們對左翼文學的研究，主要是從租界文化的角度入手，呈現的只是文學史中左翼文學的「一面」，而不

〔註 3〕　穆木天：《弄堂》，《良友畫報》，1935 年 10 月，第 110 期，第 28～29 頁。

〔註 4〕　逯耀東：《上海弄堂和本幫菜》，《回眸上海》，上海：上海人民出版社，2003年，第 87 頁。

〔註 5〕　〔法〕丹納：《藝術哲學》，傅雷譯，北京：人民文學出版社，1963 年，第 32頁。

是多維立體的左翼文學，在這一點上，需要讀者與筆者預先達成共識。

一、左翼文學思潮的興起與租界文化的關係

　　羅茲‧墨菲在 1953 年出版的《上海──現代中國的鑰匙》一書中認為，「作為現代中國革命的一股主要力量，上海有權宣稱它在當前革命成果中，享有比莫斯科更大的份額」〔註6〕。羅茲‧墨菲的觀點或許有誇大上海「歷史意義」的嫌疑，但租界化上海作為重要「革命策源地」之一的獨特意義不可低估。反映在文學上，最典型的例證是，中國 30 年代的左翼文學現象與租界化上海的文化語境有著密切關係。

　　30 年代的左翼文學思潮是在上海醞釀壯大，左翼文本的創作主客體、傳播機構和消費群體，也主要是在上海。從事左翼文學創作的多數作家，他們或者寓居於上海租界及越界築路區域，或者曾有過租界生活的體驗。租界化的上海為左翼文學的滋生提供了文化土壤，影響了左翼文學的品質與風貌。因此，我們在研究左翼文學的生成機制時，有必要考慮左翼文學與上海租界文化語境的關係。

　　在中國，注定只有上海，才能成為左翼文學以及之前的普羅文學的誕生地。

　　每一種文學潮流的湧現和濫觴，都可以從時代精神、社會心理、文本體系、審美需求和區域文化等方面得到解說。中國 30 年代左翼文學思潮興起的原因，通常被歸結為這幾方面：一、國際左翼文學思潮的影響，尤其是來自日本和蘇聯的影響；二、馬克思主義理論的傳播，中國產業工人以及中國共產黨力量的迅速壯大，共產黨領導的工人運動如火如荼的開展；三、國民黨的統治日益顯露出殘暴、腐敗、無能的一面；四、1928 年在西方爆發了一場影響世界的經濟危機，加上中國的自然災害和連年內戰，農村破產，城市失業，民眾在困苦的生活中掙扎；五、共產黨對思想宣傳的重視和對文藝戰線的有效組織；六、左翼思潮是「五四」思想的延續和發展，迎合了民眾新的審美需求。這些看法，已成為學界的公論，筆者亦表示認同。但是，我們還是可以繼續追問，為什麼 30 年代的左翼文學主潮是在上海湧現？

　　30 年代左翼文學思潮的出現，和租界文化有著密切的關係。

〔註6〕　〔美〕羅茲‧墨菲：《上海──現代中國的鑰匙》，章克生等譯，上海：上海
　　　　人民出版社，1986 年，第 5 頁。

（一）在中國，只有租界化的上海，真正具備產生左翼文藝思潮所必需的社會階級構成模式

左翼作家聯盟的行動綱領明確指出：「我們文學運動的目的在求新興階級的解放。」〔註7〕左翼文學是無產階級的文學，文學的主體主要是工人階級。上海是中國工業和工人最集中的城市。據統計，1933 年，上海工業資本總額占全國 40%，工人占 43%，總產值占 50%。而且，上海的工業大部分爲外國投資，外國的工業投資有 67.1%集中在上海。〔註8〕與工人階級相對立的是資產階級，無產階級文學是「反資產階級的」。資產階級是在租界開闢後出現的，在二三十年代，上海形成了一個頗有聲勢的資產階級階層。而且，在上海，馬克思的階級鬥爭理論廣泛傳播，共產黨領導的工人運動廣泛開展，勞資矛盾日益升溫。由此可以看出，左翼文學思潮在上海出現，首先是因爲上海提供了其必需的階級基礎。

（二）上海租界爲左聯的組織活動和文學創作提供了較爲自由寬鬆的政治環境。

眾所周知，左翼作家聯盟的組織活動借助了上海租界特殊的政治環境。1930 年 2 月 16 日，夏衍、魯迅、馮雪峰、鄭伯奇、蔣光慈、馮乃超、錢杏邨、柔石、洪靈菲、陽翰笙、潘漢年等在公共租界的公啡咖啡館秘密集會，商討成立左聯事宜。1930 年 3 月 2 日，中國左翼作家聯盟的成立大會在公共租界越界築路區域竇樂安路 233 號（今多倫路 201 弄 2 號）的「中華藝術大學」召開。爲安全計，左聯其它的集會和聯絡地點也往往選擇租界。左聯人士正是利用租界的特殊環境與國民黨當局周旋。租界還爲左翼作家的創作提供了較寬鬆自由的語境，因爲租界當局執行的是言論自由政策，對於作家說什麼，寫什麼，是不大干涉的。左翼作家利用租界裏國民黨統治薄弱的有利環境，突破國民黨新聞檢查機關的嚴密文網，創作無產階級文學，創辦左翼刊物，出版左翼書籍。

〔註7〕記者：《中國左翼作家聯盟的成立》，《拓荒者》，1930 年 3 月 10 日，第一卷第三期，第 1129～1132 頁。

〔註8〕數據來源於《上海史》的「前言」部分，唐振常主編，上海：上海人民出版社，1989 年。

（三）租界的文化心理和文化風尚對左翼文學思潮的風行起到了推
波助瀾的作用。

30 年代的左翼文學思潮是在上海醞釀壯大，左翼作品的創作主客體、傳播機構和消費群體，也主要是在上海。因此，上海人先在的文化心理對左翼文學思潮的命運就顯得至關重要。30 年代上海人的文化心理主要是一種租界文化心理。

在第一章裏，我們談到上海，尤其是租界人口年齡性別的構成特點，即，占城市人口比例最大的是男性青年市民，男女比例失衡。以男性青年爲主體人群，造成了瘋狂、暴力和冒險的租界心理，「年輕人容易成爲社會主義追求者或信仰者」〔註9〕。由此可見，租界的人口構成和心理狀態非常有利於左翼思潮的傳播。左翼文學，原本屬於城市現代文學，具有先鋒性質，它推出了一種激進的文學觀念和粗獷的審美風格，開拓了新的主題，提供了新的人物形象。左翼文學和上海人冒險激進、自由放縱、追求刺激和新奇體驗的心理非常契合。

1930 年前後，左傾思潮在上海被當作一種「時髦」。租界墮落混亂的一面，使得各個階層普遍認爲，上海再不能以這樣平庸的狀態存在下去了。社會主義觀念的出現，爲各種抱怨心理指出了充滿希望的前景，社會上下都把激進的社會主義理想當作一個時髦的話題討論。「整個 20 年代，年年頻發的罷工無疑給半殖民地上海的都市空間注入了新的『摩登』含義」〔註10〕，當這種「時髦」的話題、「摩登」的行動與意識形態、民族主義結合時，左翼思潮也就應運而生了。許多作家在 20 年代末 30 年代初紛紛轉向左翼文學創作。在整體性的創作轉向中，一些作家並非因爲「世界觀」發生根本轉變，而是出於趕時髦的心理。以創作新感覺派小說而風靡上海灘的洋場文人穆時英就是以個很好的例子。在左翼文學濫觴之際，「穆時英的最初幾篇小說，一時傳誦，彷彿左翼作品中出了尖子。但是，到後來就看出來了，他連傾向馬克思主義的思想基礎也沒有，更不用說無產階級的生活體驗。他之所以能寫出那幾篇比較好的描寫上海工人的小說，只是依靠他一點靈敏的摹仿能力」〔註11〕。

〔註 9〕 沈從文：《性與政治》，《沈從文批評文集》，劉洪濤編，珠海：珠海出版社，1998 年，第 160 頁。
〔註 10〕劉建輝：《魔都上海──日本知識人的「近代」體驗》，甘慧傑譯，上海：上海古籍出版社，2003 年，第 107～108 頁。
〔註 11〕施蟄存：《沙上的腳迹》，瀋陽：遼寧教育出版社，1995 年，第 22 頁。

穆時英投身於左翼文學創作，基本上是順應上海的左傾風潮，是一種迎合市民心態的政治媚俗。

　　上海貧富懸殊，是一座「造在地獄上面的天堂」。這個城市充滿著各種妄想，埋藏著各種罪惡，高樓大廈和貧民窟並存，天堂和地獄共在。「天堂」和「地獄」、租界和華界的強烈反差，在貧窮失意的階層中培育了嫉妒、仇恨、歇斯底里和鋌而走險的心理，培育了反資產階級和外國勢力的情緒。對於掙扎在生活底線的人群，十里洋場的繁華是屬於大班、買辦和資本家們的。狹窄的亭子間、閣樓、竈披間和潮濕的窩棚才是他們的所在。外灘的外國旗艦和洋行是那樣盛氣凌人，巡捕房的紅頭阿三是那樣飛揚跋扈，南京路上的繁華是那樣令人豔羨嫉妒。失意的人向來肝火旺，生存的艱難、人生的失敗，使得他們很容易接受左傾思想。雖然群眾的力量「是一種盲目的暴力。他們沒有理性，他們沒有明確的利害觀念；他們的感情是完全被幾個煽動家所控制著，所操縱著」〔註12〕，「然而含著矛盾性的資本主義的發達卻給予普羅列塔利亞以成長的機會。於是在這個成長的過程上，普羅列塔利亞是在資產階級的經濟剝削下面成長起來的，普羅列塔利亞是在資產階級的政治壓迫下面壯大起來的，它曉得怎樣去回答資產階級」〔註13〕。上海群眾人生的失敗感和壓迫感在進步思想的疏導下，原本極端不平衡的心理，找到了噴發的方向，左翼力量對他們不滿狀態的組織，使得他們一直按捺的過激行為有了實現的機會，勞資對立的局勢蔓延開來，勢不可擋。左翼文學喊出了上海底層工人階級和其他民眾的心聲，他們長期受資產階級和洋人壓抑的情緒獲得了釋放的渠道。無產階級文學是宣傳集體主義的，而工人願意從集體中擺脫微渺的自我體認，佔有強力的新體驗。人需要在比較中確證自我的價值，左翼作家講述上海時，心聲相通地醜化民族資本家、買辦、洋人，書寫他們的殘暴、貪婪、奢侈、糜爛的生活，以及道德良心的淪喪和必然沒落的命運，而工農群眾的形象和力量則被放大、提升。無論是在租界還是華界，生活艱難的小知識分子，掙扎在底層的工人，都能從作品獲得對工廠老闆、洋行大班和買辦的一種虛構敘述的征服和報復，在敘述和閱讀中把平日的憤懣發泄出來，並獲得英雄主義的自我體認。

〔註12〕杜衡：《莎劇凱撒傳裏所表現的群眾》，《文藝風景》，1934 年 6 月 1 日，第一卷第一期，第 4～11 頁。

〔註13〕洪靈菲：《普羅列塔利亞小說論》，《文藝講座》，1930 年 4 月 10 日，第一冊，第 119～218 頁。

（四）左翼文學的迅速傳播，得力於租界商人的投資參與

在租界的商業化環境中，一種文學現象要成為時代的文學主流，必須在文學消費市場中獨佔鰲頭，這是由文學生產消費的規則所決定的。租界商人利用租界特殊的政治環境，投資於左翼文學的出版銷售事業。租界的一群文化商人的投資參與，無意中推動了左翼文學的風行。商人不大關心文學商品的「左翼」「右翼」之類的標簽，他們的目的不過是以本求利。如果某類文學產品受到市場的青睞，能給他們帶來豐厚的利潤，他們就會蜂擁而上，樂於收購、推銷。魯迅 1932 年講過一個小故事，很能說明商人參與左翼文學事業的動機：「當年上海的四馬路，號稱文化街，各種大大小小的書店集中在這裡。反動派看到許多店裡擺的是左翼的書和雜誌，讀者買的是左翼的書和雜誌。他們自己的反動書店門可羅雀，反動書刊無人過問。無可奈何之中。把賣左翼書刊最興旺的一個書店老闆捉了來，審訊他為什麼不賣右翼的書？為什麼愛賣左翼的書？這個書店老闆回答說：『我是老闆，將本求利。我不懂左翼右翼，我只懂算盤』」〔註14〕。

對左翼文學（包括普羅文學）的流行與商人參與的關係問題，談得最透徹的是沈從文。我們不妨引用他的幾段話：

> 一萬塊錢或三千塊錢，由一個商人手中，分給作家們，便可以購得一批戀愛的或革命的創作小說，且同時就支配一種文學空氣，這是一九二八年來中國的事情。〔註15〕

> 中華民國十六年後，中國的文學趨勢，從幾個平時以翻譯為生活的小文人手上，產生了大批譯作新興小說，其中尤以由日文轉譯那種方便，得從事大量的不節制的生產與介紹，使中國出版界顯出十分興奮的樣子。……由於「商業」的競爭，乃支配了許多人的興味，成為中國文學轉換方向使之熱鬧的背景。……由於日本人年來對這文學新問題的興味，由於商業競爭眩目的告白，一面是中國內部的混戰，年輕人無信仰，無良好生活，乃使這問題成為一件嚴重的事情。使這問題得到一個機會，生著翅膀，向內地各方面飛去。〔註16〕

〔註14〕于伶：《魯迅「北平五講」及其他》，《魯迅在上海（一）》，孫慎之編，聊城：山東師院聊城分院，1980 年，第 188 頁。

〔註15〕沈從文：《論中國現代創作小說》，《沈從文批評文集》，劉洪濤編，珠海：珠海出版社，1998 年，第 89 頁。

〔註16〕沈從文：《現代中國文學的小感想》，《沈從文批評文集》，劉洪濤編，珠海：珠海出版社，1998 年，第 83 頁。

　　　　一部分作家或因不太明白政治，或因太明白政治，看中了文學
　　　的政治作用，更看中了上海，於是用租界作根據地，用文學刊物作
　　　工具，與三五小書店合作，「農民文學」、「勞動文學」、「社會主義文
　　　學」、「革命文學」……等等名稱，隨之陸續產生。租界既是個特別
　　　區域，適宜於藏垢納污，商人的目的又只在賺錢。與同業競爭生意，
　　　若投資費用不多，兼有相當保障，為發展營業計，當然就將這些名
　　　詞附於名詞下的作品，想方設法加以推銷。當時江西戰事尚相當激
　　　烈，看不出個究竟，上海租界上的工運，環境特別，實有點使當局
　　　棘手。年輕學生則在時代潮流激蕩中，情感上不大安定，且寄居上
　　　海一隅更容易接受刺激。左翼文學與這兩方面相呼應，商人卻將作
　　　品向年輕人推銷，當然就顯得活潑而熱鬧。〔註17〕

沈從文上面的話說得很明白，租界的文化商人憑自己的職業頭腦，意識到左
翼文學切合了時代和人們的精神需求，便有意製造和擴大左翼文學的風氣，
以「眩目的告白」，向情感不安定的喜歡刺激的年輕人推銷左翼文學產品，造
成了 30 年代左翼文學創作的熱鬧景象。

（五）左翼文學思潮符合大部分租界作家的精神需求

　　左翼文學創作在上海的繁榮局面，是由 1928 年前後彙聚上海的一大批作家
鼎力支撐的。這些作家大部分生活在租界或租界越界築路區域。考察眾多作家涉
獵左翼文學創作的原因，租界作家的精神狀態是我們應該加以注意的一個因素。

　　闖入左翼文學創作領域的大部分是青年作家。年輕人喜歡刺激、新奇、
冒險的嘗試和先鋒性的試驗。租界風氣更是助長了年輕人的這些特性。左翼
青年作家不一定是擅長左翼文學創作才選擇左翼文學的門路。陽翰笙多年以
後坦言：「我們這些人都年輕。我們有熱情，但缺少經驗；我們敢於革命，但
不熟悉社會，不深知歷史，不善於革命。」〔註18〕青年作家熱衷於追逐具有
濃厚政治色彩的左翼文學思潮，原因之一是「年輕人容易成為社會主義追求
者或信仰者」〔註19〕，「青年接近政治時，多取得是『戀愛』態度」〔註20〕。

〔註17〕沈從文：《「文藝政策」探討》，《沈從文批評文集》，劉洪濤編，珠海：珠海出
　　　　版社，1998 年，第 73～74 頁。
〔註18〕陽翰笙：《序》，《左翼文學論》，張大明著，成都：四川文藝出版社，1992 年，
　　　　第 5 頁。
〔註19〕沈從文：《性與政治》，《沈從文批評文集》，劉洪濤編，珠海：珠海出版社，
　　　　1998 年，第 160 頁。

租界人富有激情、慣於冒險、樂於嘗試和追求新奇體驗，這也是左聯的社會活動和左翼文本的敘事風格所需要一種文化性格。

　　許多年青的上海作家被戲稱爲亭子間作家。亭子間作家狹小的房間裏，往往只擺一張床、一張桌子，再加一個舊箱子，房子昏暗，泛著灰塵，讓人覺得氣悶。亭子間的生活，孤獨、煩躁、失意、憋悶，讓人總想找點什麼事情發泄一下才好。拖家帶口的亭子間作家的房間裏，「爐子、床、孩車等等薈萃一堂，看起來緊湊固然緊湊，但其紛亂眞使人不安，彷彿是亡命徒暫時做客，像大難臨頭，也像兵災剛過」〔註21〕。無論單身還是帶家眷的亭子間作家，「漂泊在大都會之中，局促在弄堂的亭子間裏，覺得自己懷才不遇，窮愁潦倒，於是他們怨憤、頹廢、思想激狂」〔註22〕。亭子間作家的精神狀態，很容易對左翼文學思潮持接納的態度。況且，「上海人恐怕很少有懂得靜的情趣的。他們玩的東西，如回力球、跑狗、跑馬、賭博等等，都是非常刺激非常緊張的玩藝」〔註23〕。左聯的活動和左翼文學敘事，都是屬於「非常刺激非常緊張的玩藝」，對於作家來說，這是職業上能提供的刺激機會。亭子間作家的生活是單調的，和外界的交際較少。而要在租界的市民社會立腳，最好和某些團體發生關係。社團是上海人「日常生活的社會依託」〔註24〕，如果「盡蹲在上海，又不能同什麼團體發生特別關係，又不能做別的事，各方面感情越來越壞，門路越來越窄，到某一天害一場病，就眞非倒下不可」〔註25〕。左翼聯盟爲這些勢單力薄的亭子間作家歸依團體拋出了橄欖枝，他們中的許多就踴躍地投奔了。

　　租界生活體驗中殖民意識和民族意識的糾結（具體分析見第一章和第二章的相關內容），一直是作家難以擺脫的心理重負。而左翼思潮的階級理論和政

〔註20〕　沈從文：《性與政治》，《沈從文批評文集》，劉洪濤編，珠海：珠海出版社，1998年，第156頁。

〔註21〕　施蟄：《上海和北平》，《上海味道》，楊斌華編選，長春：時代文藝出版社，2002年，第172頁。

〔註22〕　逯耀東：《上海弄堂和本幫菜》，《回眸上海》，賈樹枚主編，上海：上海人民出版社，2003年，第87頁。

〔註23〕　施蟄：《上海和北平》，《上海味道》，楊斌華編選，長春：時代文藝出版社，2002年，第172頁。

〔註24〕　〔日〕小浜正子：《近代上海的公共性與國家》，葛濤譯，上海：上海古籍出版社，2003年，第34頁。

〔註25〕　沈從文：《朋友已死去》，《沈從文批評文集》，劉洪濤編，珠海：珠海出版社，1998年，第361頁。

治立場，爲租界作家提供了破解心理糾結的邏輯系統、觀念體系以及現實力量。所以，租界作家樂於以無產階級的立場置換自己的小資產階級立場，樂於講述上海灘的故事。在上海灘的故事中，知識分子的自我形象或者空虛無聊、軟弱頹廢，不脫羅曼蒂克情調，是爲一種自我批判；或者在動搖中加入工人運動的洪流，從事崇高的革命事業，是爲對無產階級的一種認同。兩種形象具有解構心理糾結的敘事效應。所以，不光失意的亭子間作家信奉左翼思潮，有閒作家也喜歡在作品中穿插左傾的姿態，從話語冒險中獲得一種心理救贖。

二、租界文化與左翼文本的敘事症候

（一）小資情調與左翼文學規則

二三十年代的上海租界，一派畸形繁榮的景象。摩登、洋化、金錢、享樂、奢靡、亢奮、頹廢、冒險、刺激、浪漫、肉欲、自由、壓迫、失業、革命和暴亂等等語詞，調配出了這個城市斑駁離奇的色調。生活在租界的作家，不乏忍受誘惑，堅守信念，秉持本性，拒絕隨這個城市的濁流而流轉，默默地生活和創作的一群。但租界文化如每日的微風晨露，吹拂沾濕著大多數作家的肌膚和神經。從事左翼文學創作的作家，大部分還是頂戴著小資產階級知識分子、「浪漫文人」〔註 26〕、「跳舞場裏的前進作家」〔註 27〕、咖啡店裏闊談的「革命文學家」這些充滿戲謔調侃的稱號。這些稱號共通的特性就是「小資情調」。資產階級情調大致上是指上海中上層人物的那種精神狀態和生活方式，是一種在租界風氣中滋生出來的情調。所以，我們一說起資產階級情調，意念上立即和上海的十里洋場聯繫起來。小資情調和資產階級情調一脈相通，不同的主要是小資產階級因爲身份地位和經濟實力的限制，比資產階級少了些囂張氣焰和大氣派頭，多了些浪漫情懷和憂鬱氣質。總之，上海左翼作家的小資情調是在租界環境中培養起來的一種情調，是 30 年代上海的流行歌曲《玫瑰玫瑰我愛你》、《何日君再來》和《夜上海》等的旋律和歌詞傳達出來的那種情調。

小資情調是一種生活姿態，一種精神狀態，一種文化立場，一種審美觀念。個人主義、浪漫主義、多愁善感的小資情調，是爲左聯所堅決反對的。

〔註 26〕關於「上海浪漫文人」的描繪，參見柳眉君：《上海男子生活》，《上海：記憶與想像》，馬逢洋編，上海：文匯出版社，1996 年。
〔註 27〕張諤：《現代中國作家群》，《文藝畫報》，1934 年 12 月 15 日，第一卷第二期。

．

左聯的文藝綱領反對「小資產階級的傾向」，要求左翼作家「站在無產階級的
解放鬥爭的戰線上」，「以無產階級在黑暗的階級社會中『中世紀』裏面所感
覺的感情爲內容」〔註 28〕，左翼作家「必須從無產階級的世界觀，來觀察，
來描寫」，「必須用工人農民所聽得懂以及他們接近的語言文字」〔註 29〕來寫
作。左聯的文藝理念和租界左翼作家的小資情調之間存在明顯的鴻溝。雖然
左聯期望作家完成自身的改造，但願望和現實的彌合不是一蹴而就的。

　　租界裏男女比例的失衡、身體欲望的膨脹和色情事業的發達，使得租界
作家善於和嗜好於在文本中使用性話語攛掇故事。左聯要求左翼文本使用的
基本話語是政治話語。內在的敘事願望和外在的觀念要求相結合，性話語和
政治話語就成了 30 年代左翼文本的兩種基本話語，從而導致了「革命加戀愛」
敘事模式的泛濫。左翼作家往往把政治話語穿插在性話語中，並以否認性話
語的合理性來確立政治話語的權威地位。性話語是個體性的，政治話語是集
體性的；性話語在左聯看來是小資情調的，政治話語是革命性的。二者實際
上存在內在的對立。這兩種不同類型的敘事話語難以對接得天衣無縫。茅盾
在談到他的小說集《野薔薇》時坦言：「作者是想在各人的戀愛行動中透露出
各人的階級的『意識形態』。這是個難以奏功的企圖」〔註 30〕。左翼作家欲在
性話語與政治話語這兩種話語之間擺渡，確立無產階級的文化主題，難免顯
得力不從心。

　　相當一部分租界左翼作家在精神氣度和文本格調上，散發著頹廢的美學
氣息。「浪漫文人」、「跳舞場裏的前進作家」、咖啡店裏闊談的「革命文學家」
這些謔稱，表明了左翼作家生活方式和精神氣質的頹廢傾向。丁玲、茅盾、
張天翼、田漢、鄭伯奇、郁達夫、葉靈鳳等租界左翼作家，或個性張揚，或
浪漫輕狂，或摩登時髦，或思想激狂，從不同側面體現了頹廢的精神風貌。
在左翼文學思潮興盛之前，他們的創作就大體呈現出頹廢的一面。丁玲的《莎
菲女士的日記》以越軌的筆致呈現了新式女性的身體欲望焦慮和自我意志摧
毀；茅盾的《蝕》三部曲中的時代女性，具有非理性的個性主義、悲觀的無

〔註 28〕記者：《中國左翼作家聯盟的成立》，《拓荒者》1930 年 3 月 10 日，第一卷第
　　　　三期。
〔註 29〕《中國無產階級革命文學的新任務》（報導），《文學導報》，1931 年 11 月 15
　　　　日，第一卷第八期。
〔註 30〕茅盾：《寫在〈野薔薇〉的前面》，《茅盾全集·第九卷》，北京：人民文學出
　　　　版社，1985 年，第 524 頁。

政府主義、淪落自我的反叛方式、沉醉巔峰體驗的人生追求，以及世紀末的狂歡厭世情緒等性格特徵；田漢的部分話劇醉心於唯美主義；郁達夫小說中的主人公以柔弱的姿態放縱自我。這些文本總體上呈現出頹廢的美學基調。頹廢，也可以看作租界小資情調的一個屬性。左翼文本在社會審美要求上，應該體現出昂揚奮進的悲壯風格，體現出「力」的粗獷風格和革命的雄偉姿態。然而，一方面，這種「應然」風格和姿態，與頹廢是不相容的；另一方面，「『頹廢派』往往抱有各種革命的信念（無政府主義對他們特別有吸引力）」〔註31〕。兩方面交織的結果，也造成了左翼文本的敘事難題。

　　租界左翼作家的小資情調和無產階級文學的要求之間難以彌合的差距，必然會給創作帶來一些問題，在思想傾向、人物調配、結構組織、風格預設、語言選擇、細節安排、詳略處理等方面，偏離左翼文學的「標準」文本要求，留下了一些不可避免的敘事「症候」。施蟄存曾對自己創作左翼文學的失敗進行過自我分析，他說：「為了實踐文藝思想的『轉向』，我發表了《鳳陽女》、《阿秀》、《花》，這幾篇描寫勞動人民的小說。但是，自己看一遍，也知道是失敗了。從此我明白過來，作為一個小資產階級知識分子，他的政治思想可以傾向或接受馬克思主義，但這種思想還不夠作為他創作無產階級文藝的基礎」〔註32〕。施蟄存左翼文學創作的失敗，是「價值預設和實踐偏離」的結果。「價值預設本質上是群體的政治的行為，實踐偏離則只能是個體的文學的行為」〔註33〕，左翼作家在創作中可以在價值預設上達成一致，而在文學實踐上由於租界文化因素的影響，難免出現個體性的偏離。

　　所謂左翼文本的敘事「症候」，是指左翼文本敘事中存在的分裂、錯位、取巧、缺憾等症狀和偏離左翼文學觀念的因子。左翼文本的敘事症候主要體現在：思想主題和文本風格的錯位；調侃的話語與觀念的消解；敘事安排上的避重就輕。我們試圖從這些敘事症候中，尋找租界文化對左翼文本的影響。直捷地說，筆者希望通過具體文本分析來說明這樣一個事實：租界文化對左翼作家的影響是造成左翼文本敘事症候的一個重要原因。

〔註31〕〔美〕馬泰‧卡林內斯庫：《現代性的五副面孔》，顧愛彬、李瑞華譯，北京：商務印書館，2003 年，第 174 頁。

〔註32〕施蟄存：《沙上的腳迹》，瀋陽：遼寧教育出版社，1995 年，第 22 頁。

〔註33〕黃萬華：《中國和海外：20 世紀漢語文學史論》，天津：百花文藝出版社，2004 年，第 46 頁。

（二）左翼文本的敘事症候之一：思想主題和文本風格的錯位

影響文本風格的因素是多樣的，如：社會風氣、文化傳統、讀者的審美需求、作家的生活狀態和精神氣質，以及文本的主題、題材、體裁和語言等。一個成功的文本，是作者人生經驗的凝聚和真摯情感的流淌，是創作主體思想意識的投射。成功文本的思想內容和文體風格應該是水乳交融、和諧一致的。

在租界中創作左翼文學，租界文化對作家的影響會潛在地制約作家對文本風格的選擇，而所選擇的文本風格，不一定與所要表述的思想主題相契合，這就造成了左翼文本的思想主題和文本風格的錯位。一些左翼文本，其美學風格充滿租界特有的小資情調，最終和盤托出的卻是階級革命的觀念。就其創作的心理狀態而言，我們不能排除租界作家對左傾時尚的趨附。一定程度上，我們可以說，30 年代的有些左翼文本是資產階級趣味與政治媚俗的混合物。資產階級趣味是租界文化語境賦予上海左翼作家的一種精神屬性。在上海商業規則的控制下，左翼作家存在通過宣傳無產階級的政治訴求來向市民階層獻媚的寫作動因。試想穆時英這樣的洋場文人也在「無產階級文學」門下湊熱鬧，我們就不難理解這一點。資產階級趣味與政治媚俗的對接，所帶來的後果就是左翼文本思想主題與藝術風格的錯位。

鄭伯奇《深夜的霞飛路》是一個左翼文本。乍一看，讀者往往會以為《深夜的霞飛路》是敘述深夜霞飛路神秘浪漫的異國情調和摩登人士頹蕩的夜生活。看到後面，才明白文本要表達的是上層階級的末日危機和無產階級顛倒乾坤的力量。鄭伯奇長期在上海從事寫作、出版和電影工作，精神氣質和生活方式難免濡染濃厚的洋場情調。《深夜的霞飛路》開頭以華美的筆調，反覆詠歎摩登的小姐、少爺、文士對霞飛路的「賞贊」，文本流淌著優美的情緒節奏：

> 霞飛路是摩登的，摩登小姐和摩登少爺高興地說。
>
> 霞飛路是神秘的，肉感的，異國趣味的，自命為摩登派的詩人文士也這樣附和著說。
>
> 是的，霞飛路有「佳妃座」，有吃茶店，有酒場，有電影院，有跳舞場，有按摩室，有德法俄各式的大菜館，還有「非摩登」人們所萬萬夢想不到的秘戲窟。每到晚間，平直的鋪道上，踱過一隊隊的摩登女士；街道樹底，籠罩著脂粉的香氣。強色彩的霓虹燈下，

跳出了爵士的舞曲。這「不夜城」，這音樂世界，這異國情調，這一
切，都是摩登小姐和摩登少爺乃至摩登派的詩人文士所賞贊不置
的。因此，霞飛路就成了詩的材料，小說的材料，乃至散文隨筆的
材料。據說，為他們，霞飛路是特別有藝術的氛圍氣。〔註34〕

從引文我們可以感受到，《深夜的霞飛路》華美濃豔的文體風格和輕婉哀歎的
情緒節奏，適合憂鬱多情的海派浪漫文人、或中西女校畢業的資產階級太太
在秋日的黃昏閱讀。如果把這個文本在奏著抒情的華爾茲旋律的百樂門，或
燈光暗淡的咖啡廳輕聲朗誦，也許很合氣氛。不過，《深夜的霞飛路》的文體
風格，和中國左翼作家聯盟執行委員會1931年11月做出的決議《中國無產階
級革命文學的新任務》所提出的根本原則不大符合。《中國無產階級革命文學
的新任務》提出：「作品的文學組織，必須簡明易解，必須用工人農民所聽得
懂以及接近的語言文字」，「作家必須竭力排除智識份子式的句法」〔註35〕。《深
夜的霞飛路》的語言不符合大眾口味，倒是符合詩人的胃口。它的文體風格
是小資情調的，顯得氣韻舒緩、綿軟婉約、曲折有致。文本的風格與文本所
要表達的主題——「窮黨」的革命將在摩登的上層階級腳下爆發一場「地震」
——是有所錯位的。「粗暴」的主題穿上柔滑抒情的華美服裝，是不大合體的。
《深夜的霞飛路》主題和風格錯位給人的感覺，可以借張天翼的小說《出走
之後》裏的一段話來喻示：

「我要離，就是！」那個粗暴地搶白著：這種勁兒跟她的裝飾
很不調和。

她衣裳的那件料子——全屋子只有她自己叫得出這名目。全身
綴滿著並不怎麼好看的花：像小孩子畫的。頭髮燙得一折一折的，
罩在那張塗著黃粉的臉上。指甲油油地發著亮。〔註36〕

《深夜的霞飛路》主題和風格的分裂錯位，說明了租界左翼作家按照左聯的
要求，由海上文人的生活方式、精神氣質、審美嗜好、價值立場和話語方式
轉向無產階級的價值觀念、審美情趣和話語方式的過程，不是一蹴而就的。
由於租界文化的影響，當作家主觀上選擇表達無產階級意識形態的主題，卻

〔註34〕鄭伯奇的：《深夜的霞飛路》，《申報·自由談》，1933年2月15日，第18版。
〔註35〕《中國無產階級革命文學的新任務》（報導），《文學導報》，1931年11月15
日，第一卷第八期。
〔註36〕張天翼：《張天翼諷刺小說》，張大明選編，上海：上海文藝出版社，1992年，
第121頁。

不經意地沿用了小資文人的風格，造成了文本敘事效果和主觀願望的間隔。主題和風格的錯位，是租界作家受到無產階級革命觀念和租界文化雙重影響的結果。

無產階級革命觀念和租界文化對左翼文本風格的雙重影響，還可能造成文本風格的前後分裂。試以丁玲的散文《五月》〔註37〕為例。文本以「一個都市的夜，一個殖民地的夜，一個五月的夜」開啓全文，設定了文本的基調。從行文風格上，文本對殖民大都市上海的敘述，大體可以劃分為上下篇，上篇為「風吹過的地方」，下篇為「風吹不到的地方」。上篇「風吹過的地方」，描寫殖民都市各色人物的生活場景，展示了一幅租界夜生活的畫卷，其文體風格是抒情散文式的。華麗的辭藻，靈動的句式，浸透著創作主體的情趣和熱情。段首以「這些風」起興，造成一種婉轉抒情的韻味。上篇的風格和表現對象是融合無間的，是典型的上海浪漫文人創作風格。下篇「風吹不到的地方」，通過地下室裏排字工人排出的報紙內容來書寫全國的革命形勢，以及工人群眾革命意識的覺醒，其文體風格是論說體和新聞體的結合。下篇的語言簡潔無修飾，一副新聞報導的腔調，創作主體感情的隱藏使得敘述缺少韻味。《五月》上篇和下篇風格的分裂，與作者用兩副筆墨來表現上海大都市生活和無產階級革命運動有關。當作者寫上海夜生活時，對十里洋場的纖微感觸以及海上文人的才情風格自然地就流露筆端了。當作者寫工農群眾革命運動時，左翼文學觀念的制約和作者對表現對象的生疏隔膜，使得作者只能報導和議論了。《五月》風格的分裂，是租界作家創作左翼文學時可能遭遇到的問題。

（三）左翼文本的敘事症候之二：調侃的話語與觀念的消解

魯迅曾批評上海新聞記事的「海式的有趣」傾向，他說：「我到上海後，所驚異的事情之一是新聞記事的章回小說化。無論怎樣慘事，都要說得有趣——海式的有趣。只要是失勢或遭殃的，便總要受奚落——賞玩的奚落。」〔註38〕在上海，打趣調侃傾向，並不是新聞記事所獨有，而是一種文化風氣。30年代上海的幽默雜誌特別多，影響較大的如《人間世》和《論語》，滑稽作品也特別多產，有人還專門彙編了一套《中國海派滑稽小說》。嘲弄打趣的文風，

〔註37〕丁玲：《丁玲選集・第三卷》，成都：四川人民出版社，1984年。
〔註38〕魯迅：《集外集拾遺補編・〈某報剪注〉按語》，《魯迅全集・第八卷》，北京：人民文學出版社，1981年，第203頁。

跟進入租界時代之後市民越來越不信任傳統的心理有關，人們發現他們堅守的價值在更令人羨慕的生活之下不斷受挫的情形。而租界生活的壓力和租界的邪僻特性，也需要調侃打趣來言說和釋放。我們如果翻閱30年代上海的大報小報和流行雜誌，包括《申報‧自由談》這樣的專欄，幽默嘲弄的話語風格是撲面而來。作家既是這種話語風氣的受影響者，也是這種風氣的推波助瀾者。

租界的一些左翼作家在創作中，沿襲了幽默調侃的話語風格。如夏衍的獨幕話劇《都會的一角》描寫的是都市下層舞女和失業青年的生活悲劇，但是幽默調侃的話語沖淡了作品的批判力和悲劇性。在劇本中，舞女跳舞賑災對於下層舞女來說，是一件不情願的事，增加了她們生活的困苦。但是舞女的苦境被小學教員的俏皮話消解了：「我想寫一篇文章到報館去投稿……（大聲地）喂，我想了一個題名，很不錯，叫做『從舞女的腿到災民的嘴』！怎麼？哈哈……」〔註39〕。小學教員的俏皮話使讀者在鬨笑中淡忘了舞女此前所訴的苦楚。

左翼作家中最善於製造幽默諷刺話語的是張天翼。張天翼20年代在上海與同學戴望舒、杜衡、施蟄存合辦過小型文藝刊物，在上海美專學習過一年，並曾在《星期六》等刊物發表作品，1927年後在上海從事過多種職業。所以，張天翼幽默的話語風格濡染了「海式的有趣」。張天翼的小說《洋涇浜奇俠》〔註40〕是一部諷刺滑稽小說。小說的主人公史兆昌是堂吉訶德式的人物，心懷傳統農業社會的俠客觀念，想要行俠救國。然而，他的俠客夢在上海的洋場社會顯得荒唐，他的行為顯得可笑而弱智。小說對上海五花八門的所謂救國運動不遺餘力地進行了譏諷，對各個階層的可笑嘴臉進行了入木三分的嘲弄，並且通過互文的敘事手法，對《啼笑姻緣》、《七俠五義》等文本進行了解構。作者機智風趣的嘲諷話語，把文本所要表達的有關民族危亡的嚴肅話題，淹沒在一片插科打諢的喧囂胡鬧中。

張天翼的短篇小說《出走之後》是一篇藝術上比較成功的作品。但是，文本的觀念對話結構存在悖論性。而且，幽默諷刺的敘事話語部分消解了作品的傾向性。民族資本家何伯峻的太太跑回娘家，要和丈夫鬧離婚，其原因是得悉丈夫通過延長工時減少工錢來榨取工人的血汗，以彌補工業不景氣所

〔註39〕夏衍：《夏衍代表作》，焦尚志編，鄭州：黃河出版社，1986年，第11頁。

〔註40〕張天翼：《洋涇浜奇俠》，南京：江蘇文藝出版社，1985年。

帶來的經濟損失。何太太從工人的立場出發，認爲工人可憐，咒罵何伯峻「腐化！惡化！守財奴！禽獸！國家社會的罪人！」應該說，這是表現勞資對立主題的一個好的視角。但是文本的內容含有悖論性。首先，資本家何伯峻並沒有納妾或尋花問柳，而且對太太疼愛有加；他對工人採取減少工資和延長工時的做法，也是因爲經濟不景氣使他辦廠蝕了本。再則，七叔對「生活歸生活，思想歸思想」的解說，在文本中具有很大的迷惑性和可信度。這兩個方面無疑爲何伯峻壓榨工人的行爲提供了辯護，也使沐浴過新文化思潮洗禮的何太太原本「大義凜然」的言行變得幼稚可笑。從揭示階級對抗時代資產階級的複雜本質這個角度來說，何伯峻形象和何太太形象的塑造具有獨特的意義。但是，這是以部分消解無產階級的思想傾向爲代價的。文本中無產階級思想傾向的消解，與敘事者玩世不恭的敘事姿態和幽默調侃的話語方式有很大關係。幽默反諷的語境中插入激烈嚴肅的問題討論，使得這些嚴肅的觀點本身變得不可靠。例如，文本無釐頭式地有意誇大何太太對丈夫的憎惡情緒，通過何太太的謾罵把各種罪惡的大名詞套在何伯峻身上。在文本中，何太太在七叔面前指責疼愛她的丈夫的罪惡是這樣敘述的：

> 「他呀，他呀……」她全身的血在狂奔著，聲音發了顫。「他藉口不景氣，他說去年蝕了二十來萬，放出謠言去說公司要關門。他其實……他其實……你知道他怎樣，你知道他？」這裡稍爲頓了一下，兩手抓著拳，用力得哆嗦著。「嚇，這樣一來他就可以減少別人的工錢！——做工的時間倒多加了兩個鐘頭！他們……他們……那些工人要是不依——他就拿關門來嚇他們！你看他……你看……」

〔註41〕

我們明顯可以感覺到作者有意誇張何太太激動的情狀，讓我們覺得何太太的激烈態度十分造作。上下文語境傳達的信息和人物身份之間產生的意義落差，消解了嚴肅話題的嚴肅性，使何太太的言說帶有不可信敘述的意味。在文本中，俏皮的七叔對何太太激進思想的嘲弄，以及何太太前後矛盾言行的對照，部分消解了資產階級的惡魔形象，也部分消解了同情工人階級的思想立場。文本幽默嘲弄的話語風格，應對文本觀念的消解負部分責任。《出走之後》的話語選擇，讓我們想起魯迅在《幫閒法發隱》裏對上海「幫閒們的伎

〔註41〕張天翼：《出走之後》，《張天翼 諷刺小說》，張大明選編，上海：上海文藝出版社，1992年，第125頁。

倆」的描畫。上海的幫閒們就是善於把要緊的事情變爲滑稽，把嚴肅的事情化爲笑話。《出走之後》使人發笑，嚴肅的觀念也在笑聲中淡化。

（四）左翼文本的敘事症候之三：敘事安排上的避重就輕

生活在上海租界的左翼作家，由於自身的文化教養和身份地位的原因，資產階級和有閒知識分子的生活方式和精神狀態，更容易在他們的情緒和記憶上塗抹濃厚的色彩，更容易觸動他們藝術感應的神經。況且，一部分左翼作家本來就出身大家族，潛藏的貴族氣質更適於體驗租界浮華、奢靡、摩登、香豔、迷惘和苦悶的世俗人心。資產階級和洋人的生活方式、精神旨趣，主導了租界的人生期望和觀念潮流，租界的報紙、雜誌、廣告、月份牌等印刷文本和人們爭相傳說的口頭文本，敘述最多的都是關於大亨、聞人、買辦、洋人、明星、文人的趣聞逸事和可羨情狀；而工人等小市民在租界的生活世界裏儘管是底色，然而基本是沉默的一群，一般左翼作家和他們之間有著需要逾越的屏障，少有作家洞悉他們的人生世相。他們的世界，對於作家來說，是隔了一層的。甚至包括爲黨做過多年的工作、與黨的多名高層領導有過密切接觸的茅盾，在創造《子夜》時，關於工農革命的寫作計劃一縮再縮，保留下來的工廠罷工鬥爭的部分也「寫得最不順手」，「二易其稿，並刪去了不少橫逸的情節。但這些章節仍然是全書中寫得最不成功的」〔註 42〕。租界的左翼作家並不是在工農中間出現的，「目前左翼作家聯盟裏面還沒有工農份子，這是組織上最大的弱點」，但是左聯要求「作家必須從無產階級的觀點，從無產階級的世界觀，來觀察，來描寫」〔註 43〕。左翼作家的馬克思主義和無產階級文學觀念都是從外部接受的，這些思想觀念基本上不是切己的，是爲大眾的。也就是說，租界作家得用「無產階級頭腦」來創作左翼文學。租界左翼作家的生活世界和工人階級的生活世界是有距離的，這讓我們想起當時的一副漫畫：一間布置豪華的書房裏，丈夫穿著工廠工人上班時的工作服，臉露謙恭的微笑，抱歉地對衣著華麗的夫人說：「太太，請原諒我穿這件工作衣，因爲我正在寫一部革命小說」〔註 44〕（引號內的語句爲漫畫的說明文字——引者注）。漫畫諷刺的雖然是一部分僞左翼作家，但穿上左翼理論的外

〔註 42〕茅盾：《我走過的道路（中）》，北京：人民文學出版社，1984 年，第 113 頁。
〔註 43〕《中國無產階級革命文學的新任務》（報導），《文學導報》，1931 年 11 月 15 日，第一卷第八期。
〔註 44〕《工作衣和革命小說》（漫畫），《文藝畫報》，1934 年 10 月，第一卷第一期。

衣，匆忙上陣創作無產階級文學的租界作家也為數不少。聞一多在給臧克家的詩集《烙印》寫的序中說到：當時的許多作家並沒有「『嚼著苦汁營生』的經驗，和他對這種經驗的瞭解，單是嚷嚷著替別人的痛苦不平，或慫恿別人自己去不平，那至少往往像是一種『熱氣』，一種浪漫的姿勢，一種英雄氣概的表演」〔註45〕。許多左翼作家的創作也存在這樣的情況，這就導致 1931 年 11 月左聯執行委員會認為：「直到現在，我們還沒有產生真正的無產階級革命文學，這是無庸諱言的事實。」〔註46〕

生活世界、情趣觀念、精神狀態、審美情趣和左翼文學觀念之間的距離，造成了左翼作家進入文本寫作時火候未到，在敘事安排上捉襟見肘，只能使用取巧的敘事策略避重就輕。敘事安排上避重就輕的取巧策略，也是一種敘事症候。租界左翼作家在敘事安排上的敘事症候主要體現在：對照手法的採用；闖入者形象的設計；落伍者的深度透視和前進者的膚淺描繪，等等。

租界左翼作家熟悉租界的人生百態和精神氣候，對追求享樂的有閒階級和陷入苦悶的知識分子的瞭解尤為透徹。比較而言，他們對工人階級和實際鬥爭方面的情況感覺生疏。因此，很少有作家能把這兩面人物的生活，融合到一個故事框架中，創造出成功的作品。但是，階級對立是左翼文學的一個重要主題，作家不想放棄。在創作階級對立主題的文本時，左翼作家如何處理自身對無產者和資產者兩方面經驗的不平衡呢？對照手法是一種可以選擇的避重就輕的敘事安排策略。《深夜的霞飛路》和《五月》都是以對照手法來結構文本。兩個文本都是先敘述資產者（包括殖民者）的享樂墮落，再敘述無產者的貧困痛苦，以此建立一個大的對照結構，並在此基礎上點出主題：無產階級革命就要爆發，革命將顛覆這不平等的世界。文本對資產者的描繪是那麼活色生香、筆法靈動，對無產者的描繪卻缺少筆力，顯得單薄而概念化。但是通過對照的敘事效應，主題還是明晰而凸現。

人生觀念的轉變是一些左翼文本的故事核心和深層結構。人生觀念的轉變是一個複雜的過程。左翼作家大概熟悉有閒階級的觀念，也在理論上接受了無產階級的觀念。有閒階級卸下享樂腐化的思想，快速地從裏到外換上無

〔註45〕 聞一多：《烙印‧序》，見《烙印》，臧克家著，北京：人民文學出版社，2000 年，第 2 頁。
〔註46〕 《中國無產階級革命文學的新任務》（報導），《文學導報》，1931 年 11 月 15 日，第一卷第八期。

產階級的觀念套裝，本來就具有虛幻性，左翼作家要把這個過程變得像那麼回事，不得不從敘事上搬弄技巧。對照手法是左翼作家用來設計人物思想觀念轉變和推進情節的一個取巧技法。田漢的電影劇本《三個摩登女性》〔註47〕（1932 年）就是以對照手法，來彌補作家對於有閒階級思想轉變歷程的認識不足。文本中的電影明星張榆和電話公司的接話員周淑貞在上海意外相逢後，生活在兩個世界的他們有了好感。張榆帶周淑貞到他「平時常去的地方」：戲院、回力球場、跑狗場和夜總會的舞池、賭場、酒吧間。第二天，周淑貞帶張榆到她「所接觸的生活去」：碼頭、楊樹浦工廠區、滬西貧民窟、工人夜校。文本對工人的生活場景照樣是速寫式的。文本在完成電影明星和工人生活場景的對照描寫後，是張榆的感歎：「你⋯⋯你給我上了一課，對人生有益的一課！」由此，張榆由資產階級的享樂腐化觀念轉向了理解支持民眾，他和周淑貞的愛情也得到了推進。《三個摩登女性》對照手法的取巧使用，說明了租界作家創作左翼文本的薄弱之處。

　　對於大部分左翼作家來說，左傾思想是短期內零散地獲取的，是外在的闖入，而不是在生活中自然地、堅實地佔有。無產階級對他們來說，也是一個等待喚醒和組織的「他者」。租界的都市景觀和人生世相卻是他們天天觸摸和感受到的。這些因素就造成了左翼文本情節進行過程中人物形象設置的一個症候：闖入者形象。茅盾在談到革命文學的模式化現象時指出：革命文學的「結構一定是先有些被壓迫的民眾在貧苦憤怒中找不到出路，然後飛將軍似的來了一位『革命者』——一位全知全能的『理想的』先鋒，熱刺刺地宣傳起來，組織起來，而於是『羊群中間有了牧人』，於是『行動』開始，那些民眾無例外地全體革命化。」〔註48〕革命文學中「飛將軍似的」從天而降的「革命者」形象，就屬於闖入者形象，是文本欲傳達的思想觀念的主要體現者。這種通過設置闖入者形象來結構文本的「抄小路」的敘事策略，在左翼文本中同樣存在。一般來說，體現作家思想傾向的人物應該作為文本的貫穿人物和核心人物。但是，由於租界左翼作家的左傾思想是外在闖入的，作家對租界的精神氣候和人情世故體驗更深，原本應該作為貫穿人物和核心人物

〔註47〕田漢：《三個摩登女性》，《田漢文集・第十一卷》，北京：中國戲劇出版社，1984 年。

〔註48〕茅盾：《〈法律外的航線〉讀後感》，《文學月報》，1932 年 12 月，第一卷第五、六期合刊。

的革命時代的精神代表，就以「闖入者」的形象被安排在故事情節發展的轉
折處出現。在田漢的電影劇本《母性之光》〔註49〕（1931 年）中，對主題表
現和情節發展起關鍵作用的是家瑚。歸來的革命者家瑚對於上流社會之家林
家來說，是一個「闖入者」形象。家瑚（他的妻子慧英已改嫁林寄梅）從南
洋回來，闖入林寄梅的家庭世界後，文本故事由對上海上層人物的生活世界
的描寫，轉入到了小梅生活的變故和思想的覺醒，以及林寄梅眾叛親離的下
場。丁玲的小說《田家沖》〔註50〕的核心人物三小姐也是一個「闖入者」形
象。讀《田家沖》時，感覺鄉村風情的描寫富有韻味，鄉間生活的敘述婉轉
真切。但是，闖入者三小姐的介入，彷彿小橋流水牧童短笛的風景畫當中，
兀然出現一個摩登女郎，破壞了文本的總體情調。

　　和闖入者形象有著相同的症候原因，左翼文本敘事存在的另一個症候，
是落伍者形象的深度透視和前進者形象的膚淺描繪。丁玲的小說《一九三〇
年春上海（一）》〔註51〕對養尊處優、停留在時代潮流之外的作家子彬的描寫
刻畫，就比對積極參與革命工作的若泉和蕭雲豐富深刻得多。《一九三〇年春
上海（二）》〔註52〕對貪圖享樂的瑪麗的精神世界以及她和望微的愛情生活的
描寫，就比對望微的革命工作的敘述和對其他革命人士的描摹細膩而真切得
多。左翼作家筆下用來傳達觀念的人物形象往往不能給我們真切的印象，如
浮雕；而處於對立面的小資形象卻十分豐滿，如立體透視圖。這是租界作家
為見識和經驗所限留下的遺憾。租界左翼作家對小資的情感心理揣摩得很透
徹，往往對之作持續的心理觀察，「而任何持續的內心觀察，不論其深度如何，
都會把顯示內心的人物暫時變成敘述者」〔註53〕。小資形象憑藉持續的心理
袒露和暫時的敘述者權威身份，能夠獲取讀者的諒解和同情，從而削弱文本
無產階級觀念的傳達效應。從這個角度來看，這些過於持續的內心觀察因為
表述過度，帶有臃餘話語的症狀。

〔註49〕田漢：《母性之光》，《田漢文集・第十一卷》，北京：中國戲劇出版社，1984
　　　　年。
〔註50〕丁玲：《田家沖》，《丁玲選集・第二卷》，成都：四川人民出版社，1984 年。
〔註51〕丁玲：《一九三〇年春上海（一）》，《丁玲選集・第二卷》，成都：四川人民出
　　　　版社，1984 年。
〔註52〕丁玲：《一九三〇年春上海（二）》，《丁玲選集・第二卷》，成都：四川人民出
　　　　版社，1984 年。
〔註53〕〔美〕W・C・布斯：《小說修辭學》，華明、胡蘇曉、周憲譯，北京：北京大
　　　　學出版社，1987 年，第 184 頁。

由於租界左翼作家的無產階級觀念是外在闖入的，不切身的，因此，左翼作家大部分缺乏把這種觀念不留痕迹地融入故事的能力。在這種情形下，左翼作家爲了建構起文本的觀念體系，所採取的避重就輕的取巧敘事策略就是階級話語的強行參與和理性話語的抽象干預。《五月》、《田家沖》、《母性之光》、《深夜的霞飛路》、《三個摩登的女性》都存在這種敘事症候。夏衍的《包身工》結尾的議論，也是階級話語和理性話語抽象干預敘事的例子。茅盾把這種勉強的話語嫁接稱爲「硬紮上去的『尾巴』」。在沙汀的小說《碼頭上》中，「沒有讀到那『尾巴』的時候，只看見一幅碼頭上的小瘮三的漫畫，我們嗅不出半點兒『革命味』，而突然『尾巴』來了，革命意識！」小說因此顯得「前後不接氣」〔註54〕。布斯認爲：「我們必須除去所有對讀者的直接致詞，所有以作者本人身份做出的議論。……直接的、無中介的議論是不行的。」〔註55〕爲了把無產階級觀念強行嵌入文本，租界左翼作家違背了敘事原則，造成了文本的敘事症候。

結語 「失之東隅收之桑榆」的歷史安排

把左翼文學思潮置於租界文化語境下來考察，能使我們獲得一種新的研究視角，一種較爲開闊的文化視野，和一種較爲寬容的審視心態，也會對左翼文學的得失多一些認識。

30 年代的左翼文學，由於產生於租界語境中，作家不是在政黨的專制意識形態下寫作，內在的心靈空間是自由的。租界的文化語境，賦予了左翼作家寬闊的知識背景、開放的文化視野，以及世界性的歷史觀念。租界中西混合的文化語境爲作家掘進歷史和現實社會的深層機制，提供了可資參照的思想素材。但是，租界都市文明視閾下的左翼敘事，難以出現「標準」的左翼文本，因爲標準的左翼文本要求「作家必須從無產階級的觀點，從無產階級的世界觀，來觀察，來描寫」，作家必須「抓取反帝國主義的題材」，「抓取反對軍閥地主資本家政權以及軍閥混戰的題材」，抓取蘇維埃運動、土地革命、紅軍戰鬥的偉大題材，必須描寫白色軍隊剿共的殘暴，必須描寫農村經濟的

〔註54〕茅盾：《〈法律外的航線〉讀後感》，《文學月報》，1932 年 12 月，第一卷第五、六期合刊。

〔註55〕W・C・布斯：《小說修辭學》，華明、胡蘇曉、周憲譯，北京：北京大學出版社，1987 年，第 19 頁。

破產和地主對農民的盤剝，形式必須「簡明易解」，必須用工農話語〔註56〕。
而「左翼作家聯盟裏面還沒有工農份子」，租界左翼作家屬於「小資產階級智
識份子」。租界的小資產階級知識分子不適合創作「標準」的左翼文本。租界
文化氣候下的左翼作家用洋場社會的心靈之鏡來照亮無產階級的世界，較爲
隔膜；創作主體、創作對象和接受對象之間存在明顯的錯位與落差；小資情
調也造成了左翼文本的革命戀愛模式和其他敘事症候。

　　但是，租界作家的生活方式、文化視野、文學積澱和審美趣味，能夠賦
予左翼文本其它的一些動人的品質，如：租界作家的左翼文本流淌著熱辣辣
的生命體驗和身體欲望，充滿了激烈的靈與肉的衝突，在靈魂的撕裂中昇華
出動人心魄的文學感染力；小資情調以華美憂傷的文體風格，給粗暴的左翼
故事增添了蘊藉的文化氣息；左翼作家在文本中貫注了敘事的熱情，自由地
揮發才情，大膽地進行形式探索。租界左翼作家對社會變動具有敏銳的感受
力，善於選擇獨特的題材詮釋社會的變動，「豐收成災」系列小說的創作就是
例證。雖然探索期成功的租界左翼文學作品並不多，但是生命情欲對文本的
熱烈擁抱，社會理論知識對個體生命存在狀態的深層關注和對靈魂分裂的深
度透視，產生了《子夜》這樣的經典性的左翼文本。把左翼文學置於租界語
境下來考察，連穆時英的小說集《南北極》裏的文本，甚至《上海的狐步舞》
之類的文本，也可以納入到左翼文學的範疇內加以解讀。因爲「左翼」或「右
翼」，主要只是一種敘事立場。

　　在 20 世紀文學研究中，學者們願意把左翼文學和延安文學、「十七年文
學」放在一起思考，從中爬梳一些規律。應該說，這三種文學現象各有歷史
的成功經驗和失敗教訓。和租界語境下的左翼文學比較，延安文學和「十七
年文學」一方面成功地塑造了一系列工農兵形象，一些作品能夠把時代精神
與地方風俗人情描寫、老百姓喜聞樂見的文體形式融合一體，創作了眞正的
無產階級文學；另一方面，延安文學和「十七年文學」的創作者由於缺乏租
界的現代化自由文化語境和個體生命情欲觀念，缺少和西方文化、文學的交
流溝通，或者由於政治和意識形態對作家身心的強度組織，導致了作家的心
靈空間、知識視野、精神體驗日益逼窄，個體消失在群體之中，大部分作家

〔註56〕《中國無產階級革命文學的新任務》（報導），《文學導報》，1931 年 11 月 15
　　　　日，第一卷第八期。

放棄或失去了自由虛構和大膽質疑的能力和探索的銳氣，俯首向工農大眾虛心學習，在實現文學的大眾化，奉獻一批「標準」工農兵文本的同時，也失去了文學的其他一些可貴品質。

因此，租界文化語境對於左翼文學現象來說，是一種「失之東隅收之桑榆」的歷史安排。如果左翼文學現象主要是在北京或南京等非租界城市產生（如果存在可能性的話），會是一番什麼模樣呢？這是一個有意思的假設。

第二節　洋場文人的租界感覺：新感覺派小說與租界文化

中國的新感覺派小說滋生的城市空間是上海租界，新感覺派作家屬於洋場文人一類。筆者認為，考慮到新感覺派與上海租界之間的同生關係，對新感覺派小說的崛起原因、精神蘊含和話語風格的研究，需要從租界文化語境來闡釋。

一、新感覺派小說的崛起原因：租界文化氣候與洋場文人的互動

在 1930 年前後的中國，租界化的上海具備了移植日本新感覺派小說思潮和弗洛伊德精神分析理論的文化土壤。無論是租界的精神氣候，還是洋場文人的生命狀態和接受者的期待視野，都為中國新感覺派小說的異軍突起準備了迎納的態勢。中國新感覺派小說面世之前，在上海租界中，鴛鴦蝴蝶派的豔情小說暢銷不斷，劉海粟的「裸體模特」公案鬧得滿城風雨，「性博士」張競生的「情人制」主張轟動一時，《婦女雜誌》的性問題討論深入展開。而且，上海租界本來就被視為欲望之都，性消費產業發達。這些因素，為新感覺派小說的心理分析和欲望敘事，提供了創作主體和接受主體所需的經驗和視界。上海租界轉動不止，洋風熾盛，光怪陸離，畸形繁榮，充滿了新鮮的刺激和新奇的景象。新潮人物的生活時空，在跳舞廳、咖啡館、電影院、跑馬場、賭場、三大公司、公園和高等妓院，瘋狂流轉，洋場生活為新感覺派小說提供了不竭的故事素材。

新感覺派的三大主將為穆時英、劉吶鷗和施蟄存。〔註57〕穆時英的父親

〔註57〕施蟄存的小說基本上為心理分析小說，但是他以弗洛伊德的性心理理論來建構故事，從性心理角度傳達出一種「新感覺」，帶給當時讀者一種新的體驗感

是銀行家，自幼隨父到上海求學，畢業於光華大學。劉吶鷗本名劉燦波，是臺南望族子弟，家境富裕，十六歲即離開臺灣到日本東京留學，1926 年畢業回中國，在上海震旦大學插讀法文特別班。施蟄存八歲時跟隨任工廠經理的父親定居松江，1922 年考入之江大學，翌年到上海，入上海大學，1926 年轉入震旦大學法文特別班，與劉吶鷗是同學。三人都出身中產階級以上的家庭，或留學日本，或在西式學校接受過教育。穆時英、劉吶鷗和施蟄存的教育經歷、生活方式，甚至精神狀態，和租界的洋場氣候非常融合。他們頻繁地出入咖啡館、電影院、跳舞場，追逐著潮起潮落的各種時尚，一副洋場先生的作派。他們頹廢、厭世、狂放、敏感，和租界化上海的精神氣候是那麼默契。施蟄存回憶和劉吶鷗同住那段時光的情形時說：「一九二八年暑假中，劉燦波（吶鷗）又來到上海。他在虹口江灣路六三花園旁邊一個日本人聚居的里弄內，租了一幢單間三樓小洋房，獨自一人住著，⋯⋯我到上海，也就住在那裡。⋯⋯每天上午，大家都耽在屋裏，聊天，看書，各人寫文章，譯書。午飯後，睡一覺。三點鐘，到虹口游泳池去游泳。在四川路底一家日本人開的店裏飲冰。回家晚餐。晚飯後，到北四川路一帶看電影，或跳舞。一般總是先看七點鐘一場的電影，看過電影，再進舞場玩到半夜才回家。這就是當時一天的生活」〔註 58〕。穆時英是一個標準的洋場摩登文人，用《黑牡丹》主人公的話來說，「脫離了爵士樂，狐步舞，混合酒，秋季的流行色，八汽缸的汽車，埃及煙⋯⋯我便成了沒有靈魂的人」〔註 59〕。穆時英「是跳舞場的常客，狐步舞確實跳得好」〔註 60〕，「和劉吶鷗一樣，他也成了一個根深蒂固的、『墮落』的都市客。他公開地炫耀他的私人生活──舞廳的狂熱顧客，據說他把所有的錢財都揮霍在夜生活上了。他單相思地迷戀一個舞女，從上海追蹤她到香港並最終娶了她，也因此在上海文壇製造了某種傳奇。」〔註 61〕施蟄存回憶他和穆時英、劉吶鷗的生活狀態時坦言：「我們是

受，也算新感覺派小說，只是文本製造的「新感覺」不如穆時英和劉吶鷗的小說那麼繁複和典型，故這一節的分析重點是穆時英和劉吶鷗的小說。
〔註 58〕 施蟄存：《我們經營過三個書店》，《沙上的腳迹》，瀋陽：遼寧教育出版社，1995 年，第 12 頁。
〔註 59〕 穆時英：《黑牡丹》，《南北極公墓》，北京：人民文學出版社，1987 年，第 304 頁。
〔註 60〕 陳子善：《側記施蟄存先生》，《深圳商報》，2003 年 10 月 18 日，C04 版。
〔註 61〕 〔美〕李歐梵：《上海摩登──一種新都市文化在中國 1930～1945》，毛尖譯，北京：北京大學出版社，2001 年，第 204 頁。

租界裏追求新、追求時髦的青年人。你會發現，我們的生活與一般的上海市
民不同，也和魯迅、葉聖陶他們不同。我們的生活明顯西化。那時，我們晚
上常去 Blue Bird（日本人開的舞廳）跳舞。……穆時英的舞跳得最好。我對
跳舞的興趣不大，多為助興才去。和跳舞相比，我更愛日本咖啡和『沙利文』
的西式牛排」〔註62〕。在二三十年代，他們過的是洋場浪漫文人的生活，與
《上海男子生活》（1933 年）一文裏關於海上「浪漫文人」的素描，相差無
幾。《上海男子生活》關於「浪漫文人」的夜生活是這樣描畫的：

> 吃過飯，或是和那朋友一起，或是一個人，再上馬路上閒蕩一
> 會，一時心血來潮，想到跳舞，馬上在路邊叫了一輛汽車，把自己
> 送上一家跳舞廳或咖啡館。在爵士音樂與女人肉香的混合空氣中坐
> 下來，故意用一種似乎孤獨的心理，來造成自己與環境神秘的對視，
> 喝過幾口酒或咖啡，有點興奮起來了，眼睛便像一支箭，一條錫絲
> 一樣，繞到附近那些女人身上去，等會便如騰雲如做夢的，與那女
> 人隨著音樂舞起來了。浪漫文人是不缺乏那種享樂自己的本領的，
> 在這等麻醉人的環境中，全身每一個細胞都伸出手來捉取那些銷魂
> 蕩魄的愉快。走出跳舞廳，感覺那些音樂與肉香漸漸遠時，心中有
> 點寂寞，但精神則還很興奮，毫不疲倦，趁步所之，又走進一家咖
> 啡館，再坐下來，再看女人，聽音樂，看別的男人女人們親狎的表
> 情，再高興起來，於是又去捉一個可愛的女人來跳舞。夜深了，人
> 都散了，浪漫文人也浪漫夠了，於是拖了沉重的腳步走上馬路，心
> 頭像一片蛛網般沾著凌亂。回到家中，再咬起煙斗，在屋子裏踱來
> 踱去，不想睡。拿起筆來，寫下那些咖啡，那些舞女侍女，那些音
> 樂，那些撩亂的情緒。〔註63〕

這一段關於海上「浪漫文人」的素描，簡直就是穆時英、劉吶鷗和施蟄存的生
活寫照。新感覺派作家的生活方式和精神狀態，是繁華租界時髦青年的存在狀
態，他們狂放、頹廢、孤獨、敏感、多情、摩登，大多有著二重人格和多元思
想，能夠感觸到殖民都市的亢奮和細微，他們走在租界中西文化交流的前沿，

〔註62〕張芙鳴：《施蟄存：執著的「新感覺」》，《社會科學報》第 897 期，2003 年 12
月 4 日，第 6 版。
〔註63〕柳眉君：《上海男子生活》，《上海：記憶與想像》，馬逢洋編，上海：文匯出
版社，1996 年，第 87 頁。

最充分地享受殖民性都市的娛樂文化,是畸形繁榮的租界文化的典型載體,具備新感覺派小說作家應有的精神狀態。劉吶鷗喜歡「新流派的資產階級文學。他高興談歷史唯物主義文藝理論,也高興談弗洛伊德的性心理文藝分析。看電影,就談德美蘇三國電影導演的新手法。總之,當時在日本流行的文學風尚,他每天都會滔滔不絕地談一陣,我(施蟄存——引者)和望舒當然受了他不少影響」〔註 64〕。日本新感覺派小說的文本範式和弗洛伊德的精神分析理論,與穆時英、劉吶鷗、施蟄存等洋場文人的邂逅,激活了他們特有的生命體驗和藝術才情,在 30 年代的上海製造了一股新感覺派小說創作的潮湧。

由於家庭出生、教育背景和生活體驗的影響,穆時英、劉吶鷗和施蟄存對上海都市圖景的呈現,不是採用全景聚焦來呈現上海的都市圖景,新感覺派筆下的都市基本上是「都市中的『都市』,以舞場、夜總會為旋轉軸心的洋場都市」〔註 65〕。楊義把穆時英、劉吶鷗、施蟄存的小說稱為「洋場都市文學」〔註 66〕。新感覺派小說屬於現代主義文學,與現實主義和自然主義對城市的描繪不同,「現代主義似乎去掉了那種『自然的、無法避免的結局』,而用『不真實的』城市代替了『真實的』城市。『真實的』城市是物質支配一切的環境,這裡有血汗工廠、旅館、商店的櫥窗和期望;……『不真實的』城市則是放縱和幻想、奇特地並列在一起的各種奇特自我的活動舞臺」〔註 67〕。所以有一位批評家說穆時英的小說集《公墓》裏的「幾個短篇全是與生活,與活生生的社會隔絕的東西,世界不是這樣的,世界是充滿了工農大眾,重利盤剝,天明,奮鬥……之類的」〔註 68〕。但是在穆時英和劉吶鷗的文學視野中,關注的焦點不是這些,而是十里洋場五光十色的生活景象,穆時英坦言自己就是在「小說裏的社會中生活著的人」〔註 69〕。觀點的差異,表明了生活階層、價值立場和文學氣質的分野。所以我們說新感覺派小說敘述的是租界洋場社會的一面,而不是全景,成就新感覺派的也主要是租界的這一面。

〔註 64〕 施蟄存:《我們經營過三個書店》,《沙上的腳迹》,瀋陽:遼寧教育出版社,1995 年,第 13 頁。

〔註 65〕 楊義:《中國現代文學流派》,北京:人民出版社,1998 年,第 322 頁。

〔註 66〕 楊義:《中國現代文學流派》,北京:人民出版社,1998 年,第 323 頁。

〔註 67〕 〔英〕馬爾科姆·布雷德伯里:《現代主義的城市》,《現代主義》,〔英〕馬·布雷德伯里、詹·麥克法蘭編,胡家巒等譯,上海:上海外語教育出版社,1992 年,第 79 頁。

〔註 68〕 穆時英:《自序》,《南北極公墓》,北京:人民文學出版社,1987 年,第 174 頁。

〔註 69〕 穆時英:《自序》,《南北極公墓》,北京:人民文學出版社,1987 年,第 174 頁。

租界的邪僻天性和奇特景觀，爲新感覺派小說使用新奇、虛幻、感性的手法
敘述洋場生活提供了支持，也使中國的新感覺派在描寫「資本主義社會的腐
爛期的不健全的生活」的趨向，和日本作家片岡鐵兵、橫光利一取得了一致。
穆時英、劉吶鷗和施蟄存在跑馬廳、咖啡館、跳舞場等現代城市空間所尋求
的新感覺，是世紀末的頹廢狂歡。劉吶鷗在寫給戴望舒的信中傾訴了新感覺
派的審美取向：「我要 faire des Romances，我要做夢，可是不能了。電車太噪
鬧了，本來是蒼青色的天空，被工廠的炭煙布得黑濛濛了，雲雀的聲音也聽
不見了。繆賽們，拿著斷弦的琴，不知道飛到那兒去了。那麼現代的生活裏
沒有美的嗎？那裡，有的，不過形式換了罷，我們沒有 Romance，沒有古城
裏吹著號角的聲音。可是我們卻有 thrill 和 carnal intoxication，這就是我說的
近代主義，至於 thrill 和 carnal intoxication，就是戰慄和肉的沉醉」〔註 70〕。
在租界化的上海，「採菊東籬下，悠然見南山」的興致是不可尋覓的，租界帶
來的畸形現代文明，彷彿猛火煮熟的雞蛋，心子並沒有熟透，因此，新感覺
派對洋場景觀的「近代主義」體驗和敘述，傾向於「戰慄和肉的沉醉」。

二、新感覺派小說的精神蘊含：典型的焦慮、殖民的心態與無家 的世界

施蟄存的小說和劉吶鷗、穆時英的新感覺派小說有較大的區別，施蟄存本
人就不大願意和劉吶鷗、穆時英歸爲一派，1933 年 5 月他在文章中辯白：「直
到今天，使我還頂著一個新感覺主義者的頭銜。我想，這是不十分確實的。我
雖然不明白西洋或日本的新感覺主義是什麼樣的東西，但我知道我的小說不過
是應用了一些 Freudism 的心理小說而已」〔註 71〕。施蟄存的古典文學修養深
厚深厚，不像穆時英的「古典文學和文言文知識水平，低得有時還不如一個中
學生，直到一九三二年他的小說裏還把『先考』寫成『先妣』」〔註 72〕。施蟄
存的小說和租界文化之間的關係，可能不如穆時英和劉吶鷗那麼典型。但是，
細加分析，我們還是能夠發現施蟄存的小說與租界文化之間的密切關係。

在租界生活的個體，生命體驗中充滿了焦慮。典型的焦慮和租界作爲殖

〔註 70〕《現代作家書簡》，孔另境編，廣州：花城出版社，1982 年，第 185 頁。
〔註 71〕施蟄存：《我的創作生活之歷程》，《燈下集》，北京：開明出版社，1994 年，
　　　　第 62 頁。
〔註 72〕施蟄存：《我們經營過三個書店》，《沙上的腳迹》，瀋陽：遼寧教育出版社，
　　　　1995 年，第 22 頁。

民性的區域有著明顯的關聯。在這些焦慮中,民族(種族)意識、傳統文化、家族倫理、情欲觀念之間的衝突所糾結生成的焦慮是大多數租界人必須承受的。施蟄存的小說集《將軍的頭》敘說了租界人生的這些典型焦慮。《將軍的頭》中的作品屬於歷史心理小說,寫的都是歷史人物的故事。但筆者認爲,這些故事不過是三十年代租界人的心理穿上了歷史人物的外衣而已。施蟄存在小說集的序言中寫到:「《鳩摩羅什》是寫道和愛的衝突,《將軍的頭》卻寫種族和愛的衝突了。至於《石秀》一篇,我是只用力在描寫一種性欲心理」〔註73〕。而且,《鳩摩羅什》和《將軍的頭》的主人公的民族身份也頗爲獨特,高僧鳩摩羅什與花驚定將軍都不是純粹的漢人,帶有異族血統。我們不妨把他們的民族身份看成是作者有意設置的「租界人」喻體。《鳩摩羅什》《將軍的頭》和《石秀》這三篇小說,使用弗洛伊德的心理分析理論,把租界的性欲主題置於歷史的背景下,通過三個歷史人物,總體揭露了租界人的精神倫理困惑。準確地說,三篇小說的核心都是「衝突」,即:道、種族、兄弟之情與性欲的衝突,衝突的結果是主人公走向毀滅或產生罪惡感。我們如果稍稍對這些衝突作一下引申,三篇小說總體呈現的是:儒佛道文化(包括士大夫文化)、租界人的種族(民族)主義、家族倫理文化與殖民性欲望租界的衝突。施蟄存的三篇歷史小說打下了租界文化影響的烙印,租界的文化語境潛在地制約著《將軍的頭》題材和主題的選擇,三篇小說集中起來恰恰指向了租界人的典型文化焦慮。中國傳統文化的價值觀、倫理觀,在二三十年代的租界中陷入了危機,民族意識則處於一種尷尬的境地,因此租界知識分子的精神世界充滿焦慮。施蟄存也許有意識地通過三個歷史故事設置了一個文化隱喻,訴說他的焦慮;也許是租界文化帶給他的幾種心理焦慮喬裝成「夢的形式」,分別進入了三個歷史故事。

新感覺派作家作爲洋場的時髦青年,他們的租界「感覺」中必然會染上的殖民主義的文化因子,在洋場故事的敘述中,難免會偶爾閃爍出「東方主義」的眼光。新感覺派小說的敘述者往往津津樂道於擺弄對西方器物、人物的知識,如:「卓別靈式的鬍子」、「穿了 Pyiama 的琉璃子」、「一九三三年的 Srudebaker 轎車」、「nuit espagnole 香水」、「喝了點 Old Tom」、「格來泰嘉寶的八寸全身像」、「用希特勒演說時那麼決死的神情向紳士們強求著的羅宋乞

〔註73〕 施蟄存:《自序》,《將軍的頭》,上海:新中華書局,1933 年 1 月第 2 版,第 1 頁。

丐」，等等。這種賣弄，由衷地透露出了對西方文明的膜拜炫耀心理和西洋仔的面孔。對於西方事物的膜拜炫耀，是殖民地子民常有的心態。《兩個時間的不感症者》在描寫賽馬場裏的瘋狂場面後，接著的一句話是：「可是太得意的Union Jack（英國國旗——引者）卻依然在美麗的青空中隨風飄漾著朱紅的微笑」〔註 74〕。「Union Jack」、「朱紅的微笑」在瘋狂的人群背景下顯得特別刺目，隱藏著敘述者對中國國土和市民的卑睨眼神。我們再來看劉吶鷗《熱情之骨》裏的法國外交官對中國女性所持的「東方主義」的賞玩眼光。外交官比也爾見到玲玉時，十分心儀：「比也爾從沒見過像在他襟前纖弱地動著的那樣秀膩的小手。他想把這朵金盞花換了這一隻小手，常掛在胸前觀賞可不是很有趣的嗎？」〔註 75〕「他想一想，覺得她的全身從頭到尾差不多沒有一節不是可愛的。那黑眸像是深藏著東洋的熱情，那扇真珠色的耳朵不是 Venus 從海裏生出的貝殼嗎？那腰的微妙的運動有的是雨果詩中那些近東女子們所沒有的神秘性。纖細的娥眉，啊！那不任一握的小足！比較那動物的西歐女是多麼脆弱可愛啊！這一定是不會把薔薇花的床上的好夢打破的。」〔註 76〕玲玉首先在比也爾的審視下被物化，比也爾想用金盞花換了玲玉的「一隻小手，常掛在胸前觀賞」，他把玲玉的耳朵比作「貝殼」。其次，玲玉之所以令比也爾動情，在於她的「纖弱」、「神秘」「脆弱」，這些特質恰恰迎合了比也爾充滿征服欲的「薔薇花的床上的好夢」。從文本的敘述情境來看，對玲玉的賞玩眼光，不僅僅是比也爾的心態，也是為隱含作者所支持的。這說明，新感覺派作家作為洋場文人，自身也沾染了殖民者的趣味和眼光。

　　租界語境下的新感覺派小說展示的是「無家」的敘事世界，情節中缺乏家的場景，人物也沒有精神「家園」可以皈依。上海租界突兀地發達起來，在它和中國鄉土之間劃出了一道深深的鴻溝。租界人為快節奏的生活和漂泊冒險的意識所困擾，傳統士人維繫生命意志之弦在商業潮流中斷裂，傳統道德倫理亦被洋場的腐化墮落之風撕成碎片，孤獨的租界人在十里洋場中無從找到靈魂的支撐和溫馨的家園感。同樣是城市，北京的文人塑造的漂泊者是游子，如 20 年代產生於北京的鄉土小說，文本裏的知識者往往在情感和理智上掙不脫家園

〔註 74〕劉吶鷗：《兩個時間的不感症者》，《都市風景線》，上海：水沫書店，1930 年，第 92 頁。

〔註 75〕劉吶鷗：《熱情之骨》，《都市風景線》，上海：水沫書店，1930 年，第 72 頁。

〔註 76〕劉吶鷗：《熱情之骨》，《都市風景線》，上海：水沫書店，1930 年，第 76 頁。

的糾纏。而在上海，「沒有多少人，不管是中國人還是外國人，抱著長期在此居住的希望來到上海。他們多半在幾年內發財致富，然後離開」〔註77〕。在重商主義的租界，「商人重利輕別離」，金錢和享樂的強大現實邏輯瓦解了倫理原則，一切的人際關係都是臨時組配，「在這都市的一切都是暫時和方便」〔註78〕。穆時英《夜》裏的水手和舞女沒有姓名，沒有家，沒有哀愁和歡喜，沒有明天，生活在情緒的真空裏面。傳統社會聚族而居的模式在租界中已經不大存在，大多數人是單身的都市客。過客意識和及時行樂觀念如瘟疫般在租界蔓延。新感覺派小說的敘事空間基本上沒有脫離十里洋場的馬路、跳舞廳、咖啡館、電影院、夜總會、賽馬場，這些場景構成了新感覺派小說人物的基本生活空間和精神空間：「點上火，沙色的駱駝便馱著他的沉重的靈魂在空中彳亍起來了。……在染了急性猩紅熱的回力球場裏邊，噓噓地吹著沙色的駱駝；在鋪著蔚藍色的夢的舞池裏邊，噓噓地吹著沙色的駱駝；在賭場的急行列車似的大輪盤旁邊，噓噓地吹著沙色的駱駝；在生滿鬱金香的郊外，噓噓地吹著沙色的駱駝；在酒排的綠色的薄荷酒的長脖子玻璃杯上面，噓噓地吹著沙色的駱駝；在飽和了 Beaut，e exotigue 的花鋪前面，也噓噓地吹著沙色的駱駝；甚至在有著黃色的牆 Café Napoli 裏邊，也噓噓地吹著沙色的駱駝」〔註79〕。《上海的狐步舞》不斷地變換敘事空間：林肯路、跑馬廳、電梯上、別克車裏、舞廳、華東飯店、街上，就是沒有出現家的場景，雖然其中有一對「母子」和一對「婆媳」出現在文本中，但母子只不過是「法律上」的母子，現實中的情人，婆婆則懇求過路的陌生人陪她兒媳婦過一晚，以解決她們的飢餓問題。傳統的中國人必須在家族、名分的框架內才能夠被解釋，新感覺派小說中的人物卻大都無家族和名分背景，沒有過去和未來，以個體生存的此刻狀態呈現，在靈魂墮落和肉體放縱的狂歡中迷失自我，租界的中西混雜的殖民性都市文化語境，彷彿「各種版本的莎士比亞的 HAMLET」，使得季潔之類的租界人陷入生命的迷惘之中，發出「你是什麼？我是什麼？什麼是你？什麼是我？」〔註80〕的詰問。

〔註77〕〔美〕羅茲‧墨菲：《上海——現代中國的鑰匙》，章克生等譯，上海：上海人民出版社，1986 年，第 10 頁。

〔註78〕劉吶鷗：《兩個時間的不感症者》，《都市風景線》，上海：水沫書店，1930 年，第 98 頁。

〔註79〕穆時英：《駱駝‧尼采主義者與女人》，《聖處女的感情》，上海：良友圖書印刷公司，1935 年，第 53～54 頁。

〔註80〕穆時英：《夜總會裏的五個人》，《南北極 公墓》，北京：人民文學出版社，1987 年，第 215 頁。

三、新感覺派小說的話語風格：中西雜糅

　　與民國文學中的其它小說流派相比，中國的新感覺派小說的話語系統顯得蕪雜而怪異，這也是中國的新感覺派小說製造「新感覺」的因素之一。新感覺派小說話語系統的一個顯著特點是雜糅，把中西景象、人物、文化、語言融爲一爐。這是由租界的文化語境，以及由此造成的租界作家文化結構的混合性所決定的。施蟄存說「劉吶鷗是三分之一日本、三分之一臺灣、三分之一上海洋場文化的混合」〔註81〕。施蟄存在散文《繞室旅行記》〔註82〕記敘了他在自己的房間裏的「旅行」歷程：翻閱幽默雜誌《宇宙風》，點燃一支白金龍香煙，想起父親送的三件恩物（意大利白石雕像、宜興砂製牧童騎牛水池、柯達相機），視察舊雜誌（主要是畫報和文藝雜誌），回憶起未面世就夭折的《文藝工場》雜誌紙型（《文藝工場》預備登載的是些左傾文章），檢視二三十枚印石、地球儀盒子和貼報薄，最後抽煙品茗。這就是繞室旅行過程中所涉及的對象以及由對象引起的回憶，從中可以看出施蟄存文化生活的駁雜，他的房間是租界文化的一個縮影。穆時英的小說《PIERROT》的主人公潘鶴齡的書房空間，實際上也是作者文化空間一次展覽：「書室裏邊，充塞了托爾斯泰的石膏像，小型無線電播送器放送著的《春江花月夜》，普洱茶，香蕉皮，煙蒂兒和煙捲上的煙，笑聲，唯物史觀，美國文化，格萊泰嘉寶的八寸全身像，滿壁圖書，現代主義，沙發，和支持中國文壇的潘鶴齡先生的一夥薰黃了手指和神經的朋友們」〔註83〕。租界文人的生活是駁雜的，沒有主打的基調，把古典和現代、西方和中國、士大夫趣味和時尚閱讀革命傾向，打碎在個人的生活空間裏，顯得豐富多彩又不倫不類。

　　因此，劉吶鷗和穆時英的小說喜歡用歐化的句式，喜歡在話語中摻雜英語、法語、日語等外語詞彙，形成一種拼盤式的話語風格。劉吶鷗的小說集《都市風景線》裏的八篇小說，每篇都用了一些西式話語，如「卓別靈式的鬍子」、「氣體的 cocktail」、「眼睛的 diner de luxe」、「溫暖一角的 box」、「sportive 的近代型女性」、「伊甸園裏逃出來的蛇」、「街上剛是 rush hour」、「把一枝 Jazz 的妖精一樣的 Saxophone 朝著人們亂吹」。我們看看穆時英小說中的兩段話：

〔註81〕陳子善：《側記施蟄存先生》，《深圳商報》，2003 年 10 月 18 日，第 C04 版。
〔註82〕施蟄存：《繞室旅行記》，《宇宙風》，1936 年 2 月 1 日，第 10 期，第 495～498 頁。
〔註83〕穆時英：《PIERROT》，《白金的女體塑像》，上海：現代書局，1934 年，第 199頁。

　　　　Neon light 伸著顏色的手指在藍墨水似的夜空裏寫著大字。一個
英國紳士站在前面，穿了紅的燕尾服，挾著手杖，那麼精神抖擻地
在散步。腳下寫著：「Johnny Walker：Still Going Strong.」路旁一小
塊草地上展開了地產公司的烏托邦，上面一個抽吉士牌的美國人看
著，像在說：可惜這是小人國的烏托邦；那片大草原裏還放不下我
的一隻腳呢？〔註84〕

　　　　吃完了 Chicken a la king 是水果，是黑咖啡。戀人是 Chicken a la
　　king 那麼嬌嫩的，水果那麼新鮮的。可是她的靈魂是咖啡那麼黑色
的……伊甸園裏逃出來的蛇阿！〔註85〕

文本中摻雜的西方概念和外語詞彙，形成了一種洋涇浜話語或租界話語。話語
的相關文化信息參與到文本的意義建構中。讀者如果要解讀上面的兩段話，就
需要理解段中的外語詞彙，需要瞭解英國紳士風度，需要熟悉伊甸園的故事。
當中國讀者對這些知識的瞭解介入文本的解讀過程，文本相關的文化信息就建
構起了一個新的意義系統，讀者的文化心理結構已發生細微的變化，讀者由此
獲得一種「新感覺」體驗。

　　新感覺派小說在涉及到一些西方文化事物時，還略作引申。這種引申和情
節發展、人物塑造表面上似乎沒有任何關係。劉吶鷗《遊戲》裏的一段：「忽
然空氣動搖，一陣樂聲，驚醒地嗚叫起來。正中樂隊裏一個樂手，把一枝 Jazz
的妖精一樣的 Saxophone 朝著人們亂吹。繼而鑼，鼓，琴，弦發抖地亂叫起來。
這是阿弗利亞黑人的回想，是出獵前的祭祀，是血脈的躍動，是原始性的發現，
鑼，鼓，琴，弦，嘰咕嘰咕。……」〔註86〕。這段話由「Jazz」和「Saxophone」
引出黑人的回想。黑人的原始生命文化的敘述，與主人公由心情落寞到瘋狂地
投入欲望舞蹈的敘述相聯結，製造了一種含混而複雜的話語語境。

　　新感覺派小說嗜好於描繪女人的肢體。文本對軀體所作的描繪屬於身體話
語。軀體雖然屬於物質實體，但是「軀體進入公共視域，成為社會性形象，軀
體的自主，獨立和完整就將遭受到破壞」〔註87〕。個人軀體經過他者眼光的切

〔註84〕穆時英：《上海的狐步舞》，《南北極　公墓》，北京：人民文學出版社，1987
　　　　年，第 292～293 頁。
〔註85〕穆時英：《夜總會裏的五個人》，《南北極　公墓》，北京：人民文學出版社，1987
　　　　年，第 217 頁。
〔註86〕劉吶鷗：《都市風景線》，上海：水沫書店，1930 年，第 6 頁。
〔註87〕南帆：《文學的維度》，上海：上海三聯書店，1998 年，第 158 頁。

割、分解、選擇、重組，「軀體的物質存在遭到了最大限度的揚棄，代碼成為作家塑造人物軀體形象的唯一主宰。這時代碼的分析將充分暴露出社會文化對於軀體的種種預設和假定」〔註88〕。李歐梵在《摩登上海》中通過分析了劉吶鷗的小說集《都市風景線》裏的《遊戲》、《風景》、《流》和《兩個時間的不感症者》裏的「摩登女郎」的「臉和身體」，把劉吶鷗筆下的「摩登女郎」形象歸納為：「這個肉感的『遊戲的』現代女子短髮，有『理智』的前額、櫻桃嘴、一雙受驚的或不容易受驚的眼睛、隆直的希臘鼻、淺黑的肌膚、高聳的胸脯和『柔滑的鰻魚式的』身體。」他接著分析到：「『希臘鼻』很顯然是西方的，而櫻桃嘴卻是傳統的女性美的理想特徵。女主人公的眼睛和嘴唇，或張或合，都可能有現代淵源——襲自好萊塢影星，尤其是劉吶鷗最鍾愛的瓊・克勞馥（Joan Crawford）和葛麗泰・嘉寶（Greta Garbo）。主人公的短髮可能是基於當時的時髦：那是當時都市年輕女子的流行髮型，尤其是大學生，其時，她們已不愛『電燙髮』。主人公的『淺黑膚色』又是當時的另一個時髦標記——女性教育中日漸流行的女子體育運動的一個副產品。而健康的膚色被認為是應該有點黑的，和古典的中國女性理想——肌膚賽雪——形成了強烈的對比」〔註89〕。從李歐梵的巧妙分析中可以看出，劉吶鷗對「摩登女郎」的想像建構，所使用的話語代碼，體現了租界的審美情趣。在租界中，傳統男性視閾下和諧恬靜溫柔的女性軀體，已經被租界中西雜糅的文化風尚所改造，審美的標準是中與西、傳統與現代的折中，和 30 年代女性的旗袍樣式——上面嚴實，下面大腿裸露，走的同一路子。我們再來看《紅色的女獵神》對「女獵神」的軀體敘述：「髮邊簪著一朵胭脂色的玫瑰，讓九月的晚風吹著柔軟的長髮，在披肩下面飄蕩著紅紗的衫角，遒勁地扭動著腰肢，一位有著豐腴的胴體和褐色的肌膚的小姐浴著一身瀟灑的丰姿，從跑道那兒輕捷地跑了上來，一朵盛開的芙蓉似的」〔註90〕。「女獵神」軀體話語設計主要沿襲了 30 年代好萊塢明星的形象風格，但是「柔軟的長髮」、「盛開的芙蓉似的」這些語碼又是東方文化的審美表徵。所以，使文本男主人公神魂顛倒、被尊為「紅色的 Diana，狩獵之神，戀之女神」的「女獵神」，是西方女性的欲望肢體和東方女性的飄逸風姿相結合的想像性建構。

〔註88〕南帆：《文學的維度》，上海：上海三聯書店，1998 年，第 159 頁。
〔註89〕〔美〕李歐梵：《上海摩登——一種新都市文化在中國 1930～1945》，毛尖譯，
　　　　北京：北京大學出版社，2001 年，第 208 頁。
〔註90〕穆時英：《紅色的女獵神》，《聖處女的感情》，上海：良友圖書印刷公司，1935
　　　　年，第 226 頁。

「話語是某種處於遵循語言系統的規範與語言的純粹個人使用之間的東西」〔註91〕，話語模式既是一種言說方式，又是一種生存方式，它是言說者採用一定的言語方式觀照世界和表達自我的方式。「人是符號的動物」〔註92〕，選擇一種話語言說方式，也就逃脫不了話語內部隱含的文化符碼的控制，也就喻示著一種生存狀態。新感覺派小說中西夾雜的話語結構，顯示了作家和小說中的洋場人物的文化境遇，說明了他們的文化結構的多元性，生活的無序性，價值觀念的混亂性。正如霍米‧巴巴在《民族和敘述》一書中指出：在「一種深刻的文化『不確定性』的邊緣處，作為一種言說形式的人民便從表述的深淵浮現了出來，因為在那裡，主體分裂，能指『枯竭』，說教性和施為性得到了不自然的表達。具有民族集體性和一致性的語言此時此刻正處於危機之中」〔註93〕。由此，我們就不難理解上海租界的時髦青年和洋場文人往往頹廢、厭世、孤獨、激進、孟浪，靈魂充滿悖論，陷入二重人格的焦慮中。

第三節　租界文化作爲京派的「他者」——從京海派論爭來看

現代文化觀念和啓蒙運動，都是在中心城市積蓄能量，並輻射影響其他區域的。中心城市的文化事件和知識分子的主流話語是改變文化風氣的先導。五四時期北京的高校知識分子運籌著新文化運動的方向，在全國造成了開放自信、激進變革的文化心態。1927 年後，文化政治中心南移，政治中心移到了南京，文化中心移到了上海，《現代評論》、《語絲》和北新書局、新月書店不得不由北京移到上海，魯迅、沈從文等作家也不得不到上海租界尋找發展。於是，便由上海來製造全國的文化胃口。由此，堅實厚重的北京文人在生活和心緒上也不免受了些許影響。

一、京派文人與租界文人的分野

北平乃明清的帝都，北平文人更多地秉承了傳統士大夫的節操，內斂、

〔註91〕王治河：《福柯》，長沙：湖南教育出版社，1999 年，第 157 頁。
〔註92〕〔德〕恩斯特‧卡西爾：《人論》，甘陽譯，上海：上海譯文出版社，1985 年，第 31 頁。
〔註93〕轉引自王寧：《敘述、文化定位和身份認同——霍米‧巴巴的後殖民批評理論》，《外國文學》2002 年第 6 期，第 48～55 頁。

厚重、重理念，對人事有獨立的見解，對人生和民族的出路能作深度思考，亦能在私人生活中品味恬淡的名士風致，超然的熱情往往結合著沉鬱的孤獨感和精神的自足感。而上海乃各國之租界，商業化的城市氛圍和殖民化的文化色彩使得「文人」這一身份在上海租界成了「受威脅的身份」，由於其依賴的「連貫性、獨特性和自尊原則」受到威脅，租界中的知識分子難以維持「士」的身份和社會良知的角色。外部的威脅帶來內部的威脅，作家尋求改變與環境的關係，從中可以看到作家身份和自我定位的轉換。京派作家傾向於把寫作當作神聖的事業或剩餘生命力的發散，作品或者取一種民族自強的故事框架和價值取向，或者對抽象的愛、美、道生發玄思，或者以幽默自娛陶冶情性。大多數租界文人寫作乃是為了謀溫飽求生存，把寫作當做一種職業，參與到文學生產的產業化和商業化的體系中，以市場作為檢驗自己作品的標準。

　　京派作家繼承「士」文化傳統的精神餘緒，自尊自重，不缺乏人文關懷和潔身自好的態度，並因為身處舊日的首善之區及自我形象的體認，而擁有了精神的優勢。上海是由租界而崛起，因商業而繁盛。租界的知識群體，在參與文學市場競爭中而獲利，在對洋人的趨附模仿中而得寵。而且這股海上風呈蔓延趨勢，使北平的文學界也呈「墮落」趨勢。租界的稿酬制度被北平的文學界搬用，五四時被推崇為改造國民性、被當作啓蒙工具的文學，已經和「卑俗」的孔方兄握手；文學語言「與海上洋場趣味相呼應，日向詭怪，尖刻，艱深，以致毫無用處的一方滑下去，有不可思議的危險」〔註 94〕。作家的日常起居和社會活動，也被刊物作為吸引讀者的看點加以展覽。因此，京派作家無論從精神追求和權威優勢上，都不能不產生危機感。文學中的京派試圖扮演法蘭西學士院的角色，法蘭西學士院「是藝術和藝術家的合法定義、法則、觀念和分歧的合法原則壟斷者，在藝術、非藝術與公開而正式出現的身份相符的『真正』藝術家和其他被判定微不足道而遭拒斥的人之間劃出了一道鴻溝」〔註 95〕。可以算是京派的周作人就曾對海派文化極力貶斥：「上海灘本來是一片洋人的殖民地；那裡的（姑且說）文化是買辦流氓與妓女的文化，壓根兒沒有一點理性與風致」〔註 96〕。

〔註94〕沈從文：《從「小學讀經」到「大眾語問題」的感想》，《沈從文批評文集》，劉洪濤編，珠海：珠海出版社，1998 年，第 18 頁。

〔註95〕〔法〕皮埃爾・布迪厄：《藝術的法則：文學場的生成和結構》，劉暉譯，北京：中央編譯出版社，2001 年，第 278 頁。

〔註96〕周作人：《上海氣》，《語絲》，1927 年 1 月 1 日，第 112 期，第 264～265 頁。

　　租界的文化風氣和文化規則，構成了京派文化的「他者」。「他者」的存在不僅使京派文化的特徵更爲顯明，相互照亮，而且滋生出互相轉化的機運和因子，也就是魯迅說的「京海雜燴」。在 30 年代，租界文化不僅和京派文化對峙，且有浸染擴張的勢頭。這就激發了京派文人固有的文化憂患意識，執意堅守純文學的立場。要堅守，就需要否認租界文化的合理性。正如布迪厄所言，「對立是所有文化生產場的組成部分」〔註97〕。於是爆發了一場有名的京海派論爭。學界一般是從海派和京派二元對立的角度來闡述這場論戰的，這固然是歷史的顯像，也有很大的說服力。我要表達的是：租界及租界文化現象才是論爭的原發點和問題的核心。

二、京海派論爭的原發點：租界文化

　　京海派論爭首先是由京派發難的。1933 年 10 月，沈從文在《大公報・文藝副刊》發表《文學者的態度》一文，挑起一場京海派論爭。其實，海派不過是租界文化惡性品質的代名詞。魯迅、曹聚仁、周作人等作家談到海派或上海味時，都指明了其產生的環境基礎——租界。確實，「精神文明的產物和動植物界的產物一樣，只能用各自的環境來解釋」〔註98〕。海派的惡俗氣，如妓女氣、流氓氣、摩登時髦、媚俗等，都可以從租界的現象找到解說。租界是漂泊者的一方樂土，充滿商業成功的機遇和刺激放縱的機會；租界是冒險家的樂園，流氓風氣隨之助長；文學作爲商品參與流通，遵守市場價值規律，爲了獲取較多的讀者，作家難免媚俗；租界由大班和買辦領導時代潮流，權威階級的喜好決定文化風尚，所以洋化和摩登化成爲主流。雖然由大班買辦引領的思想文化潮流和生活風尚，以及由工部局創設的市政管理制度，本來就具有現代性，但是租界的知識分子由於與錢、與洋人多少存在不能自傲的關係，尤其自身生存環境以及擁有的現代性經驗，都與租界這個屈辱的名詞有著不可辯駁的關係，在文化心理上，就難免自怯。因而，海派回應京派的攻擊時，顯得底氣不足。

　　京派面對租界文化勢力的挑戰，不得不隨意使用權威話語。京派理論代表朱光潛甚至說到：「當時正逢『京派』和『海派』對壘。京派大部分是文藝

〔註97〕　〔法〕皮埃爾・布迪厄：《藝術的法則：文學場的生成和結構》，劉暉譯，北京：中央編譯出版社，2001 年，第 248 頁。

〔註98〕　〔法〕丹納：《藝術哲學》，傅雷譯，北京：人民文學出版社，1963 年，第 35 頁。

界舊知識分子，海派主要指左聯」〔註 99〕。從京派代表作家沈從文對左翼文學的評論中，可以看出京派向左翼文學出擊的原因。沈從文認為，左翼文學的產生，「一部分作家或因太不明白政治，或因太明白政治，看中了文學的政治作用，更看中了上海，於是用租界作根據地，用文學刊物作工具，與三五小書店合作，『農民文學』、『勞動文學』、『社會主義文學』、『革命文學』……等等，隨之產生。租界既是個特別區域，適宜於藏垢納污，商人目的又只在賺錢。與同業競爭生意，若投資費用不多，兼有相當保障，為發展營業計，當然就將這些名詞和附於名詞下作品，想方設法加以推銷」〔註 100〕。沈從文指出了左翼文學的產生與租界的政治氣氛和商業環境的關係，他意識到左翼文學思潮對京派的衝擊，包括審美觀念、文學精神、人文理想方面的對立，以及左翼文學對讀者群的大面積爭奪。沈從文因此把「文運的墮落」歸結到租界，歸結到左翼文學。他認為文運的墮落，「一為從民十五起始，文學運動勢力由北而南，由學校轉入商場，與上海商業資本結合為一，文學作品有了商品意義，成為商品之一種。」「一為民十八以後，這個帶商品性得商人推銷的文學事業被在朝在野的政黨同時看中了，它又與政治結合為一」〔註 101〕。30 年代租界文學的商業化、政治化，和京派文人真實誠樸的文學態度、理想的人性觀念、文學性的要求，顯得格格不入。文學場，本來就是此消彼長的一個權力場，對立是文學生產的一個部分。各種文學觀念、文學樣式和作家群體，通過適應時代、適應讀者和先鋒的文體試驗，來爭奪文學領地，爭奪社會資源，建立自己的權威地位。左聯激進的文學觀念和粗獷的文風，對於平和穩健追求普遍永恒的審美價值的京派，確實是一大威脅。並且，左翼盟主魯迅 1931 年還聲明：「現在，在中國，無產階級的革命的文藝運動，其實就是唯一的文藝運動。因為這乃是荒野中的萌芽，除此之外，中國已經毫無其他文藝」〔註 102〕。左聯唯我獨尊的姿態，更使京派不能作壁上觀了。京派對海派和左翼的發難，可以看作文學場的權力之爭。沈從文明確地意識到，

〔註 99〕 朱光潛：《朱光潛自傳》，《當代文學翻譯百家談》，王壽蘭編，北京：北京大學出版社，1989 年，第 179 頁。

〔註 100〕 沈從文：《「文藝政策」探討》，《沈從文批評文集》，劉洪濤編，珠海：珠海出版社，1998 年，第 73 頁。

〔註 101〕 沈從文：《文運的重建》，《沈從文批評文集》，劉洪濤編，珠海：珠海出版社，1998 年，第 56 頁。

〔註 102〕 魯迅：《二心集·黑暗中國的文藝界的現狀》，《魯迅全集·第四卷》，北京：人民文學出版社，1981 年，第 285 頁。

租界文學的商業性和政治性，使得作家「留心多數，再想方設法爭奪那個多數，成爲一種普遍流行文學觀。『多數』既代表一種權力符號，得到它即可得到『利益』，得到利益自然也就象徵『成功』」〔註 103〕。沈從文等京派作家對於把文學作爲革命的武器，以政治宣傳來獲取多數，多有詬病。沈從文對於部分左翼作家的羅曼蒂克情調和投機心理，以及書商爲了利潤而熱心推銷左翼作品，也頗多非議。左翼文學在上海的流行，與當時國內政局狀況和世界左傾思潮的影響有關，也和上海人的社會心理需求有關，租界寬鬆自由的文學創作出版環境更是爲左翼文學的發展提供了良好的條件。租界狂熱的政治熱情和商人的推銷，對左翼文學創作的濫觴起到了推波助瀾的作用。京派爲了「重建文運」，保持自身的權威地位，把左聯也貼上「海派」的惡意標籤。

　　無論是攻擊海派，還是把左翼看作海派，京派實際上都不忘揪出「租界」這個「罪魁惡首」。租界的存在確實是左翼文學和海派產生的一個基本元素。京派把左翼、海派與租界掛上勾，左翼和海派就難免「自慚形穢」，有理也擔三分委屈了，這是京派在文學場爭奪中樂於刺殺對方的一個軟處。

三、京派文人文化身份的重構與租界文化

　　「京派差不多全是南方人」〔註 104〕，京派的許多人物實際上都在上海灘混過，朱光潛曾在上海求學工作，沈從文和蕭乾在上海法租界當過幾年寓公，以賣稿或編輯刊物謀生。他們身處其中時，對上海都市的感覺並不壞，蕭乾初到上海，住在亭子間裏，他寫的《懷念上海》對上海充滿了溫情。

　　當然，租界化的上海並不是理想國，「這個大都市的上海可傷感的事實在太多了。這種傷感，也並不是那一班淺薄無聊的都市咒罵者的『都市是萬惡之源』一類的傷感，我們是讚頌都市的，我們對於都市毫無惡感，我們認爲都市乃是近代文化的中心，我們並不敢追逐於自命清高者之後以咒罵都市。我們之傷感，乃是半由民族的感情而生，半由覺察了那兩種絕異的東西文明之不同而生」〔註 105〕。這實際上透露出在租界謀生的知識分子對自我文化身

〔註 103〕沈從文：《小說作者和讀者》，《沈從文批評文集》，劉洪濤編，珠海：珠海出版社，1998 年，第 145～146 頁。

〔註 104〕錢鍾書：《貓》，《人·獸·鬼》，北京：生活·讀書·新知三聯書店，2002 年，第 20 頁。

〔註 105〕鄭振鐸：《影戲院與「舞臺」》，《上海：記憶與想像》，馬逢洋編，上海：文匯出版社，1996 年，第 126～127 頁。

份體認的那份沉痛。「文化身份是有源頭、有歷史的。但是，與一切有歷史的事物一樣，它們也經歷了不斷的變化。它們決不是永恒地固定在某一本質化的過去，而是屈從於歷史、文化和權力的不斷『嬉戲』。」〔註 106〕漂泊在租界中的知識分子，受到幾種文化在場的制約，尤其是西方殖民文化的在場、現代都市文化的在場、中國傳統文化的在場和鄉土文化的在場，這幾種在場文化對知識分子交互進行「嬉戲」，造成了租界中文人文化身份的「不純」。投機、頹廢、放蕩和漂泊感構成了租界文人的精神氣質。

其實，京派文人的文化身份也並非先在的，並非由歷史在心理上的遺傳賦予，大部分京派文人來自南方。正如前面提到，京派文人在挑起京海派論戰之前大部分有租界生活的經歷。他們的文化身份是在文化、權力和環境的「嬉戲」中重構的。斯圖亞特‧霍爾認為，文化身份是一種「生產」〔註 107〕。「居移氣，養移體」，京派文人 30 年代中期重聚北平後，重新審視租界的生命體驗和創作經歷，民族意識得到強化，五四精神被喚醒，努力卸除在租界中曾獲得的多種文化在場產生的殖民性文化焦慮。對海派的批判態度，實際上包含了自我反省和集團式的重新認同和定位。對這個問題，楊晦在《京派與海派》一文中有獨特的見解：「然而，五四運動卻是發生在北京的，這好像是京派的光榮成績。其實不然。五四運動正是海派勢力伸張到北京去，突破了京派的士大夫傳統的結果。所以，等到後來伸張到北京的海派勢力一部分又南下了，另一部分留在北京的，好像江南之橘，到了淮北就變成了枳的情形一樣，反倒接受了士大夫的傳統。於是，所謂京派的聲勢才張大起來，這才造成了後來京派與海派的論爭」〔註 108〕。我們可以把這段話中的「海派」換成「租界文化」，似乎更好理解。「上海、北京為新舊兩大烘爐，入其中者莫不被其熔化」〔註 109〕。對於曾在北京和上海待過的知識分子，他們曾被京派文化和租界文化交互「嬉戲」過，京派重聚北京後，當然得重振軍容，重新確立「文化身份」。他們對「京派」的文化身份頗為自重，「對於他們僑居

〔註 106〕 斯圖亞特‧霍爾：《文化身份與族裔散居》，《文化研究讀本》，羅鋼、劉象愚主編，北京：中國社會科學出版社，2000 年，第 211 頁。

〔註 107〕 斯圖亞特‧霍爾：《文化身份與族裔散居》，《文化研究讀本》，羅鋼、劉象愚主編，北京：中國社會科學出版社，2000 年，第 208 頁。

〔註 108〕 楊晦：《京派與海派》，《楊晦文學論集》，北京：北京大學出版社，1985 年，第 224 頁。

〔註 109〕 田光：《上海之今昔感》，《啊，上海，你這個中國的安樂窩》，姚建斌、瞿吉好編選，長沙：嶽麓書社，2003 年，第 233 頁。

的北平的得意，彷彿猶太人愛他們入籍歸化的國家」〔註110〕。面對抗租界文化的侵蝕，為了擺脫自身的文化分裂心理，京派文人不得不表態，把矛頭指向所謂「海派」，實際上批判的是租界文人的惡俗氣。

京派知識分子文化身份的重構帶來的文化認同，顯然是受到租界文化和租界知識分子文學態度的規約作用，也可以說，京派的文化品格在與租界文化的對象性關係中得以展開，「他者」一定程度上規定了京派的文學理念和態度。比如，租界文學追求形而下的東西，如對情欲、隱私、暴力的津津樂道；京派文學則探究形而上的精神，如朱光潛對美的探究，沈從文對人類生存形式的思考。租界文學在凡俗日常生活的講述中與市民的感受同聲相應，如夏衍《上海屋簷下》；京派文學善於營造廢墟意象，吟唱貴族沒落的輓歌，如蕭乾的作品。海派樂於炫耀霓虹燈閃爍的夜生活，快節奏的都市生活，如新感覺派的作品；京派喜歡品位鄉村的寧靜和民風的純樸，在生活的細節處體味人生，如周作人的小品文。租界文學提供了時代弄潮兒的矯健身姿，批判資產階級的罪惡和道德的墮落，如茅盾的《子夜》和革命文學；京派描畫了身處時代潮流之外的鄉民自在自為的哀樂人生，謳歌邊民的傳統的美和道德的真，如沈從文和艾蕪的小說。細加考察，京派對海派惡劣品性的批判所向，是從反面確證自身的合法性和正統性。

〔註110〕錢鍾書：《貓》，《人・獸・鬼》，北京：生活・讀書・新知三聯書店，2002 年，第 20 頁。

第四章　租界文化語境下茅盾的文學批評與創作

　　1928 年前後，民國文學史上的三位文學大師魯迅、茅盾和沈從文，都進行了一次創作和人生的「再出發」。1928 年前後，對於他們來說，具有生活移位、創作新變的時間意義。1927 年 9 月，魯迅離開革命策源地廣州，踏上了上海公共租界的碼頭；1927 年 8 月，茅盾從北伐前線武漢撤退後，輾轉回到上海公共租界景雲里的家裏；1927 年底，沈從文由舊都北平南下，在上海法租界租了一間房子寫作、辦刊。魯迅是因為革命聖地廣州的政治蛻變來到上海的，他在移居上海的最初兩三年，對租界文化氣候倍感不適，思想苦悶，創作很少，基本處於受攻擊的沉默狀態。沈從文大概是為了謀生的需要來到上海，由明清舊都來到「東方巴黎」，他文思噴湧，文風突變，出手便是《阿麗思中國遊記》這樣混合都市、鄉村、殖民、民族多重文化視角的長篇小說。時間意義上的 1928 年前後和空間意義上的租界化上海，在魯迅和沈從文的創作中劃出了一道醒目的分界線。對於茅盾來說，時至 1927 年的下半年，他在上海已經待了十二年，短期的革命幻滅體驗與積存多年的租界文化經驗的激烈交鋒，使他實現了由政治工作者向文學創作者的心理定位轉變，二者的交鋒在他這個老上海身上留下了獨特的人生體驗。在 1927 年下半年到 1928 年上半年約十個月的時間，他把這種體驗以小說的形式進行了述說，創作了處女作《蝕》三部曲，宣泄了自我低迷頹廢的思想情緒。1928 年前後租界化的上海，對於魯迅、茅盾、沈從文的創作生涯具有截然不同然而頗為重大的時空意義。

　　茅盾不存在由京入海者的痛苦選擇，租界文化亦未造成其創作轉型的現象。茅盾進入社會後就一直在上海從事編輯、創作工作與政治活動，他長期生活在租界文化的語境中〔註1〕，以無產階級革命話語闡釋者的身份活躍於上海文壇。在二三十年代，茅盾與共產黨的高層人士陳獨秀、毛澤東、瞿秋白等過從甚密，即使 1927 年與黨組織失去聯繫後，仍然注意貫徹黨的文藝精神，並擔任左聯的領導職務，與瞿秋白、馮雪峰等黨的領導有一定交往接觸。因此，他的文學批評與創作，一方面是無產階級革命話語的衍生物，另一方面又打上了租界文化的烙印。

第一節　爲人生的唯美──頹廢觀念

　　解志熙、李歐梵、李今等學者曾以論文或專著的形式對民國文學中的「頹廢」作過專門研究，但是他們的研究成果沒有涉及茅盾批評中的頹廢觀念和創作中的頹廢意識〔註2〕。筆者認爲，茅盾的頹廢觀念和頹廢敘事，在左翼作

〔註 1〕　自 1916 年 8 月到 1937 年 12 月這 21 年的時間，茅盾絕大部分時間生活工作在上海。1916 年 7 月茅盾於北京大學預科畢業，一個月以後，經表叔推薦進上海商務印書館任職，是年他年屆 20。1926 年前，他一直在上海商務印書館工作。1926 年 1 月到 3 月去廣州，4 月回到上海，向商務印書館辭職。1927 年 1 月由上海去武漢，8 月回到上海，9 上旬到 10 月上旬月寫了第一部小說《幻滅》，以「茅盾」的筆名發表於《小說月報》第十八卷第九、十號，11 月至 12 月寫了《動搖》，發表於《小說月報》第十九卷一至三號。1928 年 4 至 6 月寫完《追求》，刊於《小說月報》第十九卷第六至九號。1928 年 7 月初，東渡日本。1930 年 5 月由日本回上海。1932 年 12 月完成《子夜》的創作，《子夜》於 1933 年由開明書店出版。1937 年 12 月底離開上海，輾轉全國各地達十年之久。茅盾在上海 21 年的絕大部分時間寓居於租界半租界區域內。抗戰爆發離開上海之前，茅盾先後的住處爲：商務編譯所宿舍、寶山路鴻興坊、閘北順泰里十一號、虹口景雲里十九號半、法租界楊賢江家、公共租界靜安寺東面某處、愚園路口樹德里、施高塔路大陸新村三弄九號、滬西極司爾路信義村一弄四號。

〔註 2〕　解志熙的專著《美的偏至──中國現代唯美──頹廢主義文學思潮研究》和李歐梵的論文《漫談中國現代文學中的「頹廢」》，是以整個中國現代文學的「頹廢」作爲研究的主題，沒有涉及茅盾批評和創作中的頹廢。兩位先生的其他有關頹廢的研究成果，包括解志熙的論文《「青春，美，惡魔，藝術」──唯美──頹廢主義影響下的中國現代戲劇》、李歐梵的專著《上海摩登──一種新都市文化在中國 1930～1945》的第七章「頹廢和浮蕩：邵洵美和葉靈鳳」，以及李今的專著《海派小說與現代都市文化》的第二章「唯美──頹廢和對於新的生活方式的探求」，這些成果因爲論述對象所限，也沒有論及茅盾的頹廢觀念和頹廢創作。

家、現實主義作家、人生派作家三個層面上都非常具有代表性。對頹廢的解讀不僅是浪漫主義、象徵主義、唯美主義、新感覺派、頹廢主義、「為藝術而藝術」和世紀末文藝思潮等文學現象研究的題中之義，左翼作家或現實主義作家對頹廢的「另類」看法和作品中的頹廢精神也是值得重視的，代表了頹廢主義文學思潮在民國文學中的另一種反響和接受，雖然表現出來的形態不夠「正宗」，誤讀篡改的成分很大，但誤讀和篡改到底是對「頹廢」的誤讀和篡改。本書探討茅盾的頹廢觀念和頹廢敘事，除了上面說到的意思，還有另外的一重任務，就是說明茅盾的頹廢觀念、頹廢敘事與租界文化的關係。

一、茅盾對「唯美」與「頹廢」的不同態度

　　解志熙在他的專著《美的偏至》中對西方的唯美——頹廢主義文學思潮的源流進行了辨析，認為唯美——頹廢主義文學思潮地位的特殊性在於它既與浪漫主義藕斷絲連又與現代主義沾親帶故，它的複雜性在於包含了唯美主義、頹廢主義、早期象徵主義、「為藝術而藝術」以及「世紀末」等文學現象，這些現象被整合為「唯美——頹廢主義」﹝註3﹞。

　　雖然「唯美」與「頹廢」不可斷然分割，唯美主義是頹廢的唯美主義，頹廢主義也必將趨向唯美，但是，在茅盾的批評視野中，還是從文學的現實功利性出發，在觀念上把唯美與頹廢區別對待。茅盾對唯美主義的貶斥態度要比對頹廢主義激烈得多，對中國唯美派的文學意義一筆抹殺，對頹廢派則採取策略性的批判和擇取。

　　由《茅盾全集》收集的文獻來看，茅盾最初表述對「唯美」的態度是在《我對於介紹西洋文學的意見》（1920年1月）一文中。他在評述中國文學現狀時指出，「神秘表象唯美」文學為一般人所不能領會，且具有這方面創作才能的人很少，但越少越好﹝註4﹞。由此可見，茅盾最初就期望「唯美」不要浮出文學的地平線。

　　茅盾在文學觀念上一方面極力主張「為人生」，另一方面也重視文學的藝術價值。但是，他對於唯美主義、「為藝術而藝術」、象徵主義等「唯美」性

﹝註3﹞ 解志熙：《美的偏至——中國現代唯美——頹廢主義文學思潮研究》，上海：上海文藝出版社，1997年，第1～6頁。

﹝註4﹞ 茅盾：《我對於介紹西洋文學的意見》，《茅盾全集・第十八卷》，北京：人民文學出版社，1989年，第3頁。

質的文學，始終保持警戒，加以排斥批判。在他的觀念中，唯美、玄想、神秘、虛無、浪漫等唯美元素，與現實生活、真實人生毫無關涉，更不利於改良人生，「激勵民氣」〔註5〕。茅盾由文學的現實功利性出發對唯美主義的歧視，無論在五四文學革命高潮期或落潮期，還是在左翼文學風行時或消停時，始終如一。《唯美》（1921年7月）指責唯美派王爾德、鄧南遮所宣揚的浪漫個人主義、熱情至上主義、官能享樂主義無益於人類的前進。《什麼是文學——我對於現文壇的感想》（1923年8月）批評中國的唯美派崇拜無用的美，其狂放不羈的行為落入了中國傳統名士風流的窠臼。《「大轉變時期」何時來呢？》（1923年12月）譏諷中國的唯美作家不知道什麼是唯美主義，沉醉於「象牙之塔」，以舊文人的幾句風花雪月的陳詞濫調裝點他們的唯美主義。《現代的！》（1933年2月）嘲弄唯美派打著超現實的美的旗幟，躺在泥漿裏夢想那渺茫的美。

茅盾對唯美派的攻擊不遺餘力，觀念難免偏至，導致了他對唯美派現代性的誤讀。《什麼是文學——我對於現文壇的感想》、《「大轉變時期」何時來呢？》兩篇文論都把中國的唯美派與中國的名士風流掛鈎，往封建主義的泥坑裏推。茅盾在《現代的！》一文中典型地誤讀了唯美派的性質，把「現代的」唯美主義、象徵主義和浪漫主義作家看作不是「上帝」的反抗者而是同謀者。他們的旗幟是「超現實的美，陶醉心靈的神秘，至高至大的理想」，他們的生活方法是「躺在泥漿裏夢想那渺茫的美，神秘，理想」，「現代的『騎士』不仗劍，不使槊；他們是輕裘緩帶，白眼看青天。他們擁護封建主的武器是虛無主義，紳士風度」〔註6〕。我們不能完全確定茅盾所攻擊的唯美派是有具體所指，還是泛論中國新文學唯美派。考察二三十年代被研究界納入唯美派的典型作家（如象徵派詩人李金髮、新感覺派作家、「獅吼社」的邵洵美等）的唯美主張和審美品格，我們不能得出茅盾那樣的結論，雖然他們的「現代性」是「模仿」的現代性，不具有反資產階級庸俗文明的性質，但是，我們與其說他們是上帝的合謀者，不如說他們是撒旦的合謀者。從《讀〈倪煥之〉》（1929年5月）一文我們可以推斷出，茅盾所攻擊的「唯美派」大概是

〔註5〕茅盾：《「大轉變時期」何時來呢？》，《茅盾全集・第十八卷》，北京：人民文學出版社，1989年，第414頁。

〔註6〕茅盾：《現代的！》，《茅盾全集・第十五卷》，北京：人民文學出版社，1987年，第468頁。

「五四」時期打著「爲藝術而藝術」旗幟的創造社浪漫作家〔註7〕。茅盾把「五四」時期創造社的文學創作稱爲「資產階級文藝的玩意兒」，指責創造社「感情主義，個人主義，享樂主義，唯美主義的『即興小說』……所反映的，只是個人的極狹小的環境，官能的刺激，浮動的感情」〔註8〕。不過，創造社的浪漫作家雖然打著「爲藝術而藝術」的旗幟，但是他們的創作並沒有脫離「五四」啓蒙的總主題，固算不上徹底的唯美派。

　　不過，筆者並不認爲茅盾對中國「唯美派」的論斷毫無根基。他的論斷基調的形成，部分緣於以「爲人生」的「集團主義」文學觀念誤讀「唯美派」，部分緣於對租界文化語境下「唯美派」獨特形態的恰當領悟。中國的唯美派作家大都曾留學歐美或日本，新感覺派作家、創造社浪漫作家、象徵主義詩人李金髮、「頹加蕩派」邵洵美、十字街頭建象牙之塔寫休閒性靈小品的周作人林語堂等人，都在上海租界長期寓居過。在租界化的上海，小資情調迷漫於文人圈，租界文化氣候容易醞釀空虛孤獨、頹廢放浪的世紀末情緒，所以，西方的唯美主義文學思潮輕易地在租界作家中間播種萌芽。寓居法租界霞飛路的創造社諸君，以及洋場作家邵洵美、劉吶鷗、穆時英等模仿西方的唯美派創作，實屬「有意」，也實屬必然。準確的說，是西方的唯美派與租界作家的文化生命體驗一拍即合的結果。雖然租界物質文明高度發達，租界文化的歐化色彩非常濃厚，租界的精神氣候與世紀末情緒在本質上有相通之處，但是，租界到底是中國國土上的租界，租界作家流淌著中華民族傳統文化的血液，租界文化本質上是一種中西古今雜糅的文化，二三十年代是人文主義觀念高揚、革命思潮突飛猛進的時代。所以，中國唯美派不可幸免要受到一些人的指責：崇拜無用的美，且落入了名士風流的窠臼。如果把茅盾觀念中的中國頹廢派形象概括一下，那就是西方唯美派和中國名士的雜交——只有租界文化語境最適合生產這種品種。

　　茅盾對頹廢派和唯美派的態度有著較大的差異，厚此而薄彼。這一點從文論《「唯美」》和講演稿《什麼是文學——我對於現文壇的感想》中可以清楚地看到。《「唯美」》一文評述了三位外國唯美派作家：英國的王爾德（Oscar

---

〔註7〕茅盾：《讀〈倪煥之〉》，《茅盾選集・第五卷》，成都：四川文藝出版社，1985年，第131頁。

〔註8〕茅盾：《讀〈倪煥之〉》，《茅盾選集・第五卷》，成都：四川文藝出版社，1985年，第131頁。

Wilde）、意大利的唐南遮（D'annunzio，現譯爲鄧南遮）、俄國的梭羅古勃
（Sologub）。實際上，梭羅古勃應該屬於頹廢派〔註9〕，茅盾把他和王爾德、
唐南遮放在一起統稱爲「唯美派」不大確切。然而，茅盾「不確切」的歸類
恰恰能夠確切地反映出茅盾對頹廢派的眞實態度。「王爾德以爲『美』是『獨
創』，『獨創』是『新奇』；享樂，放縱，滿足自己的一切欲念和野心，這就是
美的使命，就是所謂『唯美』底意義」。「唐南遮以爲『美』是『神異』，『神
異』是『反古』；浪漫的個人主義，熱情至上主義，官能主義，就是所謂『唯
美』底意義」〔註10〕。「梭羅古勃底『唯美』觀，就和上兩人大不相同了；他
覺得這世界是惡的，這世界的惡攻襲人類，人類是無法抗拒法的；除是死了，
人是不能美化的，所以他讚美『死』，他以爲『死』即是『美』」。茅盾認爲王
爾德喜「新奇」，造出個人主義、享樂主義的「空中樓臺」；唐南遮喜「神異」，
懷抱虛幻的夢想。這兩人都是躲在神秘外殼底下高唱唯美論，無益於人類的
前進。而梭羅古勃雖然厭世悲觀，但是他的悲觀是對於人類期望過高而生的
悲觀，嘴上詛咒死，心理滿貯生命的烈焰，他是人生的眞正批評者〔註11〕。
茅盾希望中國能夠出現像梭羅古勃這樣的唯美文學家。從茅盾對三人的評述
中，我們可以看出他對頹廢派的梭羅古勃倍加推崇，而且還呼喚中國的梭羅
古勃的出現。《什麼是文學──我對於現文壇的感想》一文指責西方的頹廢派
和唯美派在中國都落入了名士風流的窠臼，但是對唯美派是只有否定，對頹
廢派則傾向於肯定：

> 近來有些不穩的情形，一般青年的心理，卻又覺得舊的魔鬼似
> 乎又在攪亂他們的靈魂，這舊的魔鬼，就是名士派的風流腔調，可
> 是這舊魔鬼現在卻穿上了洋裝，面目與前大不相同了；正因爲他是

〔註 9〕 徽江給魯迅的信中稱梭羅古勃爲「頹廢派詩人」（《魯迅全集・第七卷》，北京：
人民文學出版社，2005 年，第 100 頁。），魯迅則說梭羅古勃是「出名的『死
的讚美者』」（魯迅：《〈奔流〉編校後記》，《魯迅全集・第七卷》，北京：人民
文學出版社，2005 年，第 187 頁。），《魯迅全集》裏的一條注釋以「作品多
寫頹廢變態心理，充滿悲觀情緒，歌頌死亡」來評述梭羅古勃的創作（《魯迅
全集・第七卷》，北京：人民文學出版社，2005 年，第 215 頁。）。茅盾既然
選擇梭羅古勃作爲評述對象，想來應該是熟悉其創作的，只是歸類不準而已。
〔註10〕 茅盾：《「唯美」》，《茅盾全集・第十八卷》，北京：人民文學出版社，1989 年，
第 127 頁。
〔註11〕 茅盾：《「唯美」》，《茅盾全集・第十八卷》，北京：人民文學出版社，1989 年，
第 128～129 頁。

> 穿洋裝的，所以一般的青年，更容易上當，這個洋裝的魔鬼，就是
> 文學上的頹廢主義或唯美主義。所謂頹廢派……於外面形式上看
> 來，似乎不好，但是平心而論，也有可用之處，因為他的這種奇怪
> 感想，全是反動的不平的思想所做成；他要求社會進步，而偏為社
> 會所束縛，憤世故的悖逆，便發出許多狂言反語，他的形式雖然消
> 極；其實卻是積極，對於人類尚不致有壞的影響。〔註12〕

茅盾在上面一段話中批判的是名士派的風流腔調，對於穿在名士身上的那件
頹廢「洋裝」，還是有幾分喜愛它的「反動不平的思想」和積極的「狂言反語」，
至於它在形式上存在的消極成分，茅盾覺得不必過慮。

　　名士風流穿上頹廢洋裝，或者說頹廢派落入了名士風流的窠臼，在租界
語境中都是正常的現象，文藝上、觀念上、服飾上這種中西古今雜糅的現象
非常普遍，我們在「租界文化的特徵」一節已有詳細的論述，這裡不贅述。

二、茅盾對頹廢的中國式改造

　　頹廢派只有在租界化的上海才能找到最合適的溫床，但是頹廢派在這裡
不可能像在巴黎、倫敦等西方大都市那樣，長出同樣的葉子，結出同樣的果
實，因為文化土壤氣候不同。因此，茅盾不得不表示遺憾：

> 西洋的浪漫頹廢派的文學家的思想和行事，原與中國名士派根
> 本不同，不知道為什麼西洋文學上的頹廢主義，一到了中國，就被
> 中國名士派的餘孽認了同宗；中國的名士思想——本來世世相傳，
> 潛伏在一般人的意識裏的——於是就穿上了外來主義的偽裝，在先
> 天的洋迷的現代中國青年思想界活動起來了。然而名士習氣正是思
> 想健全的中國人所痛恨的，因而亦連帶痛恨那些泊來的文藝上的唯
> 美主義和頹廢主義——雖然不幸此種舉動有點認題不清。〔註13〕

在租界化的上海，頹廢派如果不是生硬地照西方的葫蘆來畫瓢，它總得找個
本地物種嫁接一下，才能保持存在的生機活力。茅盾既然覺得這件洋裝頗有
價值，披在名士身上讓他極感不快，那麼，他願意誰來披這件洋裝呢？如果

〔註12〕茅盾：《什麼是文學——我對於現文壇的感想》，《茅盾全集‧第十八卷》，北
　　　　京：人民文學出版社，1989年，第388頁。

〔註13〕茅盾：《「大轉變時期」何時來呢？》，《茅盾全集‧第十八卷》，北京：人民文
　　　　學出版社，1989年，第413頁。

說茅盾沒有爲唯美派準備任何頌詞，那麼，他至少爲頹廢派指出了一條悔過自新、推陳出新的路徑。茅盾在《狂歡的解剖》和《現代的！》兩篇文論中，分別從「世紀末的狂化」和「現代性」兩個角度對西方的頹廢派進行了評述，並且從左翼評論家的立場對頹廢派進行換血，重新劃定其意義邊界，推出一種既具有反抗精神，又不悲觀厭世的「現代的」「狂歡」，也就是左翼集團所依託的民眾的「頹廢」。

「頹廢」（decadence）是來自西方的文藝概念，在引人中國時，20世紀20年代末有人把它譯成「頹加蕩」。據說，首次把「頹廢」譯成「頹加蕩」的是邵洵美〔註14〕，他的一首詩的題目就叫「頹加蕩的愛」〔註15〕。蘇雪林在給邵洵美寫的一篇作家專論就取名爲「頹加蕩派的邵洵美」〔註16〕。「頹加蕩」有衰頹和放蕩之義。這種譯法，音譯兼收，頗爲蘇雪林和李歐梵所喜。

把「頹廢」譯成「頹加蕩」，其語意構成被劃分成兩個元素：頹與蕩。在《狂歡的解剖》〔註17〕（1935年3月）一文中，可以看出茅盾對兩個構成元素的好惡褒貶態度，體現出茅盾的「頹廢」觀。《狂歡的解剖》所解剖的「狂歡」近似於「頹廢」。在這篇文章中，茅盾大致就是以「頹」和「蕩」分別作爲側重點，來界分兩種性質不同的「狂歡」（頹廢）：第一種是「向上的健康的有自信的朝氣蓬勃的作樂」，側重於「蕩」；第二種是「沒落的沒有前途的今日有酒今日醉的縱樂」，側重於「頹」。我們把茅盾所解剖的「狂歡」替換爲「頹廢」是有一定的根據的。茅盾用來比附第一種「狂歡」的例證是歐洲「黑暗時代」流傳下來的長詩《於是我們快樂了》開頭幾句：

且生活著罷，快活地生活著，

當我們還是年青的時候；

一旦青春成了過去，而且

潦倒的暮年也走到盡頭，那我們就要長眠在黃土荒丘！

〔註14〕解志熙：《美的偏至——中國現代唯美——頹廢主義文學思潮研究》，上海：上海文藝出版社，1997年，第230頁。

〔註15〕邵洵美：《頹加蕩的愛》，《花一般的罪惡》，上海：金屋書店，1928年，第14頁。

〔註16〕蘇雪林：《中國二三十年代作家》，臺北：臺北純文學出版社，1983年第2版，第153～160頁。

〔註17〕茅盾：《狂歡的解剖》，《茅盾全集·第十一卷》，北京：人民文學出版社，1986年。

這幾句詩流露出的年青的死亡心態和及時行樂的觀念，已有些頹廢的成分，當然也不盡頹廢，從另一個角度我們也可以理解為：理性的死亡意識導致了年青人求生意志的勃發。我們如何理解這幾句詩不太重要，重要的是茅盾如何看待這些年青人的狂歡。茅盾的理解是，「黑暗時代」的年青人「原沒有什麼可以快樂的，不過他們覺得犯不著不快樂，於是他們就快樂了，他們的快樂的對象就是美的肉體，（現世的象徵，）──比之『紅玫瑰是太紅而白玫瑰又太白』的面孔，『閃閃地笑著……亮著』像黑夜的明星似的眼睛，『迷人的酥胸』，『勝過珊瑚梗的朱唇』」，「一句話，他們什麼也不顧，狂熱地要求享受現實世界的美麗，然而他們不是頹廢」，「他們的要求享樂現世，是當時束縛麻醉人心的基督教『出世』思想的反動」。茅盾雖然口口聲聲說這些年青人不是「頹廢」，但是我們聯繫西方有關頹廢的論說，有理由把他們的「狂歡」看作「頹廢」的一種歷史形態。茅盾所要表述的是：這些年青人的「狂歡」是一種生命的放縱和情欲的放蕩，他們有自信，有前途的自覺，所以屬於「作樂」而不「頹廢」的一群。茅盾對這些年青人的狂歡作樂的理解接近「頹加蕩」的「蕩」的一端。其用意是以此來盛讚「拿著鋼叉，關刀，紅櫻槍」的「短衣的人們」健康自信的狂歡。茅盾的比附論說有些牽強。茅盾所說的第二種「狂歡」是指「世紀末的頹廢」。在「世界危機」來臨時刻，歐美各國的有錢人、「破落戶」「感得大難將到而又無可挽救，於是『今日有酒今日醉』」。至於上海的情形，在 1935 年來臨之際，市面不景氣，日本正向華人軍事示威，然而市民不管有錢的欠債的，「都來尋強烈刺激的快樂」，抱著「今天不知明天事，有快樂能享的時候，且享一下罷，因為明天你也許死了！」茅盾對第二種「頹廢」的解讀偏重於「頹」，因世紀末的恐懼而生的狂歡，因絕望而生的頹廢。茅盾把這些人的縱樂看成是「不辨悲喜的瘋狂的笑」，「看著自己的墳墓在笑」。茅盾在《狂歡的解剖》一文中對於兩種「頹廢」的闡釋，摻入了鮮明的階級意識和民族意識。在他看來，有著無產階級覺悟和民族意識的下層民眾「頹廢」，是因對現世失望而頹蕩作樂，以此祭奠時代的滅亡；沒有無產階級覺悟的市民和帝國主義者的「頹廢」，是因對未來恐懼而衰敗頹唐，尋求最後的瘋狂刺激。其實，經茅盾清洗後的第一種狂歡作樂和「頹廢」概念有著較大的意義差距。因為頹廢者對自我、人生、世界都持一種消極、悲觀、絕望的態度，缺乏任何引導其向上的價值理念，心存幻滅，深懷跌入萬劫不復深淵的恐懼，只能以墮落對抗絕望。茅盾所說的第一種狂歡者雖然也追求

強烈的官能刺激，但是他們是自信的，對現世失望對未來充滿希望。不過，茅盾卻使用了一些近似頹廢的表徵來描述「黑暗中世紀」年青人的精神品質，並且勉強地把歐洲「黑暗中世紀」的年青人與中國 30 年代的工農大眾聯繫起來。

　　《現代的！》在闡釋「頹廢」觀念時同樣存在生硬類比的問題。此文把「緊張」（speed）作爲現代文藝的「大神」，並且按照意識形態區分出兩種緊張，一是世紀末文藝的「緊張」，「讚美著生活的急變，謳歌著『速度』和『威力』」，「他們謳歌『速度』，但那是向迷途，向絕地，向潰滅！他們謳歌『威力』，但那是暴亂的破壞的威力」。一種是「我們」文藝的「緊張」，也是「速」，也是「力」，「可是不同方向，不同質」，趨向於新世界的創造，新生活的確立〔註18〕。前者傾向於「頹」，頹唐沒落；後者傾向於「蕩」，激蕩狂放。由此，我們產生了疑惑：茅盾爲什麼要選擇似乎不大高明的「頹加蕩」視角來完成他對現實社會的解讀，表達他的政見？筆者認爲，託生於租界化上海的市民，都具有產生頹廢感的可能性。如果不考慮意識形態因素，租界化上海所具有的魔力，應該對幾乎所有階層都具有召喚力，使其願意永久生活在它的天空下（即使有不願意再待下去的，也可以選擇歸返故里，或者遷移到其它城市，可是因厭惡而離開的人似乎比較難找。）。但是租界化上海是「借來的時空」，「借來的時空」所產生的時空恐懼與基督教的末日危機具有同樣的心理威懾力。人生不再、繁華即逝的時空恐懼，讓租界的市民承受著張愛玲所說的「惘惘的威脅」〔註19〕。在紅色的 30 年代，租界的未來命運更顯得難以捉摸，租界文明所給予那份舒坦和愜意，隨時面臨著一去不復返的命運，租界人的明天不可設計，唯獨現時的狂歡享樂最要緊。所以說，「頹廢」是 30 年代租界化上海的一種流行病。這樣，作爲左翼文藝批評家，茅盾有理由關注所有階層的「頹」或「蕩」性質的「狂歡」和「緊張」。而且，「蕩」包含了一種決絕的放棄姿態和對現存世界的反叛，這是爲茅盾所欣喜的。茅盾從「蕩」中抽取反叛現存政權體制的精神，加諸所寄託的革命市民階層，從而塑造了積極自信，然而已非本原意義上的頹廢者，並因此與沒落階層的「頹」形成鮮明對照，從中構設了階級對立、民族

〔註18〕茅盾：《現代的！》，《茅盾全集·第十五卷》，北京：人民文學出版社，1987年，第 469 頁。
〔註19〕張愛玲：《〈傳奇〉再版序》，《張愛玲文集·第四卷》，合肥：安徽文藝出版社，1992 年，第 107 頁。

覺醒、改天換日的思想體系。這是租界左翼批評家茅盾願意採用的「頹加蕩」闡釋模式。茅盾評論租界化上海「頹廢」現象的文章比較多，在文化立場上大致都是沿用這一闡釋模式。通過這一闡釋模式，茅盾對自認為頗有價值的西方「頹廢」觀念採取偷梁換柱的方式，重新劃定意義邊界；根據左翼民眾的身量，縫製了一件新式的「頹廢」外衣。

李歐梵在《漫談中國現代文學中的「頹廢」》一文中指出，在批評方面，「中國的現代文學理論中並沒有把頹廢看成『現代性』的另一面」〔註20〕。這一點用來說明茅盾的頹廢觀是恰當的。茅盾對頹廢派的態度，20 年代主要站在為人生的反封建主義的立場來評判，矛頭指向頹廢派文學，30 年代主要站在為集團的反資產階級的立場來評判，著力於建立新的頹廢觀。對封建主義文化和對資本主義文化的不同態度，決定了茅盾下筆的輕重和情感的遠近。兩個時期觀念的一致性是：剝離頹廢的外層屬性（沒落階級的消極厭世），提取內在的反抗精神，再換上自信進取的新裝，並且把沒落階級的頹廢與新興階級的頹廢進行對照敘述，否定前者，宣揚後者，從而構造出左翼的頹廢觀念樣本。

第二節 《蝕》三部曲：世紀末的頹廢敘事

一、頹廢的處女作

茅盾對頹廢問題有著長期的關注和獨特的認識。他寫於 1921 年的《「唯美」》一文對梭羅古勃頹廢觀念的歡呼態度，就已經預示，他日後可能會寫出《蝕》三部曲這樣的小說。

之所以選擇茅盾的處女作《蝕》三部曲作為分析茅盾頹廢敘事的主要文本，是因為《蝕》是茅盾自我情感參與最強烈的小說。在《幻滅》、《動搖》和《追求》三篇小說中，又以《幻滅》和《追求》作為分析的重點。作出這樣的選擇，一方面是因為《幻滅》和《追求》保持了作者更多的原汁原味的經驗和情感。《幻滅》是「信筆所之，寫完就算」〔註21〕；《追求》則顯露了

〔註20〕李歐梵：《漫談中國現代文學中的「頹廢」》，《中國現代文學與現代性十講》，上海：復旦大學出版社，2005 年，第 57 頁。

〔註21〕茅盾：《寫在〈蝕〉的新版的後面》，《茅盾全集·第一卷》，北京：人民文學出版社，1984 年，第 425 頁。

茅盾 1928 年的「思想和情緒」，表現了他「生活中的一個苦悶的時期」，他「自己很愛這一篇」〔註 22〕；《動搖》卻是「有意為之」〔註 23〕。另一方面是因為《幻滅》和《追求》故事發生的地點主要是上海，頹廢色彩自然比較濃厚。而《動搖》的故事背景卻是小縣城，故事中的幾個外地「時代新青年」（筆者所使用的「時代新青年」概念是由「時代新女性」概念衍生而來）雖然在上海上過大學，但是小縣城也無法為他們的頹廢意識提供充分的展開語境，像胡國光那樣的土豪劣紳就更與頹廢無關了。在《幻滅》和《追求》兩篇小說中，又以《追求》融入了作者最真切的思想和情緒，頹廢敘事的色調最為濃鬱。《追求》中章秋柳的一句話透露了其中的玄機：「完了，我再不能把我自己的生活納入有組織的模子裏去了；我只能跟著我的熱烈的衝動，跟著魔鬼跑！」〔註 24〕茅盾 1921 年就加入了中國共產黨，在第一次國共合作時又加入了國民黨。1927 年 7 月由武漢到達九江時，便與共產黨組織失去了聯繫，不得不回到上海。回到上海之後，國民黨政府正在通輯通緝他。也就是說，在 1927 年 8 月回到上海之後，他與國共兩黨的組織關係就此中斷。在這種情況下，他開始創作《蝕》三部曲，明顯由政治工作者向文學創作者的身份轉換。《幻滅》、《動搖》和《追求》三篇小說按時間順序寫了從「五卅」運動到大革命失敗後這段時間中國革命發展中時代新青年的心路歷程。《追求》是寫大革命失敗後知識分子的精神狀況，因此很容易引發茅盾對自己境遇的感慨。租界化的上海團體組織非常發達，不能納入團體的個人是悲哀的。借用沈從文的話來說，如果「盡蹲在上海，又不能同什麼團體發生特別關係，又不能做別的事，各方面感情越來越壞，門路越來越窄，到某一天害一場病，就真非倒下不可」〔註 25〕。與黨組織失去聯繫使一向熱心社會運動的茅盾的思想情緒進入了有生以來的低迷期，並且「波浪似的起伏的情緒」在《追求》中瘋狂地流淌，「從第一頁以至最末頁」〔註 26〕。因此，《追求》裏的那群脫離

〔註 22〕 茅盾：《從牯嶺到東京》，《茅盾選集・第五卷》，成都：四川文藝出版社，1985 年，第 112、116 頁。

〔註 23〕 茅盾：《寫在〈蝕〉的新版的後面》，《茅盾全集・第一卷》，北京：人民文學出版社，1984 年，第 426 頁。

〔註 24〕 茅盾：《追求》，《茅盾全集・第一卷》，北京：人民文學出版社，1984 年，第 377 頁。

〔註 25〕 沈從文：《朋友已死去》，《沈從文批評文集》，劉洪濤編，珠海：珠海出版社，1998 年，第 361 頁。

〔註 26〕 茅盾：《從牯嶺到東京》，《茅盾選集・第五卷》，成都：四川文藝出版社，1985 年，第 117 頁。

革命運動後的「時代新青年」頹廢得利害，感歎不能把「自己的生活納入有組織的模子裏去」的章秋柳更是徹底的頹廢者，茅盾對之也用情最深，《蝕》三部曲中寫得最驚心動魄、最具藝術感染力的形象的就是章秋柳了。在有關章秋柳的情節中，又以她不能納入組織成了最孤獨的人而精神狂亂的那幾段敘述最為精彩。出於以上考慮，我們對《蝕》的頹廢敘事的分析，以《幻滅》和《追求》為重點，對《追求》的分析尤其重視。

二、現代性的世紀末頹廢

　　《蝕》三部曲的頹廢風格，主要體現在對時代新青年連篇累牘、細緻入微的心理剖析上。《蝕》三部曲的出彩之處不在於作者給我們講述了章女士、慧女士、孫舞陽、章秋柳、張曼青、王仲昭、史循等時代新青年的革命、戀愛、事業等方面的故事，而在於呈現了他們在特定時代的心理事件。茅盾自認為他有「黏住了題目做文章」的習氣，「題目是『幻滅』，描寫的主要點也就是幻滅」〔註27〕，「《幻滅》等三篇題目都是人的精神狀態」〔註28〕。《蝕》三部曲的主要人物形象的基本精神狀態就是頹廢。茅盾自己也承認《追求》是極其「頹唐的小說」〔註29〕。尼采認為，自然過程的「腐敗」或「衰頹」並不必然同頹廢相聯繫，「頹廢是意誌狀況的一種現象——它是生活意志的喪失，這種喪失促成了一種針對生活的復仇態度，並通過憎恨（ressentiment）來表現自身」〔註30〕。由此可見，頹廢首先是指一種病態的心理意識和精神狀態。頹廢構成了《蝕》三部曲中時代新青年的主要精神特質。

　　確切地說，《蝕》三部曲所呈現的時代新青年的頹廢是指一種「時代病」，即「中國式的世紀末的苦悶」。在《追求》開頭有關旅滬同學第一次聚會的情節敘述中，茅盾先後借張曼青和章秋柳之口對之進行了解釋：

　　　　「仲昭，你知道什麼是現在的時代病！」曼青突然昂起頭來很

〔註27〕茅盾：《從牯嶺到東京》，《茅盾選集・第五卷》，成都：四川文藝出版社，1985年，第113頁。

〔註28〕茅盾：《補充幾句》，《茅盾全集・第一卷》，北京：人民文學出版社，1984年，第428頁。

〔註29〕茅盾：《從牯嶺到東京》，《茅盾選集・第五卷》，成都：四川文藝出版社，1985年，第117頁。

〔註30〕〔美〕馬泰・卡林內斯庫：《現代性的五副面孔》，顧愛彬、李瑞華譯，北京：商務印書館，2002年，第196頁。

興奮地說，聲音也響亮些了。「不是別的，就是我們常說的世紀末的苦悶。自然這是中國式的世紀末的苦悶。……我們——像某人所說的——浮浪的青年，有苦悶；但我們的苦悶的成分是幻滅的悲哀，向善的焦灼，和頹廢的衝動。」〔註31〕

　　「我們這一夥人，都是好動不好靜的；然而在這大變動的時代，卻又處於無事可作的地位。並不是找不到事；我們如果不顧廉恥的話，很可以混混。我們也曾想到閉門讀書這句話，然而我們不是超人，我們有熱火似的感情，我們又不能在這火與血的包圍中，在這魑魅魍魎大活動的環境中，定下心來讀書。我們時時處處看見可羞可鄙的人，時時處處聽得可歌可泣的事，我們的熱血是時時刻刻在沸騰，然而我們無事可作；我們不配做大人老爺，我們又不會做土匪強盜；在這大變動時代，我們等於零，我們幾乎不能自己相信尚是活著的人。我們終天無聊，納悶。到這裡同學會來混過半天，到那邊跳舞場去消磨一個黃昏，在極頂苦悶的時候，我們大笑大叫，我們擁抱，我們親嘴。我們含著眼淚，浪漫，頹廢。」〔註32〕

張曼青和章秋柳的激情告白的話語主體使用的是「我們」，這口口聲聲的「我們」傳達出這樣的意味：兩位人物的告白代表了時代新青年的共同體認和集體心聲，也就是說，頹廢是時代新青年的流行病症。章秋柳們在大變動時代無可作為，無所事事，無聊苦悶，情緒乖張，找不到自我存在的價值，成了頹廢的多餘人，並為此苦悶。他們「苦悶的成分是幻滅的悲哀，向善的焦灼，和頹廢的衝動」。雖然這夥人「焦灼地要向上」，但是「他們的浪漫的習性或者終究要拉他們到頹廢墮落；如果政治清明些，社會健全些，自然他們會納入正軌，可是在這混亂黑暗的時代，像他們這樣憤激而又脆弱的青年大概只能成為自暴自棄的頹廢者了」〔註33〕。小說人物的自我告白已經很明確地把章秋柳們確定為「頹廢者」。

　　從小說人物的自我告白中我們還可以看出，茅盾區分了兩種苦悶。一種

〔註31〕茅盾：《追求》，《茅盾全集・第一卷》，北京：人民文學出版社，1984 年，第 265 頁。
〔註32〕茅盾：《追求》，《茅盾全集・第一卷》，北京：人民文學出版社，1984 年，第 269 頁。
〔註33〕茅盾：《追求》，《茅盾全集・第一卷》，北京：人民文學出版社，1984 年，第 271 頁。

屬於章秋柳們的苦悶，「我們」的苦悶，即世紀末頹廢；另一種是不具有正面
價值的「他們」的苦悶，庸俗的苦悶。「他們的苦悶是：今天不知明天事，每
天像坐針氈似的不安寧。沒有一個人敢說他的命運有多久；人人只顧目前，
能夠抓到錢時就抓了來再說，能夠踏倒別人時就踏倒了先吐一口氣，人人只
為自己打算，利害相同時就聯合，利害衝突時就分裂；沒有理由，沒有目的，
沒有主義，然而他們說的話卻是同樣的好聽」〔註34〕。

　　筆者認為，茅盾對中國語境下的「我們」的「世紀末的苦悶」的敘述已經
切近了頹廢的現代性意義，而「他們」的「世紀末苦悶」則屬於頹廢的庸俗化，
偏離了現代性意義。從王仲昭對舞場「氛圍氣」的區分中，也可以看出茅盾對
現代性的頹廢和非現代性的頹廢有著明確的界分。「含淚的狂笑，頹廢的苦悶，
從刺激中領略生存意識的那種亢昂，突破灰色生活的絕叫」，上海舞場這種「氛
圍氣」類似於「大戰後失敗的柏林人的表現主義的狂飆」，當屬於現代性的頹廢；
「卑劣的色情狂，醜化的金錢和肉欲的交換」，這種「氛圍氣」是資產階級庸俗
文明的一種表現，自然屬於非現代性的頹廢。章秋柳對「跳舞場印象記」的評
說進一步確證了兩種「氛圍氣」的分野：「跳舞場，我是差不多每晚上去的，在
我自己，真有仲昭所說的那種要求刺激，在刺激中略感生存意味的動機；然而
在一般到跳舞場的人，怕未必然罷！他們只看作一種時式的消遣」〔註35〕。我
們如果對《蝕》三部曲的敘事姿態稍加分析，就可以得出這樣的結論：茅盾認
為時代激流中時代新青年「含淚的狂笑，頹廢的苦悶，從刺激中領略生存意識
的那種亢昂，突破灰色生活的絕叫」是頹廢，而純粹追求享樂刺激的庸俗民眾
和紳商則與頹廢無緣。茅盾對時代新青年的頹廢持一種理解的態度。

　　雖然在批評方面（包括茅盾），「中國的現代文學理論中並沒有把頹廢看
成『現代性』的另一面」〔註36〕，但是在創作方面，情形就要複雜得多。抽
象的理論與感性的創作，有時並不會達成一致，在茅盾的《蝕》三部曲中，
這一點尤其明顯。難怪茅盾事後不得不向左翼文壇表明心跡：「我很抱歉，我
竟做了這樣頹唐的小說，我是越說越不成話了。但是請恕我，我實在排遣不

〔註34〕茅盾：《追求》，《茅盾全集・第一卷》，北京：人民文學出版社，1984年，第
　　　　265頁。
〔註35〕茅盾：《追求》，《茅盾全集・第一卷》，北京：人民文學出版社，1984年，第
　　　　358頁。
〔註36〕李歐梵：《漫談中國現代文學中的「頹廢」》，《中國現代文學與現代性十講》，
　　　　上海：復旦大學出版社，2005年，第57頁。

開。……我已經這麼做了，我希望以後能夠振作，不再頹唐；我相信我是一定能的，我看見北歐運命女神中間的一個很莊嚴地在我面前，督促我引導我向前！她的永遠奮鬥的精神將我吸引著向前！」〔註 37〕這樣的事後悔過在表明姿態的口號下，確證了茅盾 1928 年前後的頹廢心理和《蝕》的頹廢風格。如果不是簡單套用西方文化背景的頹廢理論作爲衡量依據，而是更多地考慮頹廢的精神實質，那麼，筆者認爲，至少《蝕》三部曲，尤其是《追求》，貫注了現代性的頹廢觀念，表現了現代性的頹廢意識。《蝕》三部曲表現了租界化上海的時代新青年在人文和社會理想幻滅後，絕望抗爭的異化精神意識。這種精神意識指向放縱自我，標舉極端的個人主義，追求強烈的官能刺激，以歇斯底里的生命體驗對庸俗的洋場資產階級文明和傳統的士紳文化進行消極的反叛和報復。

　　與郁達夫所評介的西方「世紀末文學思潮」相比較，我們也可以看出茅盾在《蝕》三部曲中表現的「中國式的世紀末的苦悶」屬於現代性的頹廢。郁達夫在《怎樣叫做世紀末文學思潮？》（1935 年 7 月）一文中首先對猶太醫生諾爾道（Max Nordau）在《變質論》（Degegneration）論述的世紀末思潮進行了介紹：

　　　　世紀末的病症，是帶有傳統道德破壞性的瘋狂病症，這些世紀末的人的肉體就有著顯著的不具者的特徵。因而神經衰弱，意志力毫無，易動喜怒，慣作悲哀，好矯奇而立異，躭淫樂而無休。追求強烈的刺激的結果，弄得精神成了異狀，先以自我狂爲起點，結果就變成色情狂，拜物狂，神秘狂；到頭來若非入修道院去趨向於極端的禁欲，便因身心疲頹到了極點而自殺。這一現象，尤其在文明爛熟的都會裏爲最普遍，因而由都會裏產生出來的近代文學，便一例地染上了這一種色彩，這就是世紀末的文學思潮。〔註 38〕

接著郁達夫進行了評述：

　　　　總之因產業革命的結果，在文明爛熟，物質進步，人性解放了的現代，個人的自我主張，自然要與古來的傳統道德相衝突。所謂

〔註 37〕　茅盾：《從牯嶺到東京》，《茅盾選集・第五卷》，成都：四川文藝出版社，1985年，第 116～117 頁。

〔註 38〕　郁達夫：《怎樣叫做世紀末文學思潮？》，《郁達夫文集・第六卷》，廣州：花城出版社，香港：三聯書店香港分店，1983 年，第 288 頁。

法律，所謂國家觀念等束縛人性的枷鎖，若在一擊之下打破了的話，
那當然是沒有另外的問題；可是幾千年來的幽靈，要想用一般年青
不解事的人的智力來驅逐，卻也是談非容易。這些青年戰得精疲力
竭，自然要感到疲頹，自然也要變成悲觀。精神萎頓的時候，要想
感到生的快樂，自然只好去尋求官能的享樂；……文學是反映時代
的鏡子，而文學家又是感覺最靈敏的動物，故而這種傾向的在近代
文學上極盛的原因，也就在這裡。〔註39〕

茅盾的創作心態，以及《蝕》三部曲裏的靜女士、慧女士、孫舞陽、章秋柳、
史循等人物形象，在精神實質上與郁達夫評介的世紀末文學思潮大致吻合。
下面我們將就《蝕》三部曲的頹廢進行具體分析。所作分析，是以第二章第
四節「租界文化的頹廢特徵」和本章已有論述作為前提基礎，因此，筆者不
會在「租界文化」與「《蝕》的頹廢敘事」之間作過多的反覆求證。

三、時代新青年的頹廢

　　茅盾把《蝕》中的時代新女性分成兩種類型。拓展來看，《蝕》中的時代
新青年也可以分成兩種類型，兩者為平行關係。從頹廢精神的深化來說，兩
種類型具有層遞接續的關係。靜女士、王仲昭、張曼青、王詩陶、趙赤珠屬
於從將來時態向現在進行時態轉化的頹廢者，章秋柳、史循、曹志方、慧女
士、孫舞陽等屬於完成時態的頹廢者，靜女士、王詩陶、趙赤珠的故事已經
向慧女士、章秋柳、史循的頹廢方向發展，誰又能擔保絕望的王仲昭、張曼
青不步後塵呢？

　　時代新青年的頹廢首先表現在幻滅虛無的人生體驗和瘋狂報復的心理機
制。章秋柳、史循、孫舞陽、靜女士、慧女士等人都曾是被新文化思潮開啟
的大學生，章秋柳們曾把青春熱情和人生希冀託付給變動的時代新潮。然而，
1927 年前後的大革命所呈現的庸俗世相，以及革命的轉向和落潮，給予了時
代新青年沉重的打擊，幻想的肥皂泡破碎時綻放的是頹廢的惡之花。時代新
青年對人生和社會都曾抱有過於急切的理想期待和過於盲目的熱情追求。魯
迅說，「激烈得快的，也平和得快，甚至於也頹廢得快」〔註40〕。章秋柳們就

〔註39〕 郁達夫：《怎樣叫做世紀末文學思潮？》，《郁達夫文集‧第六卷》，廣州：花
　　　　城出版社，香港：三聯書店香港分店，1983 年，第 288～289 頁。
〔註40〕 魯迅：《二心集‧上海文藝之一瞥》，《魯迅全集‧第四卷》，北京：人民文學
　　　　出版社，1981 年，第 297 頁。

屬於這樣的小資產階級知識分子。上海的租界文化語境強化了章秋柳們看不
慣一切的虛無人生觀。例如，靜女士到上海一年，心態就灰暗起來，既討厭
上海，又討厭鄉下，「在上海，討厭它的喧囂，它的拜金主義化，但到了鄉間，
又討厭鄉村的固陋，呆笨，死一般的寂靜了；在上海時，我們神昏頭痛；在
鄉下時，我們又心灰意懶，和死了差不多」〔註41〕。靜女士對都市和鄉村產
生雙重失望，與環境極度不協調，呈現出灰色的生命體驗。章秋柳、史循、
慧女士更是對人生徹底失望，對醜惡現實極度憤慨，放棄任何拯救自我的努
力，把自己與世界對立，冷眼看著世界墮入混亂無序的深淵。慧女士「討厭
上海，討厭那些外國人，討厭大商店裏油嘴的夥計，討厭黃包車夫，討厭電
車上的賣票，討厭二房東，討厭專站在馬路旁水門汀上看女人的那班癟三⋯⋯
真的，不知為什麼，全上海成了我的仇人，想著就生氣！」〔註42〕她「確信
世界上沒有好人，人類都是自私的，想欺騙別人，想利用別人」〔註43〕。章
秋柳是孤獨的，「除了自己更無所謂愛，國家，社會」〔註44〕，她是「什麼都
不要，什麼都沒有」，認為「理想的社會，理想的人生，甚至理想的戀愛，都
是騙人自騙的勾當」〔註45〕。與整個城市、整個社會的心理和情感對立，是
頹廢者的一種自我生命體驗。對人類失去信心，認為他人即地獄，最終導致
章秋柳們放棄自我，以惡抗惡，報復社會。慧女士和章秋柳都有著瘋狂的報
復心理，向男人報復，向社會報復，向人類報復。慧女士「自從第一次被騙
而又被棄以後，早存了對於男性報復的主意」〔註46〕，她「猶如受了傷的野
獸」，「狂怒地反噬，無理由無選擇地施行她的報復」〔註47〕。章秋柳自認為
「女子最快意的事，莫過於引誘一個驕傲的男子匍匐在你腳下，然後下死勁

〔註41〕茅盾：《幻滅》，《茅盾全集·第一卷》，北京：人民文學出版社，1984 年，第
　　　　7 頁。
〔註42〕茅盾：《幻滅》，《茅盾全集·第一卷》，北京：人民文學出版社，1984 年，第
　　　　7 頁。
〔註43〕茅盾：《幻滅》，《茅盾全集·第一卷》，北京：人民文學出版社，1984 年，第
　　　　9 頁。
〔註44〕茅盾：《追求》，《茅盾全集·第一卷》，北京：人民文學出版社，1984 年，第
　　　　376 頁。
〔註45〕茅盾：《追求》，《茅盾全集·第一卷》，北京：人民文學出版社，1984 年，第
　　　　373 頁。
〔註46〕茅盾：《幻滅》，《茅盾全集·第一卷》，北京：人民文學出版社，1984 年，第
　　　　30 頁。
〔註47〕茅盾：《幻滅》，《茅盾全集·第一卷》，北京：人民文學出版社，1984 年，第
　　　　43 頁。

把他踢開去」〔註48〕。面對身邊的人被乖戾的時代和命運捉弄，章秋柳覺得自己「應該狂笑，應該憤怒，破壞，復仇，——不爲任何人復仇，也是爲一切人復仇！丟了你的舞扇，去拿手槍」〔註49〕。「不爲任何人復仇，也是爲一切人復仇」的瘋狂氣質，就是茅盾在頹廢者身上所尋找的正面價值，也是他鍾情於時代新青年的主要原因。時代新青年除了以瘋狂的報復表明與俗世不共戴天，對社會現狀強烈不滿之外，有的則以肉體自戕和精神自戕的形式表明與世不容。史循在認識周女士以前，沉迷於「浪漫！瘋狂的肉感追求！」「然而在失去了周女士以後，便連這種樣的頹廢的心情也鼓不起來。從此他墜入了極頂的懷疑和悲觀」〔註50〕。史循絕望於身內身外的一切，一心只想自殺。

　　靜女士、王仲昭、張曼青等時代新青年，最初都懷有新式的道德理想主義觀念。他們脫離傳統的鄉村價值觀念，高揚個體本位主義，嚮往沒有任何污濁的「新生活」。而任何道德理想主義者面對以「財色爲中心」的租界化上海，都難免義憤填膺，經受讀書、愛情、事業、革命等羅曼蒂克信念的挫折。《追求》中有著具體的追求目標且盡力實施的王仲昭和張曼青二人，最後都理想幻滅。主張改良教育的張曼青爲學校所不容，「他所得到的理想的女性原來不過是一件似是而非的假貨」〔註51〕。新聞記者王仲昭改革第四版的宏偉計劃被主編一點點蠶食，連夢寐以求的未婚妻也在「到手的一刹那間改變了面目」〔註52〕。深感失望之後，時代新青年便朝著頹廢的黑色漩渦深墜。靜女士的形象發展呈現了由新式的道德理想主義向頹廢主義墜落的軌跡。純眞的靜女士在愛情受到愚弄失身後，萌發了自私而純潔的反社會的憤慨：「她寧願地球毀滅了罷，寧願自殺了罷，不能再忍受這無盡的醜惡與黑暗了！」〔註53〕在新式的道德理想主義逐漸被現實蝕空後，靜女士最後便愛上了把戰爭當

〔註48〕 茅盾：《追求》，《茅盾全集・第一卷》，北京：人民文學出版社，1984年，第373頁。

〔註49〕 茅盾：《追求》，《茅盾全集・第一卷》，北京：人民文學出版社，1984年，第377頁。

〔註50〕 茅盾：《追求》，《茅盾全集・第一卷》，北京：人民文學出版社，1984年，第311頁。

〔註51〕 茅盾：《追求》，《茅盾全集・第一卷》，北京：人民文學出版社，1984年，第411～412頁。

〔註52〕 茅盾：《追求》，《茅盾全集・第一卷》，北京：人民文學出版社，1984年，第422頁。

〔註53〕 茅盾：《幻滅》，《茅盾全集・第一卷》，北京：人民文學出版社，1984年，第38頁。

作純粹刺激的強連長，他們一起享受肉體的狂歡盛宴。

　　其次，時代新青年具有歇斯底里的精神氣質，情緒反覆無常，時而高昂，時而灰暗。這正是茅盾創作時的精神狀態，直接投射到了《幻滅》、《動搖》和《追求》的人物形象中。靜女士「半小時前，她覺得社會是極端的黑暗，人間是極端的冷酷，她覺得生活太無意味了；但是現在她覺得溫暖和光明到底是四處地照耀著，生活到底是值得留戀的」〔註54〕。時代新青年往往以狂歡瘋顛的行為來抵禦絕望虛無的心理體驗。當史循懷疑論的冷語擊中了旅滬同學的脆弱靈魂時，龍飛抱住了王詩陶的腰，高聲嚷著，「與其懷疑，還不如頹廢罷！頹廢尚不失為活人的行動」，章秋柳一手推開了椅子，拉住史循，就跳起探戈來：「哲學家，懷疑的聖人！這是 tango，野蠻的熱情的 tango，歐洲大戰爆發前苦悶的巴黎人狂熱地跳著的 tango！」他們以「旋風般的熱情來掃除這懷疑的黑影子」〔註55〕，這是典型的世紀末頹廢的瘋狂，以狂歡抵禦絕望厭世，掃除懷疑的恐懼陰影。慧女士、孫舞陽、章秋柳都與眾多男人調情，她們時而是高傲的欲望女神，瞬息之間，又如受傷的困獸，冷酷無情拒男人於千里之外，冷熱不可捉摸。最具有歇斯底里精神氣質的是章秋柳。她自信的外表下是神經質式狂亂無常的心理。當章秋柳的虛假自信受到毀滅性打擊時，她在痛苦中狂笑，在絕望中瘋顛。章秋柳看到大學同學王詩陶在愛人東方明犧牲後的病態窘困情形，和聽說大學同學趙赤珠為貧困所迫賣淫的消息後，她抑鬱苦悶，坐立不安，無端地憎恨著什，覺得「全世界，甚至全宇宙，都成為她的敵人；先前她憎惡太陽光耀眼，現在薄暗的暮色漸漸掩上來，她又感得淒涼了。她暴躁地脫下單旗袍，坐在窗口吹著，卻還是渾身熱刺刺的。她在房裏團團地走了一個圈子，眼光閃閃地看著房裏的什物，覺得都是異樣地可厭，異樣地對她露出嘲笑的神氣。像一隻正待攫噬的怪獸，她皺了眉頭站著，心裏充滿了破壞的念頭。忽然她疾電似的抓住一個茶杯，下死勁摔在樓板上；茶杯碎成三塊，她搶進一步，踹成了細片，又用皮鞋的後跟拚命地研研著。這使她心頭略為輕鬆些，像是已經戰勝了仇敵；但煩躁隨即又反攻過來」。她「從激昂的情緒一步步轉到了悲觀消沉，突又跳回到興奮高亢」〔註56〕。

〔註54〕茅盾：《幻滅》，《茅盾全集・第一卷》，北京：人民文學出版社，1984年，第40頁。

〔註55〕茅盾：《追求》，《茅盾全集・第一卷》，北京：人民文學出版社，1984年，第276頁。

〔註56〕茅盾：《追求》，《茅盾全集・第一卷》，北京：人民文學出版社，1984年，第375～377頁。

　　再次，時代新青年瘋狂地尋求強烈的感官刺激，在刺激中略感生存的意味。《幻滅》中的革命軍人強猛因為「對於一切都感不滿，都覺得失望，而又不甘寂寞，所以到戰場上要求強烈的刺激以自快」〔註57〕。強猛的戰爭體驗，沒有任何崇高可言，他把戰爭與財迷挖寶、才子趕考和新娘初夜相類比，使得對戰爭的價值判斷顯得非常混沌。在他的價值領域，戰爭僅僅是能夠帶來刺激的中性事件，他迷戀的只是戰爭帶來的強烈刺激。「戰場對於我的引誘力，比什麼都強烈。戰場能把人生的經驗縮短。希望，鼓舞，憤怒，破壞，犧牲──一切經驗，你須得活半世去嘗到的，在戰場上，幾小時內就全有了。戰場的生活是最活潑最變化的，戰場的生活並且也是最藝術的；尖銳而曳長的嘯聲是步槍彈在空中飛舞；哭哭哭，像鬼叫的，是水機關；──隨你怎樣勇敢的人聽了水機關的聲音沒有不失色的，那東西實在難聽！大炮的吼聲像音樂隊的大鼓，替你按拍子。死的氣息，比美酒還醉人。呵！刺激，強烈的刺激！」〔註58〕強猛對戰爭的解說是典型的世紀末頹廢主義者的態度，把戰場當作「唯一的戀人」，「以強烈的刺激為生命」，「打勝打敗，於我倒不相干」。受傷住院後，強猛對靜女士產生了愛戀之情，實際上強猛是以戀愛的刺激暫時替代戰場的刺激。就戀愛和戰場所給予的刺激強度而言，戰場是生命體驗的極致，所以在時機到來時，未來主義的信仰者強猛又棄靜女士而奔赴戰場了。

　　《幻滅》中的靜女士實際上並無什麼明確的追求，她的生命世界並沒有被什麼理想之光固執地照耀過，她尋求的不過是能夠給她疲乏的身心以強度刺激的各種「興奮劑」。開始她覺得「讀書」是她「近來唯一的興奮劑」，又覺得「太正經」。「讀書」的「興奮劑」失效後，本能的欲望突然強烈起來，於是輕易地失身於「帥座」的暗探，悔恨之餘，又神往武漢的革命刺激，「然而抱了堅決主意的那時的靜女士，只過了兩星期多的『新生活』，又感到了萬分的不滿足。她確不是吃不得苦，她是覺得無聊」〔註59〕。無聊之中換了好幾個工作崗位，最後在與強猛的男女狂歡中尋到了快樂的巔峰體驗。靜女士之所以欣賞強猛，主要是因為強猛的怪異獨特能給她新奇的強度刺激，其姓名「強猛」和表字「惟

〔註57〕茅盾：《幻滅》，《茅盾全集‧第一卷》，北京：人民文學出版社，1984年，第84頁。

〔註58〕茅盾：《幻滅》，《茅盾全集‧第一卷》，北京：人民文學出版社，1984年，第83～84頁。

〔註59〕茅盾：《幻滅》，《茅盾全集‧第一卷》，北京：人民文學出版社，1984年，第69頁。

力」隱喻著靜女士在強猛身上所迷戀和追尋的「意義」。只是好景不長，強連長又棄她而尋找更刺激的戰爭生活去了。其實，在時代動盪、社會混亂、新舊交替的時代，靜女士根本就沒有什麼恒定的、執著的嚮往追求，她的人生追求彷彿蒲公英一樣隨風飄蕩，偶然性很大，被外界的各種境遇隨時召喚和遺棄，唯一不變的是以各式各樣的「興奮劑」來支撐破敗的自我體認。某種「興奮劑」的作用不能長久，很容易迅速實效，必須不斷地更換「興奮劑」的花樣以維持精神的強度狀態，以對抗墜入虛無深淵的恐懼。興奮劑的麻醉狀態可以暫時擺脫惡魔般人生經驗的深夜造訪，但是隨著對一切事物新鮮體驗的迅速厭倦，幻滅成了她的宿命。她對讀書、革命、戀愛、家園的熱望是一種偶發性的熱望，帶有虛幻性，隨時可以棄絕。唯獨狂歡和頹廢是她生命的常態。甚至和強猛分手時，靜女士說的並不是「勇猛殺敵建奇功」這樣的俗話，而是說：「惟力，你一定不死的」，「我準備著三個月後尋快樂的法兒罷」〔註60〕。在靜女士的生命形態中，生命的嚴肅意義被蠶食，只能以強烈的官能刺激來維持生命的重量。靜女士是一個病態人物，有時身體病，有時心理病。當身體病或心理病時，往往會去醫院，在醫院中心理病會暫時得到解脫。小說中的「醫院」是靜女士形象和思想轉變的一個中介。

追求刺激的主要路徑就尋求官能滿足。史循所選擇的自殺方式是頹廢的麻醉的享樂型的毒品，「哥羅芳麻倒時的趣味，是史循永遠不能忘記的。那將就麻醉時的渾身骨節鬆解樣的奇趣實在比什麼都舒服」〔註61〕。章秋柳是一個典型的追求刺激的官能享樂主義者。章秋柳並不是一個輕浮的純粹的官能享樂主義者。純粹的官能享樂主義者是樂觀順世的，悲觀的官能享樂主義者是頹廢逆世的。頹廢的官能享樂主義者的內心充滿矛盾，在世紀末的苦悶中，生命意義向外燦爛的可能性受到抑制，轉而向內尋求極端個人主義的滿足，而且對官能的刺激享樂永無饜足，不可自拔。章秋柳清楚自己有兩條路可以選擇，一條路引向光明，但是艱苦，有許多荊棘，許多陷坑；另一條路指向墮落，可是舒服，有物質的享樂，有肉感的狂歡！在二者不可兼得的情形下，她在情感上「終不肯犧牲了後面的那一椿」〔註62〕。

〔註60〕茅盾：《幻滅》，《茅盾全集‧第一卷》，北京：人民文學出版社，1984年，第98頁。

〔註61〕茅盾：《追求》，《茅盾全集‧第一卷》，北京：人民文學出版社，1984年，第309頁。

〔註62〕茅盾：《追求》，《茅盾全集‧第一卷》，北京：人民文學出版社，1984年，第319頁。

在頹廢的上海租界，在革命幻滅的時代，小資產階級知識分子的頹廢似乎是一種宿命。章秋柳記得王詩陶說過這樣幾句很警策的話：「我們都不是居心自暴自棄的人，我們永不會忘記犧牲了一己的享樂，追求大多數的幸福，只是環境不絕地來引誘我們頹廢，而我們又是勇氣不足，所以我們成了現在的我們」〔註63〕。歐美的頹廢派正為了抗議資產階級現代性關於無限進步、民主、普遍享有文明的舒適等等虛假的許諾，「培養了他們自己的異化意識」〔註64〕。章秋柳們則在「新生活」的理想破滅後走向消極頹廢，在抗拒生活的平庸和政局的黑暗中培養了自己的異化意識，與歐美的頹廢派一樣求助於某種「反人本主義的進攻策略」。「現在」的章秋柳「是時時刻刻在追求著熱烈的痛快的，到跳舞場，到影戲院，到旅館，到酒樓，甚至於想到地獄裏，到血泊中！只有這樣，我才感到一點生存的意義。……像吸煙成了癮一般，我的要求新奇刺激的癮是一天一天地大起來了」〔註65〕。對新鮮刺激的永無饜足的追求必然朝著畸形病態心理的方向沈墜。章秋柳決心要過任心享樂刺激的生活！她是像有魔鬼趕著似的，盡力追求剎那間的狂歡，甚至看見馬路上野雞拉客，她也想「做一次淌白，玩弄那些自以為天下女子皆可供他玩弄的蠢男子」〔註66〕。章秋柳做的唯一一件大事情就是改造懷疑論者史循，然而所採取的手段仍然是頹廢式的──以美豔豐腴的肉體喚起史循的生存勇氣，結果導致史循在強烈的感官刺激和狂歡放縱中死去。可見，頹廢不能拯救頹廢者。雖然章秋柳以自信、果斷、堅強的面目出現在小說中，但是她的這些品質帶有很大的不可信，頹廢者從來就不具有堅定的支撐生命意志的自信理由。尼采提出的「頹廢的策略」對於解剖章秋柳似是而非的剛強性格大致合適。「在尼采看來，頹廢的策略是典型的說謊者策略，說謊者通過模仿真理，通過使他的謊言較真理更為可信來進行欺騙。因此，在它對生活的憎恨中，頹廢偽裝成一種較高層次的崇奉者，而且因為它精通鬩騙的藝術，它能

〔註63〕茅盾：《追求》，《茅盾全集‧第一卷》，北京：人民文學出版社，1984年，第320頁。

〔註64〕〔美〕馬泰‧卡林內斯庫：《現代性的五副面孔》，顧愛彬、李瑞華譯，北京：商務印書館，2002年，第173頁。

〔註65〕茅盾：《追求》，《茅盾全集‧第一卷》，北京：人民文學出版社，1984年，第326頁。

〔註66〕茅盾：《追求》，《茅盾全集‧第一卷》，北京：人民文學出版社，1984年，第373頁。

夠使虛弱顯得像有力，衰竭顯得像充盈，怯懦顯得像勇武」〔註 67〕。由此看來，章秋柳似是而非的剛強性格，不過表明她是一個堅定的頹廢者，她的堅強與生存意志的堅強無關。在她看到王詩陶、史循的窘迫病態的生活情形時，她動搖得利害，在她被曹志方輕蔑地調戲時，「她的可以玩弄一切男子的自信心」動搖了，為此「感到針刺一般的痛苦和焦灼」〔註 68〕。

又次，時代新青年的世紀末頹廢還表現為對時間的恐懼。與此相聯繫的是他們十分敏感青春的流逝、肉體的衰頹，所以在時間的惶惶威脅下揮霍青春和肉體。西方的頹廢論認為，「一個人可以是有病的或虛弱的卻無需是一個頹廢者：只有當一個人冀求虛弱時他才是頹廢者」〔註 69〕。這種看法，用來度量像浪漫派郁達夫這樣文人氣十足的中國作家的創作，或許合適，而章秋柳們的頹廢與此大相徑庭。章秋柳們不冀求虛弱，反而冀求青春和肉體的充盈。章秋柳們的頹廢是租界小資產階級的頹廢，受租界文化氣候的制約。茅盾在《健美》（1933 年）和《問題是原封不動地擱著》（1931 年）兩文中指出了上海租界對女性美的新需求。上海租界所崇尚的女性美不是傳統社會的「嬌弱文雅貞靜」，租界生活流動不居，充滿冒險，所以「布爾喬亞的男子要求壯健活潑的女性美」〔註 70〕，「動的健康的富於肉感刺激的女性美更能吻合」租界「中堅階級的『市民』」對女性的欲望期待。〔註 71〕「在『健美』的幕後將看見仍是布爾喬亞所瘋狂地追逐著的肉感的刺激，荒淫，頹廢」。〔註 72〕由於租界的特殊文化風尚，青春的充盈和肉體的健壯對於章秋柳們顯得至關重要，這是他們頹廢的基本條件。史循之所以對生活徹底絕望，絕望到失去頹廢的能力，主要原因就是他的身體已經衰頹。史循對章秋柳說：「對於世事的悲觀，只使我消沉頹唐，不能使我自殺；假使我的身體

〔註 67〕 〔美〕馬泰・卡林內斯庫：《現代性的五副面孔》，顧愛彬、李瑞華譯，北京：商務印書館，2002 年，第 194 頁。

〔註 68〕 茅盾：《追求》，《茅盾全集・第一卷》，北京：人民文學出版社，1984 年，第 382 頁。

〔註 69〕 〔美〕馬泰・卡林內斯庫：《現代性的五副面孔》，顧愛彬、李瑞華譯，北京：商務印書館，2002 年，第 197 頁。

〔註 70〕 茅盾：《健美》，《茅盾全集・第十五卷》，北京：人民文學出版社，1987 年，第 457 頁。

〔註 71〕 茅盾：《問題是原封不動地擱著》，《茅盾全集・第十五卷》，北京：人民文學出版社，1987 年，第 431 頁。

〔註 72〕 茅盾：《健美》，《茅盾全集・第十五卷》，北京：人民文學出版社，1987 年，第 457～458 頁。

是健康的，消沉時我還能頹廢，興奮時我願意革命，憤激到不能自遣時，我會做暗殺黨」〔註73〕。難怪史循「骨骼似的枯瘠」與章秋柳「豐腴健康的肉體」對照的那一剎那，史循突然「臉色全變」，「可怕的對照驟然把他送進了失望的深淵」，熾熱的肉體欲望和蓬勃的攫取勇氣瞬間熄滅冷卻〔註74〕。由此我們就不難理解慧女士想到自己已經二十四歲時，「『二十四』像一支尖針，刺入她的頭殼，直到頭蓋骨痛的像要炸裂；『二十四』又像一個飛輪，在她頭裏旋，直到她發昏」〔註75〕。章秋柳則火急火燎地享受青春的放蕩不羈，深深恐懼身體的衰頹。她說，「太多的時間對於我是無用的。假定活到十年二十年，有什麼意思呢？那時，我的身體衰頹了，腦筋滯鈍了，生活只成了可厭！我不願意在驕傲的青年面前暴露我的衰態」〔註76〕。租界是年青人的殖民地，身體衰頹的同時也就意味著遠離一切豔羨和享樂，將步入想要頹廢而不得的境地。在這一點上，時代新女性與茅盾《秋的公園》〔註77〕（1932年）、《春來了》〔註78〕（1933年）中所描繪的「摩登女郎」表面上並沒有多少差別，她們與摩登女郎分享了時間的急迫感、黃昏意識、人生如夢和頹唐沮喪等精神氣質。《秋的公園》所敘上海摩登男女的戀愛之所以是高速度的，因為「剎那千金的秋光」將迅速「衰落」。而且，或許這樣的戀愛「將來要沒有了」。黃金時代終結前的瘋狂和末日來臨的恐懼，共同造就了上海都市男女的頹廢。因為租界化的上海是「借來的時空」，因此，摩登男女才那麼急迫地尋求暫時的情欲滿足，在這裡，一切都是臨時，包括戀愛。自20年代中期以來，革命和戰爭風起雲湧，租界的未來命運已經有點難以捉摸，「借

〔註73〕茅盾：《追求》，《茅盾全集·第一卷》，北京：人民文學出版社，1984年，第315頁。

〔註74〕魯迅說「畢亞茲萊畫的人物卻瘦瘦的，那是因為他是頹廢派（Decadence）的緣故。頹廢派的人們多是瘦削的，頹喪的，對於壯健的女人他有點慚愧，所以不喜歡」。（魯迅：《二心集·上海文藝之一瞥》，《魯迅全集·第四卷》，北京：人民文學出版社，1981年，第293頁。）魯迅對西方頹廢派的分析不適用於史循，茅盾筆下的頹廢派都喜歡肉感健壯的女人。

〔註75〕茅盾：《幻滅》，《茅盾全集·第一卷》，北京：人民文學出版社，1984年，第29頁。

〔註76〕茅盾：《追求》，《茅盾全集·第一卷》，北京：人民文學出版社，1984年，第418～419頁。

〔註77〕茅盾：《秋的公園》，《茅盾全集·第十一卷》，北京：人民文學出版社，1986年。

〔註78〕茅盾：《春來了》，《茅盾全集·第十一卷》，北京：人民文學出版社，1986年。

來的時空」使得租界的摩登男女承受著人生不再、繁華即逝的時空恐懼。尤其是在紅色的 30 年代，摩登男女的時代顯得更加倉促，租界文明所給予他們的那份舒坦和愜意，難免要成爲過去，他們的明天不可設計，唯獨現時的享樂狂歡是最要緊的。《秋的公園》中的「舊戰場」是一個具有衰頹、感傷的意象，以頹敗來喻富有生機活力的摩登男女，在盛極之時發現其沒落。「高速度」、「秋」、「憑弔」、「戀愛的舊戰場」、「濃極而老」「蒼涼」「衰落」、「唯一的激蕩」，這些詞語的選擇，構成了頹廢的感情基調。相對於摩登男女來說，章秋柳們「不是淺薄的浪漫的女子」〔註79〕，她們恰恰是在紅色夢想破滅的情形下，變得心情灰暗，他們反叛的恰恰是資產階級平靜的享樂和時代的死寂，他們詛咒資產階級的得意，但是這並不妨礙他們以絕望的姿態投入頹廢的刺激生活。這些並不麻木然而虛無的時代新青年，只所以還沒有集體自殺或者進精神病院，在於他們還能借頹廢略感生存的意味，只有史循在身體頹敗後，失去了頹廢的資本，一心只想如何自殺。

　　最後，《蝕》的頹廢風格還體現在描繪女性軀體時所採取的欲望視角。《蝕》中爲茅盾所最鍾愛的時代新女性都呈現出男性欲望「尤物」的一面：

　　　　慧穿了件紫色綢的單旗袍，這軟綢緊裹著她的身體，十二分合式，把全身的圓凸部分都暴露得淋漓盡致；一雙清澈流動的眼睛，伏在彎彎的眉毛下面，和微黑的面龐對照，越顯得晶瑩；小嘴唇包在勻整的細白牙齒外面，像一朵盛開的花。〔註80〕

　　　　孫舞陽穿了一身淡綠色的衫裙；那衫子大概是夾的，所以很能顯示上半身的軟凸部分。在她的剪短的黑頭髮上，箍了一條鵝黃色的軟緞帶；這黑光中間的一道淺色，恰和下面粉光中間的一點血紅的嘴唇，成了對照。她的衫子長及腰際，她的裙子垂到膝彎下二寸光景。渾圓的柔若無骨的小腿，頗細的伶俐的腳踝，不大不小的踏在寸半高跟黃皮鞋上的平背的腳，——即使你不再看她的肥大的臀部和細軟的腰肢，也能想像到她的全身肌肉是發展的如何勻稱了。〔註81〕

〔註79〕茅盾：《從牯嶺到東京》，《茅盾選集·第五卷》，成都：四川文藝出版社，1985年，第 111 頁。

〔註80〕茅盾：《幻滅》，《茅盾全集·第一卷》，北京：人民文學出版社，1984 年，第 20 頁。

〔註81〕茅盾：《動搖》，《茅盾全集·第一卷》，北京：人民文學出版社，1984 年，第 168 頁。

　　　　章秋柳……的躡著腳尖的半跳舞式的步法，細腰肢的扭擺，又
　　加上了乳峰的微微跳動，很惹起許多人注目。……她的顧盼多情的
　　黑眼睛，她的善於挑起愛憐的眉尖，又都像是替她的音樂似的話語
　　按拍子；她的每一個微揚衣袂的手勢，不但露出肥白的臂彎，並且
　　還叫人依稀嗅到奇甜的肉香。〔註82〕

茅盾描繪時代新女性所使用的身體話語，有三個方面值得注意，一、對女性
身體的描繪往往從肢體開始，然後面目神情。這說明在隱含作者的視野下，
時代新女性首先是作為欲望對象物呈現，其次才是個體精神氣質。描繪的順
序體現了尋求強烈官能刺激的頹廢者心態。二、描繪時代新女性的身體話語
是東方傳統女性和好萊塢電影中的西方女性審美特徵的結合。如慧女士「微
黑的臉龐」，孫舞陽「血紅的嘴唇」和勻稱的肌肉，章秋柳「半跳舞式的步伐，
細腰肢的扭擺」，以及三人凹凸有致的身材，都與租界頻繁上演的好萊塢電影
裏的西方女性的軀體特徵相一致。東方傳統女性的軀體特徵在慧女士身上表
現為「小嘴唇」，在孫舞陽身上表現為「渾圓的柔若無骨的小腿，頗細的伶俐
的腳踝，不大不小的踏在寸半高跟黃皮鞋上的平背的腳」，在章秋柳身上表現
為「挑起愛憐的眉尖」，「微揚衣袂的手勢」。茅盾筆下的時代新女性的軀體特
徵與新感覺派作家筆下的女性軀體特徵呈現出基本一致的審美趣味。時代新
女性的身體話語特徵，受到中西雜糅的租界文化風尚的影響，體現了上海租
界女性身體話語構成的新特徵。三、時代新女性的身體特徵落入了租界資產
階級的欲望情趣的巢臼。茅盾的《健美》（1933 年）和《問題是原封不動地擱
著》（1931 年）從婦女解放的角度對上海租界資產階級喜好「健美」女性的庸
俗心理進行了批判。茅盾指出，「壯健活潑的女性美」在上海租界之所以「已
經如此其需要之殷」，一則因為「十里洋場」「是畸形的殖民地化的資本主義
社會」；二則「一切促進肉感的頹廢的影片也是『健美』的提倡者」；三則「在
『健美』的幕後將看見仍是布爾喬亞所瘋狂地追逐著的肉感的刺激，荒淫，
頹廢」〔註83〕。茅盾並沒有把壯健活潑的女性美視為「女性的新型」的出現，
但是茅盾呈現的時代新女性的身體特徵是肉感的、刺激的，滿足了頹廢敘事

〔註82〕茅盾：《追求》，《茅盾全集·第一卷》，北京：人民文學出版社，1984 年，第
　　　355～356 頁。
〔註83〕茅盾：《健美》，《茅盾全集·第十五卷》，北京：人民文學出版社，1987 年，
　　　第 457～458 頁。

的需要，也反映出茅盾在苦悶頹唐的心境下欲望敘事話語的膨脹。

茅盾筆下的時代新青年與西方頹廢派在精神向度上有著一定的差異。西方的頹廢派在否定存在、放逐自我中走向徹底的虛無主義。而時代新青年在否定社會以及一切形而上追求的同時，又有著強烈掙扎的痕迹；在否定自我的過程中，在絕望的狂笑中，分明透露出不甘沉淪的精神苦痛；在玩弄頹敗衰弱的同時，又對頹敗衰弱有所反思，甚至痛心疾首；在有意耗損生命的同時又常常添慰傷口，爲青春、熱情的耗損悲哀痛惜。因此，時代新青年有些歇斯底里而反覆無常，頹廢與振作、放逐與追求、幻滅與熱望常常交織著折磨他們。時代新青年在極端化的生命體驗中保留著理性的反思。他們在變動的時代心緒迷亂、惡靈夢纏繞，但在頹廢中並不最終放逐自我，而是懸置自我，像被狂風旋起的一片豐腴漸失的樹葉，時不時用眼角的餘光探尋維繫生命的遊絲，甚至偶爾萌發重新匯入時代主潮的願望。

《蝕》三部曲與李歐梵、解志熙等論者所評述的「頹加蕩」的頹廢主義作品有所區別，構成了獨特的類型。在《蝕》三部曲中，濃烈的頹廢意識、爲人生的寫實風格和明顯的革命傾向混合一體，由此所形成的頹廢文學，我們稱之爲「現實主義頹廢小說」。茅盾的現實主義頹廢小說，擺脫了「頹加蕩」頹廢文學爲人所垢病的對歐美文學的生硬模仿，以及玄奧神秘、遠離現實人生、「趣味化」、「輕鬆化」、「媚俗化」等弊端。

第三節　《子夜》所展示的租界生態圖景

茅盾是 30 年代左翼文學的巨匠，他的長篇小說《子夜》是左翼文學的扛鼎之作。《子夜》從外灘寫起，隨著吳蓀甫「一九三〇年的雪鐵籠汽車」飛馳的車輪，對公共租界的光怪陸離的洋場景色進行了快速剪輯。吳老太爺在租界充滿刺激和色欲的光電聲味的撞擊下，風化了。上海灘上的各色人物在吳老太爺的喪禮上集體登場，拉開了 1930 年上海灘故事的帷幕。《子夜》把銅綠色的粗鄙和桃紅色的欲望、赤紅色的革命觀念和黑色的殖民意識等租界觀念整合到文本中，涵容了 30 年代上海錯綜複雜的風貌圖景和人情世相。

在《蝕》三部曲中，茅盾富有激情地集中敘述了時代新青年的頹廢，展示的還只是租界化上海某一類人特定時期的精神面貌。在《子夜》中，茅盾調動了他全部的租界體驗來展示上海的複雜生態圖。《子夜》以史詩的氣魄，

展示了租界化上海各種勢力的糾纏爭鬥，描繪了一幅包羅萬象的租界都市圖
景。小說中有掙扎在各種壓力下的民族資本家，有借著美國資本撐腰而氣焰
囂張的買辦資本家，有形形色色的知識分子，有處境艱難而滿懷反抗怒火的
產業工人，有策劃工潮的共產黨人，有被資本家利用的流氓打手，有以身體
爲資本周旋在實力人物之間的交際花，有在職的政客和退役的軍官，有來上
海租界避亂的海上寓公，有並沒有出場但控制民族產業命運和金融市場命脈
的外國大班……。在這些人物之間，展開著利益的爭奪和思想的交鋒。他們
以各自的生存方式和政治經濟文化立場，參與到《子夜》的故事當中，共同
呈現出 30 年代租界化上海的生態圖景。

　　《子夜》的人物網絡以階層爲主要歸位參數，人物最基本的聯結關係就
是矛盾和對立。文本以對立關係設置了人物關係的主鏈：工人──民族資本
家吳蓀甫等──買辦資本家趙伯韜──外國資本家。這條人物關係主鏈，不僅
是租界化上海的社會結構的演繹，而且，文本的情節主線也由此衍生。因爲
外國資本家一直沒有以具體的形象在文本中出現，所以用虛線和前面的三類
人物相連。雖然外國資本家在文本故事中處於缺席狀態，但卻以最強勁有力
的姿勢在場。工人和民族資本家矛盾的直接導火線，是民族工業受到外國金
融資本的壓迫和進口工業產品的衝擊，民族資本家爲了挽回損失，壓低工錢
延長工時。買辦資本家由於和外國資本家的連帶關係，和民族資本家的立場、
利益相衝突，而且趙伯韜正是有美國資本家撐腰，才能在公債投機的狂潮中
鬥敗吳蓀甫。可以說，所有的矛盾後面都有外國資本家的魔影，都可以納入
到外國資本的框架裏來解釋。外國資本家的魔影掌控著矛盾的展開和人物的
命運走向，買辦資本家趙伯韜參與美國資本家領頭的金融托拉斯組織，對益
中公司實行金融封鎖，吳蓀甫等不得不把益中公司所屬的八個廠子賣給英商
洋行和日商會社，民族資本家周仲偉最後也不得不重操買辦的舊行當，且自
我寬恕道：「愛國無路，有什麼辦法！況且勾結洋商，也不止他一個人呀！」
〔註 84〕《子夜》的人物主鏈和情節主線說明了，在租界化的上海，外國資本
和洋行大班是控制上海命運最重要的因素，如果中國不強大，民族資產階級
想在租界化上海實現實業救國的願望，只不過是一個夢想。另外，在人物矛
盾的展開中，國家被懸置，民族也變得虛幻，人物都以各自的階層、團體爲

〔註84〕茅盾：《子夜》，《茅盾全集・第三卷》，北京：人民文學出版社，1984 年，第
　　　479 頁。

依託，形成實力，爭奪利益，這一點體現了上海租界的市民社會性質。

《子夜》的都市場景和人物活動大多滲透著租界文化的因素。黃浦江兩岸的租界夜景通過華人的聚焦，顯得怪異而觸目驚心，「向東望，可以看見浦東的洋棧像巨大的怪獸，蹲在暝色中，閃著千百隻小眼睛似的燈火。向西望，叫人猛一驚的，是高高地裝在一所洋房頂上而且異常龐大的霓虹電管廣告，射出火一樣的赤光和青燐似的綠焰：Light，Heat，Power！」〔註85〕。上海各界名流彙聚吳公館，談論的內容都是租界流行的話題，包括輪盤賭、鹹肉莊、跑狗場、舞女、電影明星、狐步舞、探戈舞、美國電影歌曲、公債、標金、花紗、國貨、民族、階級、軍事政治、勞資矛盾，等等，這些話語構成了他們生活的本質屬性。租界文化的特徵之一是雜糅性。在吳公館，來往的人物五花八門，曾家駒的鄙陋可笑和杜新籜的西洋派頭短暫交鋒，徐曼麗「死的跳舞」和喪禮語境形成對比，惠芳房裏被雨水打濕的《太上感應篇》和吳夫人膝頭滑落的夾著白玫瑰的《少年維特的煩惱》互相照應。在交易所經紀人韓孟翔的身上，「黃金和詩意」「發生了古怪的聯絡」。「海上寓公」馮雲卿的生活情形更是租界人生的縮影。來上海租界做寓公的鄉下土財主馮雲卿的廂房布置，體現了中西雜糅的風格：紅木炕榻和沙發相靠，以寸楷恭寫的朱伯廬先生《治家格言》條幅、張大千的老虎立軸畫和五彩銅版印的西洋畫同掛一牆，構成了「中西合璧」的文化空間。馮雲卿的經濟活動，既沒有放棄土地主坐收田租的舊路子，又追隨上海市民投資公債市場的新潮流。在他公館裏往來的好友，既有戴著瓜皮小帽的舊官宦何愼庵，又有新派仕途人物李壯飛。他既通過姨太太的線索找到「洪門」老爺作靠山，又以漂亮的女兒爲誘餌圈上買辦趙伯韜。由此可見，《子夜》的人物群像和生活圖景的敘述，蘊含著租界文化的豐富信息。

《子夜》的核心人物是民族資本家吳蓀甫。吳蓀甫形象承載著豐富的租界文化符碼。

首先，吳蓀甫以及其他民族資本家形象，體現了租界文化語境中民族資本家的民族主義立場的悖論。吳蓀甫是二十世紀機械工業時代的英雄，有發展民族工業的雄心壯志。曾經遊歷歐美的吳蓀甫「不是什麼『在商言商』的

〔註85〕茅盾：《子夜》，《茅盾全集·第三卷》，北京：人民文學出版社，1984年，第3頁。

舊人物」〔註86〕，他一隻眼睛永不倦怠地注視著企業上的利害關係，另一隻眼睛「望著政治」。在發展民族工業上，他有著明確的民族自強意識，滿懷信心地構設了民族工業發展的宏偉藍圖：「高大的煙囪如林，在吐著黑煙；輪船在乘風破浪，汽車在馳過原野」〔註87〕。他認為「只要國家像個國家，政府像個政府，中國工業一定有希望的！」〔註88〕。他和孫吉人、王和甫幾個實業家聯合起來辦銀行，其初衷是為了擺脫外國金融界對中國民族工業的壓迫。他主張收購朱吟秋的絲廠，一方面固然是為了蠶食其他弱小的民族企業，壯大自己，另一方面也考慮到如果朱吟秋把廠子盤給外國人，到底是「中國工業的損失」。但是，由於弱小的民族工業面臨租界外國資本的傾軋和工人運動的衝擊，民族資本家的民族立場就顯得不大真實，充滿解不開的內在矛盾，甚至顯出猙獰的一面。「上海全市的熱鬧，甚至於長江沿岸各省的商業，全由它這裡（指外灘的外國洋行——引者）轉的呢！」〔註89〕外國金融資本的壓迫和外國進口貨物的擠佔，把吳蓀甫等民族資本家的工業生產推向了不景氣的狀況，進而激化了勞資矛盾。階級矛盾的激化，使民族主義的立場變得曖昧起來。吳蓀甫對工人說：「我們的『廠經』成本太重，不能和日本絲競爭，我們的絲業就要破產了；要減輕成本，就不得不減低工錢。為了民族的利益，工人們只好忍痛一時，少拿幾個工錢。」但是工人們回答：「生活程度提高了，本來就吃不飽，再減工錢，那是要我們的命了。你們有錢做老闆，總不會餓肚子，你們顧全民族利益，請你們忍痛一時，少賺幾文罷。」〔註90〕在租界，民族資本家還面臨著另一重風險。工人從階級意識出發，往往把民族資本家和外國資本家看作壓迫工人的共同敵人。所以，租界語境下的民族資本家處於進步階級和外國勢力的雙重擠兌下，他們的政治立場就變得懸浮不定。雖然租界的文化語境容易激發民族資本家的民族意識，但是他們的民

〔註86〕茅盾：《子夜》，《茅盾全集·第三卷》，北京：人民文學出版社，1984年，第126頁。

〔註87〕茅盾：《子夜》，《茅盾全集·第三卷》，北京：人民文學出版社，1984年，第127頁。

〔註88〕茅盾：《子夜》，《茅盾全集·第三卷》，北京：人民文學出版社，1984年，第64頁。

〔註89〕茅盾：《上海——大都市之一》，《茅盾全集·第十一卷》，北京：人民文學出版社，1986年，第360頁。

〔註90〕茅盾：《子夜》，《茅盾全集·第三卷》，北京：人民文學出版社，1984年，第54頁。

族意識並不穩固。當吳蓀甫意識到自己的利益可能遭到危害時,「剛才勃發的站在民族工業立場的義忿,已經漸漸在那裡縮小,而個人利害的顧慮卻在漸漸擴大,終至他的思想完全集中在這上面了」〔註91〕。吳蓀甫等幾位民族資本家爲了獲取更多的資本投入公債市場的角逐,把益中公司收購的八個廠最終賣給了英商某洋行和日商某會社。民族資本家有許多是靠給洋人做買辦起家的,如周仲偉和陳君宜。他們的民族工業自強之夢,很美好,但在租界外國資本的強勢威脅下,也很脆弱。民族資本家周仲偉的火柴廠瀕臨破產時,首先是想把廠子抵押或租給益中公司,在益中公司愛莫能助的情況下,才不得不賣給東洋大班。周仲偉的想法是:「中日向來友善,同文同種,總比高鼻子強些;愛國無路,有什麼辦法!況且勾結洋商,也不止是他一個人呀!」〔註92〕由此揭露了租界語境中民族資本家的卑微的民族意識。第二天廠裏開工時,周仲偉發表了演說:「你們是中國人,本老闆也是中國人,中國老闆要要幫忙中國工人!」「市面上來路貨的洋火太多了,我們中國人的洋錢跑到外國人荷包裏去,一年有幾萬萬!我們是國貨工廠,你們是中國人,造出國貨來,中國工人也要幫忙中國老闆!」「國貨工廠萬歲萬歲萬萬歲呀!」〔註93〕周仲偉的演說更加闡明了民族資本家的在宣揚民族主義時的虛幻成份和心酸體驗。周仲偉「最初是買辦,然後是獨立自主的老闆,然後又是買辦,——變相的買辦,從現在開始的掛名老闆!一場夢,一個循環!」〔註94〕吳蓀甫和周仲偉等民族資本家的命運,說明了租界語境下他們的民族意識被分割得支離破碎,他們的民族立場四面楚歌,充滿悖論。

其次,吳蓀甫追求刺激,富於冒險精神,體現了租界人的生活品性。租界化的上海彷彿一架高速運轉的機器,租界人隨著速度的輪子高效率地飛蹕騰挪著;租界化的上海是冒險家的樂園,租界人習慣於義無反顧地投入充滿風險和機遇的瘋狂角鬥中;租界化的上海是欲望的深壑,租界人膨脹的利比多在本我的縱容下瘋狂地尋求對象化。吳蓀甫的生活節奏,彷彿他的那倆雪

〔註91〕茅盾:《子夜》,《茅盾全集·第三卷》,北京:人民文學出版社,1984年,第202頁。

〔註92〕茅盾:《子夜》,《茅盾全集·第三卷》,北京:人民文學出版社,1984年,第479頁。

〔註93〕茅盾:《子夜》,《茅盾全集·第三卷》,北京:人民文學出版社,1984年,第480頁。

〔註94〕茅盾:《子夜》,《茅盾全集·第三卷》,北京:人民文學出版社,1984年,第481頁。

鐵籠汽車，以「一九三〇年新記錄的速率」飛馳，他在一天時間裏，不但把
吳老太爺的喪事火速處理了，而且向賬房莫幹丞交待了解決絲廠工人鬧事的
具體辦法，和杜竹齋謀劃了參與趙伯韜的多頭公司的詳細方案以及算計朱吟
秋的策略，和唐雲山、孫吉人、王和甫初步商議了他們的「大計劃」。「蓀甫
的野心是大的。他又富於冒險精神，硬幹的膽力。」〔註95〕他的「雙橋王國」
計劃和「益中公司」的「偉大憧憬」，都顯示出發展民族工業的巨大膽量魄力
和「熱狂夢想」。在提拔屠維岳、處理工潮、參與公債投機等事件上，體現了
吳蓀甫的冒險精神和瘋狂氣質。當吳蓀甫心情苦悶時，他要求的是「狂暴的
速度與力的刺激」〔註96〕。在性行為上，吳蓀甫也顯得暴戾和放縱，他把傭
人王媽當作發泄的對象，他抵抗不住劉玉英的色情引誘，他也訪問著名的「秘
密豔窟」，他在和徐曼麗的集體調情中走向亢奮。吳蓀甫形象，籠罩在速度、
投機、算計、冒險、野心、狂熱和淫蕩等語詞編織出來的租界語意場中。

　　《子夜》還表現了租界文化語境中，金錢原則對倫理原則的支配和情愛
關係的漂浮放任。在租界重商主義的傳統下，金錢原則是至上的原則，對金
錢的攫取欲望撕破了傳統倫理關係溫情脈脈的面紗。和吳蓀甫交情頗深的經
紀人韓孟翔、經濟學家李玉亭，得過吳蓀甫的好處並沾親帶故的劉玉英，以
及承蒙吳蓀甫照顧的親戚曾家駒和馬景山，都是見利忘義之徒，在利益原則
和倫理原則相衝突時，不顧情意，撈取便宜。連至親杜竹齋，也在關鍵時刻
背叛了吳蓀甫，使得吳蓀甫在公債市場栽了大跟頭，他自己卻因此大撈了一
把。更有甚者，馮雲卿為了在公債投機中翻身，不惜以犧牲年輕貌美的獨生
女兒的幸福為代價，慫恿女兒把香豔的身體奉獻給趙伯韜享用，趁便探聽老
趙在公債市場中的玩法。租界文化語境下的倫理觀念如此鄙俗，情愛關係也
缺乏深度和堅守。不必說徐曼麗、劉玉英和馮眉卿這些有欲無情的女性，就
是尊貴的林佩珊小姐和文雅詩人范博文，也缺乏對愛情的虔誠和執著。林佩
珊不知道自己到底需要什麼樣的愛人，她覺得「每個人都可愛，又都不可愛」，
她想，要是和杜新籜結婚「一定心裏還要想念別人」〔註97〕。而范博文雖然

〔註95〕茅盾：《子夜》，《茅盾全集・第三卷》，北京：人民文學出版社，1984年，第
　　　　81頁。
〔註96〕茅盾：《子夜》，《茅盾全集・第三卷》，北京：人民文學出版社，1984年，第
　　　　483頁。
〔註97〕茅盾：《子夜》，《茅盾全集・第三卷》，北京：人民文學出版社，1984年，第
　　　　175～176頁。

喜歡林佩珊，但知道吳蓀甫的態度後，就立刻退縮了。他們不過視愛情為遊戲爾，愛情的嚴肅和神聖在遊戲中蕩然無存。男女青年隨意胡鬧的自在和寫意，製造了一種開放的情欲語境，誘惑著進入上海的新人。吳老太爺從鄉下帶到上海的「玉女」四小姐蕙芳，一到上海就變了。先是春心萌動，在花開無人憐的情形下，實行自我幽閉，在藏香的嫋嫋青煙中默誦吳老太爺遺留下來的《太上感應篇》。但是，蕙芳被租界環境挑起的狂熱欲望已無法制抑，都市的喧鬧使之不能平心靜氣，回到最初的單純無邪。最後，張素素帶她去了紅男綠女逍遙的麗娃麗妲村，她開始加入都市摩登男女的行列中。

總的來說，左翼文學的巨著《子夜》，「偏重都市生活的描寫」〔註 98〕，它敘述的 1930 年上海故事，是在租界文化語境中展開的，小說展示的人物結構模式、人物的生活方式和價值觀念，以及都市場景，都蘊含著豐富的租界文化信息。

〔註98〕茅盾：《子夜·後記》，《茅盾全集·第三卷》，北京：人民文學出版社，1984
年，第 554 頁。

第五章　沈從文的小說創作與上海租界

第一節　租界生活與沈從文創作京派品格的形成

　　1927 年，由於國內政治格局的變更，北京政治文化中心地位的迅速失落，很多期刊和書店（出版社）遷往上海洋場，託庇租界的自由文化空間，謀求新的發展機遇。與沈從文的文學事業有過重要聯繫的《現代評論》周刊和北新、新月書店都於 1927 年下半年從北京遷往上海租界。出於生計的考慮，沈從文於 1927 年底離開了生活六年的北京，隻身前往上海，搬進法租界善鐘里的一個亭子間，尋求謀生和創作的機運。1928 年 7、8 月間，沈從文和胡也頻、丁玲合租了薩坡賽路 204 號的房子，開始投入緊張忙碌的編輯與寫作生活。沈從文從 1928 年 1 月初開始寓居上海租界，1931 年 5 月 22 日離開上海去北京，幾個月後去了青島。這三年多時間，除了因各種事務的需要短期去北京、武昌、湖南之外，其餘時間都住在上海。在上海期間，沈從文 1929 年 10 月底從法租界搬到上海吳淞中國公學住了幾個月。但是，因為他的九妹在租界學法語，很多朋友住在租界，和他常打交道的書店、報刊雜誌也辦在租界，所以，在吳淞居住期間，沈從文的生活空間並沒有脫離租界，他經常往來於上海租界和吳淞兩地。1932 年和 1933 年，沈從文還曾兩次到過上海。

　　作為一個由明清舊都南下、自我認定為「鄉下人」的青年作家，租界生活對於沈從文將意味著什麼？對他的創作會產生什麼影響？

一、租界感受：親和與疏離

正如 30 年代許多作家一樣，沈從文對租界的表述是充滿矛盾和歧義的。我們試對照沈從文寫給朋友的幾封信中對於上海生活的看法：

> 我不久或到青島去，但又成天只想轉上海，因為北京不是我住得下的地方，我的文章是只有在上海才寫得出也才賣得出的。[註1]

> 我的世界總仍然是《龍朱》、《夫婦》、《參軍》等等。我太熟悉那些與都市相遠的事情了，我知道另一個世界的事情太多，目下所處的世界，同我卻遠離了。我總覺得我是從農村培育出來的人，到這不相稱的空氣裏不會過日子，無一樣性情適合於都市這一時代的規則，缺處總不能滿足，這不調和的衝突，使我苦惱到死為止，我這時，就彷彿看到我的一部分的生命的腐爛。[註2]

> 北京一般朋友都勸我住在北京，他們在這裡倒合適得很，各人在許多大學裏教書，各人有一個家，成天無事大家就在一塊兒談談玩玩。我怎麼能這樣生活下去？我心想，我一定還得回去，只有上海地方成天大家忙匆匆過日子，我才能夠混下去。[註3]

> 我們在上海玩，只是在無人走過的寂寞馬路旁走走而已。住處樓下是電車道，時時刻刻有隆隆聲音來去，閉了眼睛想：紐約一定就是這樣成天只聽到鋼、鐵、汽、電的喊嚷。或者我過幾年真有一個機會來到紐約，我們可以成天在街上走，我一定可以很耐煩的數那街道上的汽車的號碼，以及街道邊的廚窗裏廣告。[註4]

從沈從文給摯友王際真的這幾封信中，我們發現，日益顯出京派重鎮風采的沈從文，是寧願入海翻騰，也不願留京閒居。他不願如徐志摩、林徽因等京派人物那樣在北平居家過日子，孤身一人的他需要的是租界快節奏的、緊張無序的生活。在租界中，挑戰與機遇總是並存，現代化的生活節奏和競爭環

[註1] 沈從文：《書信·193110629 致王際真》，《沈從文全集·第 18 卷》，太原：北嶽文藝出版社，2002 年，第 143 頁。

[註2] 沈從文：《書信·19300426 致王際真》，《沈從文全集·第 18 卷》，太原：北嶽文藝出版社，2002 年，第 63～64 頁。

[註3] 沈從文：《書信·193110629 致王際真》，《沈從文全集·第 18 卷》，太原：北嶽文藝出版社，2002 年，第 144 頁。

[註4] 沈從文：《書信·19310227 致王際真：朋友已死去》，《沈從文全集·第 18 卷》，太原：北嶽文藝出版社，2002 年，第 134～135 頁。

境能夠製造個體生命體驗的起落悲喜。租界如江湖，嘗試過痛快淋漓的人生滋味的江湖中人，雖則每每感歎江湖險惡，靈魂難以承受生命不可承受之重，數度揚言退隱山林，可是又有幾人割捨得下江湖險惡中的瑰麗、紛爭中的酣暢，以及揮霍生命的瀟灑與對抗命運的亢奮？經過了租界生活的煩擾生氣，如果再想回歸生命的恬靜，無疑是對生命活性的一種放逐，如果不是價值觀的轟然坍塌後反思的結果，就是由於遲暮心態的隱隱作祟。血氣方剛的沈從文當然願意在租界的魔性面前揮灑自我，讓他待在北京圓明園附近住在「頂好的地方，地方清靜心卻暴躁，故似乎還不如在上海一小樓上蹲下爲有意思」〔註 5〕。偶爾回一趟北京，他還是「成天只想轉上海」，「匆匆」地對付生活。更重要的原因是，沈從文意識到他的文章「只有在上海才寫得出也才賣得出」。「賣得出」是由上海作爲 30 年代全國的文化出版中心所擁有的巨大文化消費市場所決定的；「寫得出」是由於租界給了他源源不斷的創作靈感。〔註 6〕創作需要一種生活的情境和感悟的情境。租界文化主要不是爲沈從文直接提供創作的素材，而是觸發了他回憶、想像、構築湘西世界的靈感，爲他重新審視民族文化提供了思維的向度和坐標，激起他講述的欲望。殖民性和都市化的上海租界生活，給了他以敘事救贖自己的理由：「已覺得實在生活中間感到人與人精神相通的無望，又不能馬虎的活，又不能絕決的死，只從自己頭腦中建築一種世界，委託文字來保留，期待那另一時代心與心的溝通。」〔註 7〕

但是，我們應該看到，沈從文在租界的生活，並不是如魚得水，他對「複雜而詼諧」的上海抱著疏離與親和兩種矛盾的態度，這從《海上通訊》一文對租界充滿諧趣和調侃的描摹中可以看出。矛盾是生命倫理體驗的常態，不足爲奇。我想要說的是，沈從文這裡的矛盾態度是表面的。沈從文在個體生命的存在形態上，有感於都市人生的異化和墮落，崇尚鄉村生命的自在自爲、和諧健康。沈從文對人生的單純的愛與質樸的美的追求，使得他同上海的商

〔註 5〕沈從文：《書信・193110629 致王際眞》，《沈從文全集・第 18 卷》，太原：北嶽文藝出版社，2002 年，第 143 頁。

〔註 6〕郁達夫短期離開上海到杭州後也有類似的感觸：「自到杭州之後，習於疏懶，什麼都寫不出來，不知是否因爲少了激刺。」(《現代作家書簡》，孔另境編，廣州：花城出版社，1982 年，第 94 頁。)

〔註 7〕沈從文：《〈阿麗思中國遊記〉後序》，《沈從文文集・第一卷》，廣州：花城出版社，香港：三聯書店香港分店，1982 年，第 205 頁。

業化都市規則遠離、不相稱。實際上,這只是說明沈從文唾棄都市人失去本真的存在形態,他並不厭惡都市營造的生存環境和城市空間,不厭惡都市氣,所以他習慣了匆匆的生活節奏。由上海租界時時刻刻的隆隆聲音,沈從文想到「紐約一定就是這樣成天只聽到鋼、鐵、汽、電的喊嚷」,並說如果去紐約「我們可以成天在街上走,我一定可以很耐煩的數那街道上的汽車的號碼,以及街道邊的廚窗裏廣告。」都市氣氛的熱鬧煩嚷,機械文明的「鋼、鐵、汽、電」和消費文化的「廚窗裏廣告」,都使沈從文「很耐煩」。可以說,沈從文希望消除的是現代都市文明異化個體存在的負面效應,而不是整個都市文明現象,這實際上也是當下知識分子的人文理想:使傳統的樸素人性美不在現代都市文明的膨脹中失落。沈從文對都市文化的反思,不是在北平觸發的,而是置身上海的租界後才有的。

　　「上海很容易過日子,又很不易過日子。」〔註8〕沈從文寓居上海法租界後,首先面臨的是生計問題。在租界裏要靠稿費謀生,確實不易。因為「不論何等作家,每月總得十萬字以上的稿子換生活費,上海空氣不好,影響人的身體健康,不能整天作文,還有應酬等消費時間,故每天非有四五千字不可」〔註9〕。生存的壓力使得沈從文覺得自己彷彿是一架寫作機器,經常是等著稿費去付房租和還債。報章作品的專欄連載形式,先登廣告後出作品的商業化操作規則,按字數計稿費的商業慣例,以及作家與書商的商業關係,都會影響到沈從文的創作心理和文本表述。小說《寄給某編輯先生》〔註10〕是沈從文對這種寫作狀態的辛酸戲仿和自嘲。小說以「天才」作家「我」給某編輯寫第二次「通信」為敘事緣起。母親病了,等錢治病,因為明天就要交稿,「我」不得不忍受頭痛和流鼻血為某刊物寫「通信」。對於「我」來說,這種命題作文遠不是自我生命意志的播撒,而是在種種限制中湊數字。言說有太多的顧忌,不能說自己想說的,得說自己不善於說的,邊寫還得邊算字數,並折合成金錢數目。敘述難免蕪雜而沉悶,東扯葫蘆西扯葉。當寫到編輯忌諱的話題時,「我」馬上警告自己:「你們囑咐過我,我又忘記了。說一

〔註 8〕 沈從文:《書信‧19310227 致王際眞:朋友已死去》,《沈從文全集‧第 18 卷》,
　　　　 太原:北嶽文藝出版社,2002 年,第 134 頁。
〔註 9〕 魏京伯:《海派與京派產生的背景》,《上海:記憶與想像》,馬逢洋編,上海:
　　　　 文匯出版社,1996 年,第 59 頁。
〔註 10〕沈從文:《寄給某編輯先生》,《沈從文文集‧第八卷》,廣州:花城出版社,
　　　　 香港:三聯書店香港分店,1983 年。

點別的吧，別的也沒有什麼可說，但既然是論字計數，仍然來說我今天的情形吧。」「通訊的長短完全取決於你們。七號要稿付排，我不能因為頭痛耽誤你們雜誌的出版！」「我休息一會兒，還得好好的有秩序的寫一件兩件近於逗人打哈哈的故事，這第三次通信你們才有採納的可能。」因為「凡不合你們條件的全不是佳作，所以我就被訓練得如此規矩柔順了」。「先生，我過一陣再寫第三次通信。你以為這樣不行，還是你出題，我執筆。為了這『生意』要維持久點，我如其他作家一樣，願意由你命題。我得靠這生意才活得下去，你們看得很清楚。」沈從文寫這通信時「在行為上近於野蠻的自嘲，對於自己的靈魂痛加毆打」。從中，我們能夠體會到沈從文在租界寫作的困境以及租界的文學規則如何影響到一個有良知的作家的創作方式。在租界，物質支配了文學，利潤決定了編輯的眼光和書商的出版計劃。而且，這對作者來說也彷彿是命定的：「作者向商人分手，永遠成為一種徒然的努力」〔註11〕。文學工場被一隻無形的商業巨手控制著，沈從文也逃不脫市場的規則，為了生存，他匆匆忙忙地編寫新奇的故事，以神奇的速度出版各種集子，因此被戲稱為「多產作家」，他也寫過《一個女劇員的生活》（1930 年）這樣的很合上海市民口味的小說。

二、從上海走出的京派作家：沈從文小說創作的嬗變

　　談到京派作家沈從文的創作與城市的關係，很多人立刻會想到北京。不錯，沈從文的文學創作是在北京起步的，他在北京時期就開始書寫湘西生活故事。但是，書寫湘西的生活故事，就能成為京派作家嗎？沈從文被貼上京派標籤的那些創作特性（如：標舉人性，禮贊自然、健康、樸素的人性之美，對現代文明持反思態度，在都市與鄉村對照中來書寫民族品格的墮落與重造，具有田園牧歌的情調），是在北京時期獲得的嗎？筆者認為，湘西故事只是小說的表層，以什麼態度、如何敘述故事才是決定小說品格的關鍵。從這一點來說，京派作家沈從文創作風格的成型，不是在北京，而是在上海。鳳凰之子與殖民性大都市上海的相逢，造就了京派作家沈從文，他的京派風格是在上海形成的。對照北京與上海時期沈從文的創作，就可以明瞭這一點。

　　沈從文 1922 年從遙遠的湘西孤身前往北京，一住就是六年。1925 年到

〔註11〕沈從文：《記胡也頻》，《沈從文文集·第九卷》，廣州：花城出版社，香港：三聯書店香港分店，1984 年，第 82 頁。

1927 年寫於北京的幾部集子《鴨子》、《蜜柑》和《入伍後》以及《好管閒事的人》的一部分，幾乎都是從記憶的倉庫裏翻出來的湘西故事。《鴨子》的小說部分共收集 1925 年到 1927 年創作的九篇短篇小說。《雨》寫的是大學生打電話的場景和心理的素描；《往事》、《玫瑰和九妹》、《夜漁》、《代狗》和《臘八粥》講述的是簡明的鄉村故事，採取兒童的眼光來觀照和敍述這些童年往事；《船上》、《佔領》和《槐化鎮》寫的是在湘西從軍時的趣味生活和長官的夢想，都是些「這事說來又是十多年了」〔註 12〕的故事，敍述的因緣大概是「近來人常會把一切不相關的事聯想起來，大概是心情太閒散了」〔註 13〕。《往事》、《玫瑰和九妹》、《夜漁》、《代狗》、《臘八粥》、《佔領》和《槐化鎮》都帶有自述傳的性質。作者基本上只複製往事，而不做抽象的提升和價值判斷。其餘集子裏的作品也大致是這種情況。

瀏覽沈從文僑居北京時的作品，我們很容易形成這樣的幾個印象：一、講述的基本上是湘西的親人、童年朋友和軍隊戰友的日常生活場景和人生情趣，人物、情節和結構比較單純；二、基本上屬於從回憶中挖掘出的故事和情緒；三、對鄉土的述說，不過是對那一方鄉土和人事的鍾情和眷戀的流露，沒有把湘西邊民的族性突顯出來，沒有把他們的生命形式當作民族精神重造的理想形態，沒有確立明晰的文化價值立場來觀照。總的說來，這些作品的性質大致可以歸結爲魯迅對鄉土文學的界定：「凡在北京用筆寫出他的胸臆來的人們，無論他自稱爲用主觀或客觀，其實往往是鄉土文學。」〔註 14〕當時沈從文大部分時間住在北京的「窄而黴小齋」，清閒而落寞，這樣的心境和環境適宜於盤點過去的點點滴滴。北京斑駁的紅牆斷瓦，蕭散敦厚的氛圍，很容易使僑居的文人生發思鄉懷古的幽思。而霓虹燈閃爍、快節奏運轉的上海租界，使人們驚歎它的摩登和墮落而變得精神亢奮，難得有戀舊懷古的黃昏心態。租界的時尚、前衛、快節奏、商業化把人的靈性溫情消磨了，租界的精神氣候缺乏醞釀憶舊的溫馨情愫。故租界文人的筆下難得找到北平文人常有的那種精神還鄉的書寫。

〔註 12〕沈從文：《往事》，《沈從文文集・第一卷》，廣州：花城出版社，香港：三聯書店香港分店，1982 年，第 5 頁。

〔註 13〕沈從文：《槐化鎮》，《沈從文文集・第一卷》，廣州：花城出版社，香港：三聯書店香港分店，1982 年，第 42 頁。

〔註 14〕魯迅：《序言》，《中國新文學大系・小說二集》，上海：良友圖書公司 1935 年，第 10 頁。

　　需要說明的是，無論二十年代初僑居北京的作家，還是二三十年代漂泊
上海租界的作家，都無可避免地有遠鄉懷土的情結，但是在情緒的強烈和具
體的精神內涵上有著明顯的差異。二十年代北京的僑居作家的懷鄉書寫，有
著反封建家族制度的大背景，「歸家」與「離家」的心理矛盾是其主導精神內
涵，知識分子是文本的敘事者兼主人公，他們是闖蕩京城的失意者，在個體
價值、自由戀愛和家庭觀念的矛盾中掙扎，對家園和故土既眷戀又疏離。他
們懷念的是家鄉的人和事，文本敘事透露出知識分子清冷落寞的心緒。而二
三十年代上海租界作家的懷鄉書寫有了更清晰的現代都市文化背景作為參
照，他們的懷鄉主題的主導精神內涵已經不是「歸家」或「離家」，懷念的主
要不是家鄉的親人和事，更多的倒是家鄉的自然景觀與和諧健康的人際關
係，懷鄉文本往往把租界高度發達的現代都市物質文明下人的異化和人性的
墮落作為敘事緣起，對鄉土的聯想追憶，和十九世紀英國華茲華斯等湖畔詩
人的回歸自然——自然環境和自然人性——有大致相似的審美取向。租界的
懷鄉書寫少了感傷情緒和親情眷戀，多了價值評判和對現代都市文明的反
思。沈從文二三十年代在北京和上海兩地的懷鄉書寫大致顯示了這種差異。

　　北京在文化性質上與鄉土中國有著很大的同質性。民國作家醉心於北京
的，是它城市中的鄉村味，鄉土中的城市味，「沒有古刹的幽沈，租界的喧鬧」
〔註 15〕。郁達夫想念北平時，縈繞郁達夫腦際的，是「陶然亭的蘆花，釣魚
臺的柳影，西山的蟲鳴，玉泉的夜月，潭拓寺的鐘聲」〔註 16〕。林語堂認為
北京的魅力在於她寧靜古樸，「代表和順安適的生活，代表了生活的協調，使
文化發展到最美麗，最和諧的頂點，同時含蓄著城市生活及其鄉村生活的協
調」〔註 17〕。如此北京，難以為沈從文提供照亮湘西世界的精神刺激，難以
令「鄉下人」滋生出文化反思的情愫。

　　1928 年沈從文移居上海法租界後，創作出現了一些新的特質。無庸諱言，
沈從文走的大致還是講述湘西故事的路子。然而，在租界文化語境的映照下，
沈從文創作的湘西故事獲得了內涵的拓展和昇華。沈從文寓居租界後，走出

〔註 15〕李健吾：《北平》，姜德明編《北京乎》，北京：生活・讀書・新知三聯書店，
　　　　1992 年，第 666 頁。
〔註 16〕郁達夫：《故都的秋》，姜德明編《北京乎》，北京：生活・讀書・新知三聯書
　　　　店，1992 年，第 317 頁。
〔註 17〕林語堂：《迷人的北平》，姜德明編《北京乎》，北京：生活・讀書・新知三聯
　　　　書店，1992 年，第 507 頁。

了北京時期狹窄單純的創作路子，實現了創作風格和文學觀念的蟬蛻，開始「有意來作鄉巴老」，開始建構「希臘小廟」供奉「人性」，開始由鄉情民俗的單純展示轉向鄉村都市二元對立的敘事模式，開始從民族精神重建的文化立場來講述鄉村和都市故事。租界的世態照亮了沈從文記憶中的湘西世界，促使他以全新的眼光重新審視湘西和都市的關係，進而對現代文明發出質疑。也就是說，到上海租界之後，沈從文才形成自己明確的文化批判立場，在這種立場的觀照下，其創作獲得了現代性的品格。因此可以說，京派作家沈從文，一定程度上是從租界化上海的文化語境中走出來的。

三、租界語境中的敘事倫理：對抗存在的被遺忘

在租界，馬路上「車馬的喧鬧，屋宇的高大，相形之下，顯得人們的混沌和渺小」，「誰不是一個螞蟻？」〔註18〕置身租界，很容易產生卑微感。租界的「十里紅塵」中，「聽車聲／不聽鳥啼聲／看霓虹燈／不看植物油燈」〔註19〕，「住在上海的人，是永遠見不著春天的」〔註20〕。「住在『上海弄堂』房子裏的人對月亮的圓缺隱現是不甚關心的。……有月亮吧，就像多了一盞街燈。沒有月亮吧，猶如一盞街燈損壞了，不曾亮起來。誰留意這些呢？」〔註21〕加上租界裏繁華下掩飾的是「空虛，平凡，拜金與低級趣味」，「充斥了不自然的女人，非人的勞力」〔註22〕，「都市中人是全為一個都市教育與都市趣味所同化，一切女子的靈魂，皆從一個模子裏印就，一切男子的靈魂，又皆從另一模子中印出，個性與特性是不易存在，領袖標準是在共通所理解的榜樣中產生的。一切皆顯得又庸俗又平凡，一切皆轉化為商品形式。」〔註23〕有感於上海租界芸芸眾生生存本真的喪失，並且為了尋求自我存在的理由，沈從文只能以小說對抗他人和自我的「存在的被遺忘。」劉小楓的現代性倫

〔註18〕葉聖陶：《生活》，《葉聖陶散文（上）》，北京：中國廣播電視出版社，1997年，第5頁。

〔註19〕舒巷城：《上海某天》，《啊，上海，你這個中國的安樂窩》，姚建斌、瞿吉好編選，長沙：嶽麓書社，2003年，第254頁。

〔註20〕周樂山：《上海之春》，《良友畫報》，1935年4月，第56期，第16頁。

〔註21〕葉聖陶：《看月》，《未厭居習作》，北京：開明出版社，1992年，第6頁。

〔註22〕林語堂：《上海頌》，《林語堂名著全集·第十五卷》，長春：東北師範大學出版社，1994年，第56頁。

〔註23〕沈從文：《如蕤》，《沈從文文集·第五卷》，廣州：花城出版社，香港：三聯書店香港分店，1982年，第260頁。

理敘事理論對於詮釋沈從文的敘事動機是非常貼切的：「當人們感覺自己的生命若有若無時，當一個人覺得自己的生活變得破碎不堪時，當我們的生活想像遭到挫傷時，敘事讓人重新找回自己的生命感覺，重返自己的生活想像的空間，甚至重新拾回新生活中無常抹去的自我。」〔註24〕置身於租界商業化和殖民化的都市洪流中，沈從文離不開敘事的援引和救贖，租界的生存環境，讓沈從文找到了現代性的敘事倫理。

在民國作家中，沈從文是第一個對現代文明進程持深刻反思態度的作家。正是在這個意義上，以沈從文為代表的京派對現代性的追求與「五四」及同時代的作家劃清了界限。我把沈從文小說的現代性稱為「反現代文明的現代性」。沈從文思考「民族品德的消失與重造」，是在「過去」與「當前」的對照中進行的。他敏感於「民族過去的偉大處與目前墮落處」〔註25〕，他從租界的人生世相中別具慧眼地看到現代文明給人們，尤其是「城市中人」造成的「不幸」，故常常生活在湘西過去給他的印象裏，對邊地兒女「優美、健康、自然、而又不悖乎人性的人生形式」神往緬懷。然而，說沈從文一味沉湎過去是片面的，他實際上「常常為人生遠景而凝眸」〔註26〕。他的古典人文情懷不過「證明什麼應消滅，什麼宜存在」〔註27〕，體現了他對歷史「進步」理念的反思。「進步」的理念來源於達爾文的進化論。在「進步」理念的支配下，現代啓蒙知識分子斷然認為西方社會和文化是現代的、文明的、理性的，是值得模仿搬用的；中國傳統社會和文化是落後的、愚昧的、野蠻的、非理性的，是需要被克服、被遺棄的，因而中國前現代社會的農業文明就成了批判的眾矢之的，現代文明理所當然的無情摧毀前現代文明。這種「全盤性反傳統」的合理性值得商榷，中國後來的現實發展和人文精神反思證明了這一點。

或許弗洛伊德的一段話有助於我們理解沈從文創作「反現代文明的現代性」：「個體的自由不是文明的恩賜。……在人類集體中，以渴望自由的形式表現出來的東西是人類對現存不公正的反抗，因此，它可能有助於文明的進一步發展；它可能與文明一致。但是，它也可能產生於人類原始性格的遺迹

〔註24〕劉小楓：《引子》，《沉重的肉身》，上海：上海人民出版社，1999年，第3頁。
〔註25〕沈從文：《從文自傳》，北京：人民文學出版社，1981年，第127頁。
〔註26〕沈從文：《從文自傳》，北京：人民文學出版社，1981年，第9頁。
〔註27〕沈從文：《〈從文小說習作選集〉代序》，《從文自傳》，北京：人民文學出版社，1981年，第124頁。

中，這種性格還沒有被文明所改造；因此，可能成為敵視文明的基礎。所以，對自由的渴望被轉到反對文明的特定形式和要求或者徹底反對文明的方向上。」〔註 28〕從弗洛伊德的論述中，我們找到了解讀沈從文寓居上海後小說創作意圖的鑰匙。既然「個體的自由不是文明的恩賜」，現代「人類原始性格的遺迹」中的自由生命形態遭到破壞，人性受到異化，沈從文有理由通過批判現代文明來建構健全人性的「希臘小廟」。這樣一來，沈從文就以處於邊緣地位的湘西前現代文明，對抗處於話語中心的現代文明；以鄉村原始的自在自為生命形態，對抗租界中的西方理性傳統。當然，我們並不否認，現代文明為個體生命的可能性發展開拓了廣闊的空間。羅梭在《論不平等的起源》中所描述的原始的人，雖然有改善自己的潛能，「但他無法實現他的潛能，除非他從自然狀態進入文明狀態」〔註 29〕，沈從文反現代文明的動因，不是勸人們放棄文明，而是為了擦亮人們的眼睛，使人們看到有必要對現代文明的負面效應進行反省和遏制。孔範今先生的觀點有助於我們進一步印證沈從文小說「反現代文明的現代性」：「文學在人的生命乃至歷史的健全發展上實則另有擔承，為其尤為關注的應是人性生存的現實狀態，在歷史中所起的也應是對那些哪怕是歷史中心性進步行為的撐拒與張力作用。所以，優秀的文學常常與歷史性中心行為事實上存在著對視乃至質疑的關係，比如，巴爾扎克時代的資本主義顯然還處在進步階段，而為他所關注的卻是由此而形成的人性的嚴重異化。20 世紀中國文學的『現代性』呈現，也往往是表現在對『歷史』之『現代性』的質疑上。」〔註 30〕

沈從文「反現代文明的現代性」的小說敘事，與米蘭·昆德拉所說的「小說的精神」不謀而合：「我只知道小說與我們時代的精神不能再共同生活下去：如果它想繼續發現尚為被發現的，如果它想作為小說而『進步』，它只能對抗世界的進步從而實現自己的進步。」〔註 31〕因為「世界的進步」使「人處於一個真正的縮減的漩渦中，胡塞爾所講的『生活的世界』在漩渦中宿命

〔註 28〕弗洛伊德：《文明與缺憾》，傅雅芳等譯，合肥：安徽文藝出版社，1996 年，第 38～39 頁。

〔註 29〕〔英〕阿倫·布洛克：《西方人文主義傳統》，董樂山譯，北京：生活·讀書·新知三聯書店，1997 年，第 99 頁。

〔註 30〕孔範今：《對視，並不是取其反》，《文學評論》，2001 第 4 期，第 15～16 頁。

〔註 31〕米蘭·昆德拉：《小說的藝術》，孟媚譯，北京：生活·讀書·新知三聯書店，1992 年，第 18 頁。

般的黯淡，存在墮入遺忘，然而，如果說小說的存在理由是把『生活的世界』置於一個永久的光芒下，並保護我們以對抗『存在的被遺忘』，那麼小說的存在在今天難道不比過去任何時候都必要嗎？」〔註 32〕租界中的芸芸眾生在追逐時尚的潮流中喪失了個性，在謀生逐利的壓力下淡忘了生命的情趣，鋼筋水泥和霓虹燈閃爍的都市隔絕了和自然的對話，市政管理制度和法律規則強行對生活加以組織，租界的殖民性扭曲了華人的價值觀念和文化心態。對於生活在租界裏的個體自然生命形態的喪失，沒有人比沈從文更看得真切，更痛心疾首了。我認為，從文化意義上說，沈從文小說的「存在理由」，沈從文小說的超越性獨特價值和沈從文小說的現代性，就在於其執著地對抗「存在的被遺忘」。沈從文說，「我是個對一切無信仰的人，卻只信仰『生命』」〔註 33〕。他對生命本體的關注，使他超越了同時代一般作家的短視和浮躁，其小說創作具有更厚重的現代性品格。

　　沈從文以小說對抗「存在的被遺忘」，首先表現在對「生命的莊嚴」的維護。他造的「希臘小廟」以及供奉的人性，無不具有生命的莊嚴；順天命畏鬼神的生存態度中亦見出生命的神性與莊嚴。《丈夫》寫出了「丈夫」從麻木愚昧到對丈夫的尊嚴與權力的覺悟和維護的心理歷程，最後，夫婦離開了使鄉下婦女墮落異化的城市，一起「回轉鄉下去了」，他們或許能夠重溫恬靜、和美、健康的鄉下夫妻生活。《巧秀和冬生》中的「小寡婦」（巧秀的媽）因與打虎匠相好被族祖沈河，但是面對死亡，「從這婦人臉上，竟看不出恨和懼，看不出特別緊張，一切都若平靜異常」。向死的平靜與無懼，恰恰是對生的摯愛對生命神性的崇拜。族祖因為親手毀滅了生命的莊嚴，靈魂和心靈受到無形的譴責，「過四年後那族祖便在祠堂裏發狂自殺了」。《新與舊》通過對舊式砍頭的行刑方式的渲染，亦表達了生命的神聖和莊嚴。對生命莊嚴的維護，構成了對租界人生的生命尊嚴的降低、變賣或物質化的批判。

　　「存在的被遺忘」在歷史的「變」中發生；存在的本真則在「常」中被保留。在沈從文的文學圖景中，湘西的前現代社會比風雲變幻的現代租界社會更易於造就人性的善與美。傳統的樸素的美與熱情的善，正是在現代文明

〔註 32〕米蘭·昆德拉：《小說的藝術》，孟湄譯，北京：生活·讀書·新知三聯書店，1992 年，第 16 頁。

〔註 33〕沈從文：《水雲》，《沈從文文集·第十卷》，廣州：花城出版社，香港：三聯書店香港分店，1984 年，第 294 頁。

進程中迅速地失落的,「變」總是與人的墮落如影相隨。因此,沈從文對「變」
與「常」反思的結果,就不免持「常」拒「變」。沈從文 1934 年回鄉,為湘
西的墮落而頗多感慨。「表面上看來,事事物物自然都有了極大進步,試仔細
注意注意,便見出在變化中墮落趨勢。最明顯的事,即農村社會所保有那點
正直樸素人情美,幾幾乎快要消失無餘,代替而來的卻是近二十年實際社會
培養成功的一種唯實唯利庸俗人生觀。敬鬼神畏天命的迷信固然已經被常識
所摧毀,然而做人時的義利取捨是非辨別也隨同泯滅了。『現代』二字已到了
湘西,可是具體的東西,不過是點綴都市文明的奢侈品大量輸入,上等紙煙
和各樣罐頭,在各階層間作廣泛的消費。抽象的東西,竟只有流行政治中的
公文八股和交際世故。」〔註 34〕「現代」二字在他看來,摧毀的是善與美,
遺留的是浮華與約束。在《七個野人和最後一個迎春節》中,現代「文明」
侵入北溪村,設立了地方政府機構,強行頒佈了一系列新式的規章制度,摧
毀了與時不合的「野人」自在自為、充滿浪漫激情的生命形式,帶來了所謂
「地方進步」,但進步所在不過是最後一個迎春節的醉酒狂歡、男女同樂、對
歌頌神的節日儀式和生活方式的取締,感性生命的萎縮和人生的無趣。《新與
舊》描寫的舊式殺人儀式瀰漫著神性和戲劇性,與新式殺人手段對生命的漠
然形成鮮明對照。沈從文的理想人生形式,構成了對不可逆轉的時間觀念的
否定。有感於現代社會的「變」已經使人的存在本身受到威脅,沈從文只能
用文學來對抗。

　　沈從文對抗「存在的被遺忘」在鄉村與都市的二元對立敘事模式中作了
形象的演繹。都市文明在沈從文的觀念中總是與都市人的虛偽、墮落、抑鬱、
虛弱相關聯。鄉村的愚夫俗子則擁有一種「優美、健康、自然、而又不悖乎
人性的人生形式」。都市的墮落和都市人的病態「應當用海來治療」,應當用
「邊城」人物的「正直和熱情」來燃起他們的「自尊心和自信心」。這從《邊
城》、《柏子》與《八駿圖》、《紳士的太太》的對照敘事中不難領會。《邊城》
和《柏子》演繹的是鄉間自在自為的生命形式和自然質樸的性愛關係;《八駿
圖》和《紳士的太太》演繹的是都市人生生命活力的萎縮和兩性關係的墮落。
沈從文的湘西故事對於租界化上海諸多為「都市病」所累的都市人來說,無
疑是一劑精神良藥,連蘇雪林也承認沈從文的湘西故事「可以使我們這些久

〔註34〕沈從文:《〈長河〉題記》,《從文自傳》,北京:人民文學出版社,1981 年,第
　　　　128 頁。

困於文明重壓之下疲乏麻木的靈魂，暫時得到一種解放的快樂」〔註35〕。在沈從文的心中，鄉村故土是現代人文理想的鮮活源頭或正宗流脈，而都市文明是稗草，是異類。沈從文與「五四」作家對鄉村和都市故事的不同講述，與他們所持的文化參照立場有關。「五四」時期的新派作家，向西方文化認同，以新獲得的都市身份和現代文明的優越視野俯視鄉村，在都市文化的參照系中，鄉村無疑是落後、愚昧、迷信的同義詞。而在沈從文的文學圖景中，都市文明及都市人的生存狀態，被置於鄉村價值評判的坐標中予以審視，故都市是都市人墮落、虛偽、退化的溫床。以弗洛伊德的精神分析理論來判斷，沈從文筆下的鄉村生命形式更傾向於本我、自我、超我的融合，快樂原則與現實原則的和諧一致；都市生命形式則傾向於本我、自我、超我的分裂，快樂原則與現實原則的緊張對立。

生命的健全和元氣的充沛總是與感性張揚相連；生命的異化和詩意的縮減則與理性壓抑相關。因此，沈從文偏愛感性形式，嫌惡理性規則。村言俗語的活潑，鄉村生活的簡單，愛欲的健康，「信天委命的達觀」，感情的素樸，思維的直覺，這一切都是沈從文所激賞的。相反，租界市政制度對人的非理性組織，文明人對自我本能的壓抑，紳士們的虛偽禮儀，這些都是沈從文所鄙夷的。特洛奇指出，藝術的現代性「表現為對感性的重新發現和此岸感的強化，恢復此岸世界的感性品質的權利」〔註36〕。沈從文小說對道德和愛情的「恰如其分的說明」，對「常」與「變」「兩相乘除中所有的哀樂」的敘述，無不來源於故事的自我呈現，表現為對感性和此岸性的尊崇。沈從文「是想藉文字的力量，把野蠻人血液，注入老邁龍鍾頹廢腐敗的中華民族身體裏去，使他興奮起來，年青起來，好在二十世紀舞臺上與別個民族競爭生存權利」〔註37〕。

沈從文自稱為 20 世紀「最後一個浪漫派」。「最後一個」固然不合事實，但他避開主流話語和意識形態對文學的操縱，放棄多數讀者的期待視野，遊走在租界里革命文學和左翼文學「血」「淚」的粗糙吶喊之外，醉心於造「希臘小廟」，供奉理想的人生形式，繾綣於愛與美的夢境，則無疑體現了他對人

〔註35〕蘇雪林:《中國二三十年代作家》，臺北:臺北純文學出版社，1983 年第 2 版，第 392 頁。

〔註36〕劉小楓:《現代性社會理論緒論》，上海:上海三聯書店，1998 年，第 145 頁。

〔註37〕蘇雪林:《中國二三十年代作家》，臺北:臺北純文學出版社，1983 年第 2 版，第 394 頁。

類生存狀態的浪漫理想立場。並且以超前性的眼光觸摸到了歷史的暗流，敏銳的洞悉了理性與文明對人的本眞性、豐富性的蝕空。沈從文從事的是「對『歷史表述』之外的更爲豐富的內容的發現，和由人性生存角度對歷史所作的質疑性補償」〔註 38〕。他是以浪漫的姿態來對抗「存在的被遺忘」。當租界其他作家汲汲於人的外在生活環境的變革，沈從文則似乎不合時宜地悲憫慨歎人存在本身的危機，痛惜人的內涵正日漸削減、稀薄。並且，他意識到民族精神的重造，與眼下的革命、救亡相比，意義更爲深遠，「我希望我的工作，在歷史上能負一點兒責任，盡時間來陶冶，給他證明什麼應消滅，什麼宜存在」〔註 39〕。他「期待另一時代心與心的溝通」〔註 40〕。他不願追逐租界中的文學時尙，不願向小市民或當局取媚，不願爲「多數」而寫作，他姑且遺棄了「多數」，大多數人也遺棄了他，他承受著孤獨和被誤解，雖然「愛不是我分內所有的愛，憎也不是我分內所有的憎，我就那麼在這冤枉中過活！」〔註41〕。但是，他作爲租界裏的「鄉下人」，爲了對抗自身的「存在的被遺忘」，「我除了走我一條從幻想中達到愛與美的接觸的路，能使我到這世界是有氣力寂寞地活下去，眞沒有別的什麼了」〔註 42〕。所以，對逝去的「優美、健康、自然、而又不悖乎人性」的生命故事的敍述，不僅是他的「救世」之方，也是他的「自救」之舟。他的創作彷彿弗洛伊德所說的「白日夢」，在「希臘小廟」的幻影追憶中，他獲得了一種想像性的補償，以平衡現實中美的虛妄和生的無助。靠了小說敍事的援引，他體驗到生命神性的提升。

沈從文對現代文明的質疑，對「存在的被遺忘」的對抗，重構了人們與歷史、未來、自身的關係，使得他的小說具有了「反現代文明的現代性」品格，也使他成爲可以與魯迅相比肩的小說家。可以說，30 年代的上海租界造就了 30 年代的沈從文。

〔註 38〕 孔範今：《絕對化思維無助於文學史的科學建構》，《中國社會科學》2001 年第 4 期，第 136～139 頁。

〔註 39〕 沈從文：《〈從文小說習作選集〉代序》，《從文自傳》，北京：人民文學出版社，1981 年，第 124 頁。

〔註 40〕 沈從文：《〈阿麗思中國遊記〉後序》，《沈從文文集·第一卷》，廣州：花城出版社，香港：三聯書店香港分店，1982 年，第 205 頁。

〔註 41〕 沈從文：《〈阿麗思中國遊記〉後序》，《沈從文文集·第一卷》，廣州：花城出版社，香港：三聯書店香港分店，1982 年，第 205 頁。

〔註 42〕 沈從文：《〈阿麗思中國遊記〉後序》，《沈從文文集·第一卷》，廣州：花城出版社，香港：三聯書店香港分店，1982 年，第 205 頁。

第二節　殖民敘事、文化身份與租界體驗

一、殖民敘事與租界體驗

　　混迹於五方雜處、華洋混居的十里洋場，不可避免地要受到租界風氣的浸染，租界文化的影響是許多作家揮不去的夢魘。分析租界文化對沈從文創作的影響，一個可以選擇的路徑就是分析其小說的殖民敘事。租界話語本來就近似於殖民話語。租界話語構設了個人的生存空間和生存體驗，進入創作中，則使文本帶有殖民敘事的特徵。這種殖民話語的特徵從故事的組織、題材的選擇、人物的搭配、敘事者的設定和隱含作者的文化立場等方面表現出來。身處租界，耳濡目染殖民化租界的文化風潮，入其內，故能有真實的體驗，出其外，故能靜觀剖析。沈從文正因為入其內，又出其外，以敏銳的洞察力穿透了殖民者的文化心態，並以戲謔調侃的筆調描畫了殖民者的複雜嘴臉和東方體驗。

　　沈從文第一次提到租界的文本是《在私塾》：「大家來到院中玩捉貓貓的遊戲，倉底下成了頂好地方。從倉外面瞧裏面，弄不清，裏面瞧外又極分明。遇到充貓兒的是膽小的人時，他不敢進去，則明知道你在那一個倉背後也奈何你不得。這下倉底下說來真算租界。」〔註 43〕沈從文在這段話中用語碼編製的租界喻體，獨特而耐人尋味。最表層的含義可以理解成租界為各種偏離社會規則的冒險者提供庇護所。冒險者之所以能夠取得存在的優勢，在於他們能夠掌握明暗交混中的自由空間。如果我們對這段話語進一步解碼，還可以尋繹出這些意味：糧倉的倉底可謂既是一個賞心悅目的地方，又是一個黑暗而神秘之處，糧倉「下面極乾爽，全是細沙」，而且還窩藏著小花兔，兔的巢穴錯雜相通，足以引起外界的「好奇」，但要進入這片陌生而神秘的大陸，是需要「腰躬著」的，在糧倉底下的人把自身融入不熟悉的黑暗中難免忐忑不安。黑暗的「異域」之所以誘惑著進入者，是因為進入者能夠借助中心空間控制邊緣地帶。如果把這些文化語碼再一次「轉譯」，就編碼成租界殖民者在「東方黑暗大陸」的冒險模式和生存體驗，或來自外地的華人闖蕩洋場的生存狀態。不論對誰而言，租界都是彌漫黑暗神秘，令人忐忑不安而又充滿誘惑的區域。

〔註43〕沈從文：《在私塾》，《沈從文文集・第一卷》，廣州：花城出版社，香港：三聯書店香港分店，1982 年，第 167 頁。

　　沈從文殖民化經驗敘事的典型文本是《阿麗思中國遊記》。《阿麗思中國遊記》寫於 1928 年春季前後，那時沈從文孤身一人初到上海，住在法租界善鐘里的一個亭子間。《阿麗思中國遊記》是沈從文創作的第一個長篇，最初發表在《新月》雜誌上。

　　沈從文創作《阿麗思中國遊記》〔註 44〕的最初動機，是想寫一點類似於《阿麗思漫遊奇境記》的東西給他的小妹看，讓她看了好到家裏向患病的母親說說，使老人開開心。〔註 45〕這和當年路易斯・加樂爾創作《阿麗思漫遊奇境記》給一個可愛的小女孩看的動機有相似之處，都是爲了愉悅親近的人。《阿麗思漫遊奇境記》的原名爲「The Adventures of Alice in Wonderland」，於 1867 年前後出版。《阿麗思漫遊奇境記》第一個中譯本出自著名語言學家趙元任先生的手筆，曾由商務印書館於 1922 年出版。《阿麗思漫遊奇境記》是一本純粹的奇思異想的童話，是遊戲和幻想結合的佳作。正如趙元任在「譯者序」裏所說的，《阿麗思漫遊奇境記》是一本充滿大量「不通」的笑話、具有「沒有意思」的「意思」的童話故事〔註 46〕。故事的呈現建立在兒童的敘事視角和經驗視界的基礎上。

　　但是，當沈從文走進人物和故事的自足世界時，文本《阿麗思中國遊記》漸漸脫離作者創作初衷的風格要求，也和元故事《阿麗思漫遊奇境記》的童趣風格和文體要求產生了巨大的疏離，做了一次「在通常標準與規則外」〔註 47〕寫作的嘗試，「對帝國主義者與僞紳士有所攻擊」〔註 48〕。由於沈從文借文本來排遣「心上非發泄不可的一些東西」，造成《阿麗思中國遊記》在旨趣上幾乎「寫得與前書無關」〔註 49〕，成了殖民者經驗和租界本土經驗的諷喻文本。

〔註 44〕　沈從文：《沈從文文集・第一卷》，廣州：花城出版社，香港：三聯書店香港分店，1982 年。

〔註 45〕　沈從文：《〈阿麗思中國遊記〉後序》，《沈從文文集・第一卷》，廣州：花城出版社，香港：三聯書店香港分店，1982 年，第 202 頁。

〔註 46〕　趙元任：《〈阿麗思漫遊奇境記〉譯者序》，《阿麗思漫遊奇境記》，〔英〕路易斯・加樂爾著，趙元任譯，北京：商務印書館，1988 年，第 7～8 頁。

〔註 47〕　沈從文：《〈阿麗思中國遊記〉第二卷的序》，《沈從文文集・第一卷》，廣州：花城出版社，香港：三聯書店香港分店，1982 年，第 344 頁。

〔註 48〕　沈從文：《〈阿麗思中國遊記〉第二卷的序》，《沈從文文集・第一卷》，廣州：花城出版社，香港：三聯書店香港分店，1982 年，第 345 頁。

〔註 49〕　沈從文：《〈阿麗思中國遊記〉後序》，《沈從文文集・第一卷》，廣州：花城出版社，香港：三聯書店香港分店，1982 年，第 203 頁。

　　沈從文把《阿麗思漫遊奇境記》的兩個人物阿麗思和兔子挪移到《阿麗思中國遊記》中，作為小說的主人公，並在他們的身上套用了西方殖民者在東方漫遊、探險的故事模式。我們應該看到元文本和續文本之間的互文性，元文本《阿麗思漫遊奇境記》「漫遊奇境」的故事映像了續文本《阿麗思中國遊記》裏的中國作為另一個「奇境」而存在。續文本起頭一句就是「阿麗思小姐自從遊歷奇境回家後」，暗示了下面講述的是阿麗思在中國的獵奇經歷。漫遊者漫遊中國的動機出自「獵奇」的嗜好，但是所「獵」之「奇」已經不是元文本提供的天方夜譚似的童話世界，而是續文本裏呈現的「東方色彩」之「奇」。阿麗思小姐早晚向上帝禱告，希望上帝的使者早日把她寫在聖經最後一頁白紙上的信函送到兔子儺喜先生手裏，以便她能趕上觀看中國過舊年時節「頂有趣」的「作揖磕頭的風俗」。阿麗思擔心中國那時正在進行的「革命」如果成功，將會剷除一切舊習慣和風俗，而進入新時代的中國人「大概同歐洲人一個模樣」，「再沒有戴小瓜皮帽子的紳士了，再沒有害癆病的美人了，再沒有一切的東方色彩了，那縱到中國去玩一年兩年，也很少趣味。」阿麗思和儺喜感到好奇並加以稱頌的幾乎都是中國古典、落後、愚昧、野蠻和迷信的一面。他們喜歡中國乾隆年間的陶瓷和古典的韻語，不喜歡白話。儺喜先生走在上海租界「歐洲人從歐洲運來紅木、水泥、鐵板、鋼柱建築成就的大路，」看到外國人的貨物、歐式的房子，心裏並不大暢快，他不情願中國像英國，他需要「指引一條到中國去的路」，想要到那「矮房子，髒身子，赤膊赤腳，抽鴉片煙，推牌九過日子的中國的地方去玩玩」，而且感覺「到這些地方來天就似乎低了些」。這就是阿麗思和儺喜要找的「感覺」！總之，阿麗思和儺喜是把中國當作一件年代久遠、黴迹斑駁的「古董」來鑒賞把玩，以滿足殖民者的畸形心態。沈從文對殖民者盛讚的「東方色彩」有著自覺的反感。他在給友人的信中說到梅蘭芳在美國的演出的事件認為，梅蘭芳「特意跑到紐約來做生意，我覺得不拘這事如何得美國人快樂，這快樂總是一種羞辱。『東方趣味』有些事是對於民族人格不過問的，想不到這些有知識的人，還特意到紐約去介紹這些趣味給美國人」〔註50〕。

　　小說聚焦者或遊記漫遊者身份的設定，即故事是經過誰的觀察眼光過濾的，是決定一個文本的敘事風格和思想傾向的一個關鍵因素。《阿麗思中國遊

〔註50〕沈從文：《書信・19300426致王際真》，《沈從文全集・第18卷》，太原：北嶽文藝出版社，2002年，第64頁。

記》的聚焦者主要是來自大英帝國的阿麗思小姐和約翰·儺喜先生，中國租界醜惡可笑的現象、湘西愚昧野蠻的習俗，正是通過他們的眼光「被觀看」。

需要解釋和強調的是：沈從文是如何獲得阿麗思和儺喜的這種「看中國」的殖民眼光的？或者從另一個角度說，製造文本殖民話語效應的文本外因素是什麼？我認爲可以從四個方面來解釋：其一，是沈從文對租界殖民者心態、眼光的揣摩和體認。艾耶爾認爲：「一個好的歷史學家，必須能夠想像他自己就置身於他所談論的角色的環境之中，並且在那一點上使自己與那些角色等同起來。」〔註51〕一個好的文學家也是這樣。沈從文從租界生活得來的直接經驗和通過新聞報刊獲得的間接經驗是理解殖民者心態、眼光的具有說服力的佐證。其二，殖民地的土著往往習慣於用殖民者的文化眼光和價值理念來代替自己的文化眼光和價值理念，這是強者對弱者、強勢民族對弱勢民族整治的結果，也是弱者對強者、弱勢民族對強勢民族模仿、認同和屈服的結果。租界是殖民性的區域，具有租界生活體驗的華人（包括沈從文）在這一點上也難以完全擺脫殖民地人們慣有的這種心態和思維特性。其三，「我們如何看待西方人」往往成爲我們剖析「西方人如何看待東方人」的知識經驗背景。生活在租界裏的人，傾向於把西方「西方化」，按照「西方化」的尺度衡量理解西方，按照「東方化」的模式向西方展示東方。其四，沈從文寓居上海租界後，自我認定爲「鄉下人」，在文化血緣上向祖母的苗族族性歸依，並且，這種歸依帶有種族自豪感。這樣，他自我體認的身份就是鄉下苗族的後裔。由於對自我體認的身份持道德倫理上的優越感，因此，在觀照漢族的生活世界，尤其是都市漢族（民國都市是漢族的都市）的生命形態時，在一定程度上，就和西方殖民者的眼光和心態取得了一致性——以優越的眼光「看」「他者」。這一點從小說的聚焦者看取上海租界和湘西世界截然不同的態度中可以明瞭。

《阿麗思中國遊記》的視角設定，可以用賽義德的話來詮釋：「東方被觀看，因爲其幾乎是冒犯性的（但卻不嚴重）行爲的怪異性具有取之不盡的來源；而歐洲人則是看客，用其感受力居高臨下地巡視著東方，從不介入其中，總是與其保持著距離，總是等著看《埃及志》所稱的『怪異的快樂』（bizarre jouissance）的新的例證。東方成了怪異性活生生的戲劇舞臺。」〔註52〕《阿

〔註51〕〔英〕艾耶爾：《二十世紀哲學》，李步樓、俞宣孟、苑利均等譯，上海：上海譯文出版社，1987年，第240頁。

〔註52〕〔美〕愛德華·W·賽義德：《東方學》，王宇根譯，北京：生活·讀書·新知三聯書店，1999年，第135頁。

麗思中國遊記》的殖民文化性質很大程度上就是由此產生的。小說採用全知
視角。從文本第二卷的第三章以及後幾章的元敘事中透露的信息來判斷，我
們有理由把敘事者等同爲文本中儀彬的二哥，也就是作者的化身。這樣，在
文本中，敘事者、隱含的作者和作者就趨向統一。小說蘊含的複雜而深刻的
殖民文化，是依靠敘事者、聚焦者和聚焦對象之間所產生的文化張力來維持。
一個具有民族主義情感而對中國醜惡現狀取譏諷態度的敘事者，兩個從大英
帝國到中國來漫遊的聚焦者，和大量令聚焦者「驚異」「好奇」的中國醜惡生
存現狀的「展示」，這些因素在文本中構成了極富張力的文化交流空間。民族
自豪感的失落，混合著對殖民者卑劣行徑虛僞心態的譏諷；對西方文化的傾
慕，交織著出於民族主義立場的反帝情緒，使得文本的殖民文化內涵變得錯
綜複雜。因此，我們需要不斷地破解文化隱喻和諷喻，才能破解文本的文化
密碼，才能體會到沈從文所表露的「說話像小針小刺，不過酸氣一股，憤懣
所至，悲憫隨之」〔註53〕的敘事心態。

　　文本故事的主要聚焦者是來自大英帝國的兩個漫遊者——十二歲的阿麗
思小姐和四十來歲的約翰・儺喜紳士。阿麗思是一個「牧師」的女兒，儺喜在
一個「意外機會」由流氓癩三成爲了體面的紳士。他們的身份和來歷就富有意
味，帶有殖民者的面影。阿麗思的個性大致承續了元文本《阿麗思漫遊奇境記》
同名主人公的性格特徵，天眞、愛幻想、喜思辨。但是，即使一個帝國主義的
小姑娘來到中國，看取事物的眼光中也難免摻雜了「東方主義」的色彩。約翰・
儺喜形象則屬於沈從文的再創造。在《關於約翰・儺喜先生》一章中，敘事者
巧妙的把在元文本中居於次要角色的儺喜賦予新的意義：「在阿麗思小姐的上
一次奇境漫遊中，所說到的約翰・儺喜先生的性格，有些是已經被記敘這個旅
行的人弄錯了，有的簡直疏忽了。在此實在有提一提的必要。」沈從文虛構了
儺喜充滿傳奇色彩的發跡史，並把他取名爲約翰・儺喜。姓名中的姓氏是西方
的，名字則是中國式的，是所謂英國的姓氏中國的名字。他的名字是有來歷的，
「此名爲中國某總理在家裏時之小名，『儺喜』意謂還一次願爲儺神所喜而賜
云」。姓名和來歷暗示了儺喜這個英國紳士對中國的「君臨」心態。和阿麗思
一樣（阿麗思把請求上帝傳送的信函寫在聖經最後一頁的白紙上），儺喜「進
入」中國也是秉持神的旨意，爲神所支持，因此他們的所作所感便獲得了合法

〔註53〕沈從文：《〈阿麗思中國遊記〉第二卷的序》，《沈從文文集・第一卷》，廣州：
　　　　花城出版社，香港：三聯書店香港分店，1982 年，第 345 頁。

性和神聖性。他們有理由輕視「並不念過書受過洗禮的外教地方」。他們也認爲自己有能力有責任使憂愁的灰鸛一家快樂起來。

沈從文深入揣摩到了帝國子民的殖民主義文化眼光和思維方式。所有到東方或非洲冒險旅行的西方殖民者，都傾向於把這些民族的文化簡化，以爲憑藉先前探險旅遊者的旅遊日記就能把握這些民族的本質，把西方旅行者撰寫的《中國旅行指南》當作解讀中國的聖經。殖民者「獵奇」的心理決定了他們把陌生的中國神秘化，同時誇大其野蠻、邪僻、迷信和不開化的一面。他們認爲古老的中國永遠古老，中國的現狀逃不脫西方的想像性規定。儺喜在哈卜君家裏喝過龍井茶、吃過了中國菜，看了中國畫和中國的古板書以後，「回家途中的儺喜先生，已是儼然遊過中國一次了」。有過中國旅行經歷的西方人，事後會覺得去中國一趟，就彷彿去自己的莊園瞧瞧一樣的輕鬆和自在。當儺喜詢問「中國通」哈卜君「去中國是不是同去美國一樣」？哈卜君回答說：「不。你要去中國，就把船票買好去就是了。到了就上岸。隨便住，你到中國比到這裡還自由許多。」西方殖民者「進入」中國之所以如此灑脫，是由殖民者的雄強文化心態決定的。美國記者海倫·斯諾是這樣敘事她迫近上海外灘時的感覺：「站在『林肯總統號』上，我們覺得也是這個古老傳統的一部分。我站在船頭，像一隻古老的快速帆船的船頭雕飾一樣，面對未來，體魄健壯而又雄心勃勃。」〔註54〕殖民者在文化立場上，以文化認同的姿態把帝國的子民認定爲「我們」，把殖民地的土著以輕視和拒斥的態度認定爲「他們」，在「我們」和「他們」之間劃出明確的「邊界」，不認爲中國和英國有相似的合理性，對「新發現」的中國的「優點」要麼詫異，要麼持質疑態度。「阿麗思小姐是不能相信中國人會演戲的。但同時她承認到中國看一切也都像有很有趣味的戲。」「回到家來的阿麗思，感到最出奇的還是中國小孩子的聰明。」也許阿麗思的這些言行和想法還和她的年齡有關，但是，在作這種考慮時，我的眼前馬上就浮現了朱自清的散文《白種人——上帝的驕子》裏的小洋人朝朱自清「將臉盡力地伸過來了」所擺出的殖民者慣有的挑釁和鄙視的神情〔註55〕。朱自清想：「他已懂得憑著人種的優

〔註54〕 海倫·斯諾：《初進上海（1931 年）》，《回眸上海》，賈樹枚主編，上海：上海
人民出版社，2003 年，第 38 頁。

〔註55〕 《白種人——上帝的驕子》裏提到了童話故事中的阿麗思，朱自清的這篇散
文是不是沈從文創作《阿麗思中國遊記》的觸發點，我們無從考證，但從主
題和人物的關聯性來看，我們推測前者對後者還是有啓示作用，至少，前者
實際上構成了後者的另一個重要的互文文本。

勢和國家的強力，伸著臉襲擊我了」〔註56〕。朱自清對「小西洋人」的一些感想也適合於阿麗思。殖民者總是以西方為中心，以西方的價值觀點作為評判的標尺。

　　《阿麗思中國遊記》對殖民文化的透視，還得力於核心意象的營造。通過刻意營造核心意象來創造文化喻體，是現代小說常取的方式。「意象真正的功用是：它作為抽象之物，可作為象徵，即思想的荷載物。」〔註57〕《阿麗思中國遊記》最值得注意的是「牆」意象。小說中有兩處集中營造了「牆」意象。第一處是小說第一部的第六章。儺喜和阿麗思從上海租界坐汽車「到鄉下去」。走了很長一段路，在遠離租界的地方，「他們的車子是為一堵斜牆擋著了」，「從那牆的一個缺處露了一個瘦瘦尖臉。」對西方的漫遊者而言，中國人總是危險的怪物，但是在殖民地旅行的「我們」總毫不畏懼，且能控制「他們」。所以，儺喜先生第一反應是把瘦漢子判定為「匪徒」，雖然他有「頂和氣象人的臉」。瘦漢子拿著一件東西逼過來，儺喜照樣是「並不怕」。按照西方冒險旅遊者的思維慣例，在儺喜的視角觀照下，瘦漢子被「漫畫化」：「如一匹瘦狗，身上用一些布片包作一條很有趣味的棍棒形狀，手像一些竹子作的，但顏色卻是蠟。」在儺喜聚焦下的瘦漢子，不但被「漫畫化」，而且被「物化」，描繪他的話語都是以「某物」作為換喻代碼：棍棒、竹子、蠟。在儺喜的視閾下，這種視覺換喻顯得很有「趣味」。當我們這樣解讀文本時，還需要加以說明：沈從文追求的是反諷與真實雜錯的敘事效果，也就是那種深深觸動我們情感的「說話像小針小刺，不過酸氣一股，憤懣所至，悲憫隨之」的言說方式。「牆」隱喻西方人在東方和西方之間劃定的「邊界」，「牆」內「牆」外可以說是兩個世界。「牆」內的世界是陌生的，不可思議，不能體驗。儺喜先生和阿麗思小姐無法理解瘦漢子的一切，他們憑藉西方經驗對眼前發生的事件加以解釋。儺喜「奇怪」瘦漢子怎麼不吃兜安氏補藥；阿麗思小姐奇怪瘦漢子怎麼不去館子吃飯，是不是不喜歡館子做的口味，漢子怎麼會沒有錢。他們以自己的經驗為瘦漢子設法。瘦漢子向他們展示了一篇充滿反諷意味的隨筆：「給中國一切窮朋友一個方便的解決辦法之商榷」。隨筆以戲謔的筆調揭示了「友好」的帝國主義者的卑劣和殘暴面目，披露出

〔註56〕朱自清：《朱自清選集（上）》，北京：人民文學出版社，2004年，第51頁。
〔註57〕〔美〕蘇珊・朗格：《情感與形式》，劉大基、傅志強、周發祥譯，北京：中國社會科學出版社，1986年，第57頁。

中國下層人們的走投無路。隨筆採取正話反說的敘事策略。爲了解決中國窮人問題，隨筆提到了英國人「盡義務」掃射貧窮絕望的貧民的舊辦法，提到用中國的小孩醃製火腿供外國人享用的設想。這篇駭人聽聞的隨筆，約翰·儺喜先生是在「一種很閒澹的情形下」看完的，而且，「他首肯！」在西方殖民者看來，中國的一切苦難和怪現狀都不足詫異，中國人的一切情形又都是奇異的。這似乎是矛盾的表述，但西方漫遊冒險者的眞實面目和殖民心態就在這個矛盾中浮現出來。在他們看來，中國是「隱藏」的，瘦漢子最初「隱藏」在牆後，而後又「走到那斜牆下重新隱藏起來」。阿麗思主觀臆斷地猜想：「這漢子或者這時就在那牆下哭泣」，雖然她並沒有聽到哭泣聲。在這一章中，「牆」成了殖民者經驗和被殖民者經驗的聚焦點和核心意象。

在小說的第二卷第二章，「牆」意象再一次出現，不但對前面的「牆」意象進行了補充和強化，而且兩處「牆」意象還在文本內構成了互文關係。這一次是阿麗思小姐一個人外出漫遊，同樣是在路的「盡頭」，出現了一堵牆。中國對於殖民者的經驗而言，總是「遙遠的」。「牆雖是另外一堵牆，究竟還是一堵牆。」牆後的情況還是令阿麗思惴惴不安，但是，西方旅行者慣有的冒險意識鼓舞她探究牆那面的世界。當阿麗思把自己分成兩個思想辯論，猜想牆那面的景致，第一次兩個聲音都認爲是「海」。「然而海的意義在兩個阿麗思小姐印象上卻各不相同。一個覺得海偉大奔放，一個又以爲海是可怕的東西。」她第二次猜想牆外應當爲一個「花園」，但「一則以爲花園既是別一個人家的，其中不定有咬人的狗，一則以爲花園這個時節必有臘梅以及迎春之類」。第三次她猜想牆後是「羊」，但一個所說的「羊」是指富有攻擊性的「公羊」。西方殖民者總是樂於在想像中虛構他們所認爲的東方世界。這幾種猜想，提供了西方殖民者對中國的「想像」模式。「中國想像」在殖民者的心理上總是充滿了矛盾和歧義，東方既是等待他們征服的野蠻之地，又是爲他們而設的「樂土」。走過牆去，原來是一片樹林，難以找到出路的樹林；樹林下是柔軟的草地，可以供她隨意「翻筋斗」的草地；草地上有蚱蜢，認爲「外國人來中國，專收小孩魂魄，又得挖眼睛熬膏藥，就膽戰心驚的一翅飛去」的蚱蜢。這些場景，都是典型的西方冒險者的體驗想像。

二、自我文化身份的建構與租界體驗

沈從文寓居租界後，才眞正遭遇到西方文明的面影，雖然是被雜糅過的西方文明。寓居租界後，沈從文才眞正地回過頭來重新審視湘西苗族文化傳統。寓居租界後，沈從文在審視苗族文化、漢族文化（中國傳統的主流文化）和西方文化這三種文化時，其態度雖然有明顯偏向，但是，由於實際情形總比文化宣言複雜得多，再加上文本敘事的自足性，他的文化心態有時就呈現出複雜的形態。我們如果把三種文化置於中心與邊緣的框架中來看取，沈從文的文化心態的複雜性就更加顯明。西方文明作爲侵略者的文明，作爲一種殖民文化，對之，沈從文無疑是不懷好感的，這一點毋庸細述。西方文明如果僅僅作爲一種現代文明，對之，沈從文還是充滿嚮往的。沈從文和好友王際眞的通信中多次提到想到美國去，也設法使他的妹妹學好法語，喜歡看王際眞寄來的法國的畫報。他的職業理想是去外國隨公使做一個小辦事員。他如果去紐約「可以很耐煩的數那街道上的汽車的號碼，以及街道邊的廚窗裏廣告。」對現代西方文明的兩種取捨態度，略不經意，也會給沈從文打上賽義德所說的「自我東方化」的烙印。《一個女劇員的生活》（1930 年）的戲劇性結尾就暗示了這一點。小說的主人公，即驕傲的話劇演員蘿，一直樂於在陳白、士平和姓周的學生這三個男性之間穿梭，把他們的感情玩弄於股掌之間，但高傲而美麗的她最後屈服於日本人宗澤。宗澤以一慣的冷漠和寡言擄獲了驕傲的蘿，並寫了一封態度專斷的信給蘿：「當我覺得我愛了你時，我就想，我應當告你，我不怕唐突你，且應當說，『我覺得你得嫁我』。」〔註 58〕宗澤的來信以「一種不可抵抗的力」，最終使得蘿很快和他訂婚了。宗澤在文化身份上屬於「我們」之列，具有「我們」應有的「專斷」、「冷漠」和孤傲，對於蘿，能夠產生「不可抵抗的力」。蘿的愛情選擇，和丁玲的小說《莎菲女士的日記》（1928 年寫於上海法租界）主人公莎菲的遭遇，有著本質上的相通。莎菲傾倒於南洋青年凌吉士的驕貴態度，在他面前感到自卑，企望被他佔有。相反，莎菲認爲眞心愛她的中國青年葦弟缺乏男子漢氣概，有點鄙夷他，覺得他可憐。就文本提供的男主人公的國籍身份、性格氣質和女主人公的矛盾心態、愛情選擇來看，《莎菲女士的日記》和《一個女劇員的生活》都透露出對「洋人」（凌吉士是南洋人，宗澤是東洋人。）的仰視和對同種族男人的鄙

〔註 58〕沈從文：《一個女劇員的生活》，《沈從文文集·第三卷》，廣州：花城出版社，香港：三聯書店香港分店，1982 年，第 424 頁。

視。《莎菲女士的日記》、《一個女劇員的生活》和 30 年代上海上映的好萊塢
電影所傳達的殖民精神有著相通之處。魯迅曾這樣描述他對好萊塢電影的印
象：「看了什麼電影呢？現在已經絲毫也記不起。總之，大約不外乎一個英國
人，爲著祖國，征服了印度的殘酷的酋長，或者一個美國人，到亞非利加去，
發了大財，和絕世的美人結婚之類罷。」〔註 59〕這段話實際上概括了殖民者
征服殖民地的兩種象徵形式：征服殖民地的政權和征服殖民地的女人。蘿投
入宗澤的懷抱，是不是可以想像爲西方文化征服中國文化的一個寓言？如果
可以，沈從文的潛在心理就沒有擺脫殖民地人們慣有的對殖民者的仰視心態
和民族自卑心態。如果這還只是我的推測，那麼，《阿麗思中國遊記》隱含作
者在失望於租界的人生世態後，敘事者熱情高漲而不無自得地向阿麗思講述
和呈現湘西苗族「令人驚異」的生存狀態，是對殖民者審美文化趣味的俯就，
使西方漫遊者的獵奇心理得到了極大的饜足。沈從文在此無疑陷入了「自我
東方化」的陷阱。

　　對苗族的敘事中，我們還可以看出沈從文對苗漢兩個民族的複雜態度。
隱含作者是充滿了敬意和憐憫來呈現苗人的生命狀態。《阿麗思中國遊記》的
敘事者這樣引誘阿麗思去湘西苗鄉：儀彬的母親說，「阿麗思，你也應見一見
我那地方的苗子，因爲他們是中國的老地主。如同美國的紅番是美國老地主
一樣」。苗人被當作了「中國的老地主」，現實中處於地理和文化邊緣的苗民
在文本中被當作了中國的中心和象徵性主人，漢人自然就被邊緣化了。苗民
具有漢人所不具備的優秀品德。「雖野蠻民族不比高尚的白種黃種人講究奴性
的保留，可是這個事就很可喜，有了這個也才能分出野蠻民族之所以爲野蠻
民族。一個野蠻民族的苗中之王，對他的臣民卻找不出像英日皇帝的驕傲與
自大，又不能如昔日中國皇帝那麼奢侈浪費。他的省儉同他的和氣，雖說是
野蠻，有時我以爲同這些野蠻人接近五個月，還比同一個假紳士在一張餐桌
上吃一頓飯爲受用的！你見到苗中之王與苗子的謙虛直率，待人全無詭詐，
你才懂到這謙虛直率在各個不同的民族中交誼的需要。阿麗思，還有咧。還
有他那種神氣，那種美！……」。在苗鄉，阿麗思「不能用小費來問路了，也
不能用『我是英國人』那種話來問路了。儺喜先生老友哈卜君在他的大作上，
提出小費的常識，卻只能用於中國大都會，苗疆鄉僻可不成」。沈從文借阿麗

〔註 59〕魯迅：《且介亭雜文末編・我要騙人》，《魯迅全集・第六卷》，北京：人民文
　　　　學出版社，1981 年，第 487 頁。

思對邊緣化的湘西文明的評判與欣賞，來提升湘西文明的價值，貶斥中國的中心文明。借殖民者的眼光來確證提升湘西文明的地位，本身就隱含了被殖民者的心態。在沈從文的心理上，都市的墮落和漢民族的劣根性是相關聯的，都市是漢族的都市，邊地是苗民的邊地，都市鄉村的分野實際上也包含著漢族和苗族的優劣。沈從文把漢族當作失去血性和民族活力的種族，「女人們對於戀愛不能發狂，不能超越一切利害去追求，不能選她頂喜歡的一個人，不論是白耳族還是烏婆族，總之這民族無用，近於中國漢人，也很明顯了」〔註60〕。沈從文的祖母是苗族，母親是土家族。沈從文明顯頌揚苗族族性的小說寫於《阿麗思中國遊記》之後，如《七個野人和最後一個迎春節》（1929年3月1日）、《龍朱》（1928年冬）、《媚金‧豹子‧與那羊》（1928年冬）、《神巫之愛》（1929年春）和《邊城》（1934年4月），可以說，是租界的體驗激發了沈從文對自身血緣族性的文化自豪感。如果我們對照一下沈從文的湘西書寫與美國黑人女作家托妮‧莫瑞森的黑人書寫，更容易理解租界體驗在喚起沈從文民族意識上的獨特作用。托妮‧莫里森的小說《最藍的眼睛》、《秀拉》〔註61〕中的黑人為了擺脫劣等民族的身份而擠入主流社會，視自己的黑皮膚和黑眼鏡為恥辱，憎恨自己的民族身份。同樣是邊緣民族，湘西書寫與黑人書寫所體現的不同民族體驗，是由於殖民地與租界賦予邊緣民族的不同文化體驗造成的。在殖民者白人與土著黑人的關係中，往往會出現《秀拉》中的情形；在租界洋人、漢族與邊地苗族三者的種族關係中，類似於沈從文這樣的種族意識可能產生。不過，我們應當看到，在《阿麗思中國遊記》裏，沈從文對苗民生存狀態的展示是一種「他性」眼光，同樣含有獵奇和憐憫的態度，而且，對苗民愚昧野蠻落後生活方式的展現，又是憑藉他的都市漢族知識分子身份的優越眼光來看取的。儘管如此，阿麗思由都市到湘西的旅行路線，還是微微透露出作者回歸苗鄉的傾向。小說結尾阿麗思「要想回去」，回到可親可敬的格格佛依絲的身邊，似乎是沈從文歸依祖母血緣族性的隱喻。

　　沈從文對苗漢兩族的複雜態度，與他自我文化身份的建構有關。文化身份的「生產」是一個永不完結的過程，「而且總是在內部而非在外部構成的再

〔註60〕沈從文：《媚金‧豹子‧與那羊》，《沈從文文集‧第一卷》，廣州：花城出版社，香港：三聯書店香港分店，1982年，第397頁。

〔註61〕〔美〕托妮‧莫瑞森：《最藍的眼睛》，陳蘇東、胡允桓譯，海口：南海出版公司，2005年。

現」〔註62〕。沈從文在租界化都市生活的「提示」下，對自己苗族血統產生了自豪感。「我們當下不應該低估或忽視關於重新發現的本質身份的觀念所導致的想像性重新發現行爲的重要性。『隱蔽的歷史』在我們時代出現的許多重大社會運動——女性主義、反殖民主義和反種族主義——中起到了關鍵作用。」〔註63〕沈從文「重新發現」了自己的「本質身份」，身份的重新發現對他的創作產生了極大的影響。苗族血統可以說是他個人的「隱蔽的歷史」，隱蔽歷史的照亮，觸發他思考民族文化重造的大問題，在對苗族的記憶、幻想、敘事和神話建構中，沈從文進行了一次次的精神還鄉。但是，沈從文在內心對苗族身份的認同，並不是毫無疑問。雖然他自稱爲「鄉下人」，在他和都市人之間劃了一條鴻溝，但是他正是在都市中自稱爲鄉下人，只有在遇事不順和心境不佳時，才會想到返鄉過日子。《夫婦》的敘事者兼主人公是有身份的城裏人，在處理捉姦事件時依憑的是文明人的精神優勢和權威話語。但是沈從文有的小說則流露出隱含作者在城市洋派人士、現代女性面前的自卑心理，如《中年》、《善鐘里的生活》。沈從文在內心願意認定自己爲苗族的後裔，卻又認爲自己已被都市生活改造，那麼柔弱，以致不配作他們的子孫。沈從文的苗族文化身份並不是純粹的，而且是「重新發現」的，所以苗族和漢族雙重身份在心理上的共存，有時就導致了族性敘事態度的曖昧和複雜。這也造成了沈從文的小說對西方文化、漢族文化和苗族文化做出中心與邊緣的定位、優與劣的區分時，呈現出複雜的情態，這一點從《阿麗思中國遊記》的敘事中可以看出。

　　1933 年，沈從文重返北平後，隨即發表了《文學者的態度》等文，反戈一擊，指責上海文人的墮落，挑起一場京海派論爭。由此，他的文化身份又一次「重構」。在這一次重構中，眾所周知，他以「京派」的姿態出現。但是，大家忽略了一點：上海時期的租界體驗在沈從文這一次文化身份重構中所具有的制約作用，簡明地說，租界文化與租界體驗在沈從文的文化身份重構中扮演著「他者」的角色。這一點，有助於我們從另外一個角度來看待京海派論爭。

〔註62〕斯圖亞特‧霍爾：《文化身份與族裔散居》，《文化研究讀本》，羅鋼、劉象愚主編，北京：中國社會科學出版社，2000 年，第 208 頁。

〔註63〕斯圖亞特‧霍爾：《文化身份與族裔散居》，《文化研究讀本》，羅鋼、劉象愚主編，北京：中國社會科學出版社，2000 年，第 210 頁。

第六章　魯迅的租界體驗與創作嬗變

第一節　人與城的對話：魯迅與租界化上海

　　1927 年 9 月 27 日，魯迅攜許廣平和大小箱包十餘件，懷著倉皇和憂憤，乘坐太古輪船公司的「山東號」，離開廣州，途經香港、汕頭，於 10 月 3 日踏上了上海灘的土地，風塵僕仆地住進了公共租界裏的「共和旅館」。在他一腳踏上太古碼頭的那一刻起，作爲「沒海」者，他生命的最後十年就注定與上海灘有著糾纏不清的關係，注定要陷入欲棄還留、欲恨還愛的複雜情境。

一、對話，面對租界化的上海

　　魯迅等民國作家和上海這個號稱「東方巴黎」的大都會的對話，其主要對象已不是中國傳統審美意識觀照下的城市景觀，而是現代意義上的被「租界化」的城市景觀。當他們漫步在號稱「萬國建築博覽館」的外灘，穿過繁華而充滿魔力的南京路，看看瘋狂的跑馬廳，或進入歐美情調的咖啡館、跳舞廳消磨一個浪漫的夜晚的時候，他們與租界化城市空間的對話就開始了。對話激起的心靈體驗儘管各不相同，但意義非同尋常。對於 30 年代旅居上海的作家來說，給他們的生命帶來全新體驗的是租界的空氣，激發或損傷他們藝術神經的也是租界的空氣。上海也存在大量傳統的生活景象和人文景觀，但是在租界新奇文化的強烈映照下，他們可能對之心灰意懶。作家感興趣的是陌生的、新奇的、現代的，這些東西選擇性的進入了作家的生命世界，爲他們的思想情感、生活方式和創作理念的刷新提供了新的可能性空間。

　　人與城的對話是一種互動關係。美國著名城市學家伊里爾‧沙裏寧曾說過：「讓我看看你的城市，我就能說出這個城市的居民在文化上追求的是什麼。」〔註1〕城市文化塑造著市民的生活世界，同時，市民的行為風範、日常起居也在積累著城市的精神風貌。但是魯迅與租界化城市景觀的對話，不是愜意的雙向交流，而是充滿了難以言說的齟齬和愛恨。

　　討論魯迅晚年的生活、創作與上海的關係，筆者設定的視點是魯迅與租界化的上海，而不是與華界或籠統意義上的上海，因為近代上海在崛起過程中，華界被租界「雜糅」了，以致某種程度上可以說，華界不過是租界的一個投影。更充分的理由是：其一，魯迅到上海的第一個驛站——「共和旅館「就在租界。魯迅在上海十年的三個寓所，即景雲里 23 號、拉摩斯公寓和大陸新村 9 號，都位於真正租界化的區域。景雲里毗鄰公共租界的虹口，拉摩斯公寓位於北四川路 194 號，大陸新村 9 號位於施高塔路。北四川路和施高塔路都屬於公共租界越界築路的區域，即所謂的「半租界」。越界築路的區域同樣是處於整套租界制度之下的。半租界的形成是由於租界擴界的受阻。直到 1924 年，「租界擴充問題既不能如意解決，如郭泰納夫所云，外人社會是一定要另覓新的解決途徑的。這途徑便是越界築路。因為越界築路不僅是『租界擴充之間接手段』，亦且是『租界界線向前伸展幾乎覺察不著』的方法」〔註2〕。魯迅四次避難的容身地——內山書店、花園莊旅館、大江南飯店、千愛里 3 號（內山完造夫婦的寓所）——都在租界區。其二，魯迅的社會活動、娛樂活動和文學活動，都幾乎是面向租界，在租界中進行的。翻翻《尋訪魯迅在上海的足迹》〔註3〕的目錄，我們能夠一目了然看出這個傾向。其三，魯迅談論上海時，一般是特指上海租界，如《上海文藝之一瞥》、《京派和海派》等文章，開始談的時候就點名「租界」或「洋場」。在魯迅的心理視閾中，情感和思維的邏輯大都指向租界，這也是心理學上情感記憶和興奮點的選擇性所決定的。魯迅的上海十年，和租界息息相關。所以我把研究的視角設定為「魯迅與租界化的上海」。

〔註 1〕 任平：《時尚與激情：城市文化結構與功能新論》，南京：東南大學出版社，
　　　　2000 年，第 2 頁。
〔註 2〕 徐公肅、丘瑾璋、蒯世勳等：《上海公共租界史稿》，上海：上海人民出版社，
　　　　1980 年，第 497 頁。
〔註 3〕 周國偉、彭曉所：《尋訪魯迅在上海的足迹》，上海：上海教育出版社，1987
　　　　年。

二、與其進京，不如入海

　　置身於連空氣中都充滿著亢奮、活力、情色、冒險的「東方魔都」上海，魯迅的敏感神經彷彿並不適宜，他以冷嘲熱諷的姿態，持續地冷眼看租界。

　　魯迅對租界化上海的生存體驗和心理感受，首先可以與他的北京感受相比較來認識。試看他對北京的感想：

> 　　活在沙漠似的北京城裏，枯燥當然是枯燥的，但偶然看看世態，除了百物昂貴之外，究竟還是五花八門，創造藝術的也有，製造流言的也有，肉麻的也有，有趣的也有……這大概就是北京之所以爲北京的緣故，也就是人們總還要奔湊聚集的緣故。可惜的是只有一些小玩意，老實一點的朋友就難於給自己豎起一杆辭嚴義正的軍旗來。〔註4〕

這是魯迅 1926 年 1 月在北京時，正值「寂寞新文苑，平安舊戰場」時期對北京的感懷。在他看來，北京彷彿枯燥寂靜的沙漠，待在北京只能弄「一些小玩意」，難以「豎起一杆辭嚴義正的軍旗」。可見，魯迅是不願讓自己的生命伴隨這個城市一同枯燥沉寂，他嚮往的是大愛大恨的生命體驗和馳騁文壇的熱烈狂放。新文化落潮後的北京不適合安頓他狂躁擴張的靈魂。

　　十年之後，沈從文對北京街頭的印象，和魯迅當年對北京的感懷有著相似之處：「許多人一眼看去，樣子都差不多，睡眠不足，營養不足，吃的胖胖的特種人物，包含偉人和羊肉館的掌櫃，神氣之間便有相通處。儼然已多少代都生活在一種無信心，無目的，無理想情形中，臉上各部官能因不曾好好運用，都顯出一種疲倦或退化的神情。另外一種即是油滑、市儈、鄉愿、官僚、特有的裝作憨厚混合謙虛的油滑。」〔註5〕魯迅和沈從文都認爲北京毫無生氣活力。不過，沈從文鄙視北平市民的「疲倦或退化」，以及「無信心，無目的，無理想」和「油滑」等特性，實際上是以湘西人的眞誠熱情、生命力充沛、信仰單純執著的稟性爲參照的。但是，沈從文既批判這個城市的無生機活力，又能夠享受它的雍容大度平和。

　　我們再來看看魯迅託餘生於上海期間、兩次回北京時的感想：

〔註 4〕　《華蓋集續編・有趣的消息》，《魯迅全集・第三卷》，北京：人民文學出版社，1981 年，第 198 頁。

〔註 5〕　沈從文：《北平的印象和感想》，《上海文化》，1936 年 10 月，第 9 期，第 50～53 頁。

舊友對我，亦甚好，殊不似上海之專以利害為目的，故倘我們
移居這裡，比上海是可以較為有趣的。但看這幾天的情形，則我一
北來，學生必又要迫我去教書，終或招人忌恨，其結果將與前之非
離北京不可。所以，這就又費躊躇了。但若於春末來玩幾天，則無
害。〔註6〕

這次回來，正值暑假將近，所以很有幾處送我飯碗。但我對於
此種地位（留北平任教——筆者注），總是毫無興趣。為安閒計，住
北平是不壞的，但因為和南方太不同了，所以幾乎又有「世外桃源」
之感。我來此雖已十天，卻毫不感到什麼刺戟，略不小心，確有「落
伍」之懼的。上海雖煩擾，但也別有生氣。〔註7〕

「過客」魯迅固然懷念北京不記利害得失的朋友情義，認為北京適合安閒度日，
但他更需要充滿刺激、富有生氣的生活，他甚至認為，妓女泰綺思「比起我們
的有些所謂『文人』，剛到中年，就自歎道『我是心灰意懶了』的死樣活氣來，
實在更其像人樣。我也可以自白一句：我寧可向潑刺的妓女立正，卻不願意和
此樣活氣的文人打棚」〔註8〕。所以，魯迅雖然覺得北京「世外桃源」般的生
活有趣，但只能當作一種短期春遊——「春末來玩幾天」。如果「落伍」，那是
萬萬不可的。魯迅寧可向潑辣的妓女立正，也不願和「死樣活氣」的文人開玩
笑。可見，魯迅對生活在充滿生機活力、刺激挑戰的租界化上海，實在也有些
沾沾自喜、敝帚自珍的意思。魯迅應該深刻地認識到：上海是 30 年代中國文化
出版和商業金融中心，發展著中國現代化可能有的希望；上海文人薈萃、書局
林立、報刊叢生，「什麼口號都自這兒發起，一般書籍的版權頁上印的多半是『四
馬路』，而且，這個東方小巴黎又有那麼些名人蝟集著」〔註9〕，主導著時代的
思想文化潮流，有著不可記數的讀者群；上海租界的空氣使人自由，適於作家
縱筆馳騁；佔據上海這個中國文學場和社會場的中心，就能夠使個人的生命能
量自由釋放。上海不愧是「魔都」，以致魯迅自始至終無法逃離租界化上海對他

〔註6〕 《書信·320206 致許廣平》，《魯迅全集·第十二卷》，北京：人民文學出版社，
1981 年，第 127 頁。

〔註7〕 《兩地書·290523》，《魯迅全集·第十一卷》，北京：人民文學出版社，1981
年，第 295 頁。

〔註8〕 《且介亭雜文二集·「京派」和「海派」》，《魯迅全集·第六卷》，北京：人民
文學出版社，1981 年，第 305 頁。

〔註9〕 蕭乾：《跳出來說的》，《蕭乾選集·第三卷》，成都：四川人民出版社，1984
年，第 29 頁。

的誘惑而投奔它處。魯迅自己很明白，他這株野生的特種植物，不大適宜於北京、廣州、廈門的水土，更不適合移植蘇聯或日本，只有在租界化上海「四不像」的文化環境中，才會安落一點。這就是魯迅至死都不離開上海的原因。

　　然而，魯迅對上海租界的評判一直沒什麼好口氣。當然，他不像郭沫若那麼深惡痛絕之。詩人郭沫若對上海城市空間的敘述，讓我們不得不憎恨這個城市：「遊閒的屍，／淫豔的肉，／長的男袍，／女的短袖，／滿目都是骷髏，／滿街都是靈柩，／亂闖，／亂走。」〔註10〕魯迅對上海並不如此深惡痛絕，他一直留在上海不走，生命垂危時還希望搬到法租界住。1936 年 10 月6 日在給友人的信中說到他早想搬家，他對新住處的第一個要求就是要在租界〔註11〕。但是，他照樣橫豎說上海的不是。這當然包含作為社會制度和思想文化的反思者、批判者所應有的姿態，況且魯迅還必須「側立著」來抵禦這個城市裏的敵手和同盟向他射來的冷箭。實際上，不僅僅是魯迅，幾乎所有的知識分子都出自不同的立場，表達了對上海現狀的隱憂或不滿，「沒有人認為上海可以以現在的平庸方式存在下去」〔註12〕。租界化的上海對於置身其中的個體來說，彷彿是一個蠱惑人心的豔婦——都為她的摩登和活力著迷，又都指責她的品行不端。這體現了從傳統價值觀念和生活方式擺渡過來的中國老兒女，被推入畸形的現代都市文化語境中的複雜心態。

三、「如身穿一件未曾曬乾之小衫」的租界體驗

　　魯迅對租界化上海的種種惡俗氣進行了批判，如：吃白相飯、重利輕義、人心澆薄、造謠生事、坑蒙拐騙、揩油幫閒、摩登時髦，以及西崽的奴才相、紳士的偽面具，等等。對之，前人論述較多，筆者不打算重複，只分析一下魯迅和租界化上海進行對話時的疏離感和邊緣感。

　　魯迅置身於租界的生存體驗，恰「如身穿一件未曾曬乾之小衫」〔註13〕。其中滋味，實在難以用絕對的好惡判定。這種「如身穿一件未曾曬乾之小衫」

〔註10〕郭沫若：《上海印象》，《郭沫若全集（文學編）・第一卷》，北京：人民文學出版社，1982 年，第 162 頁。

〔註11〕《書信・361006 致曹白》，《魯迅全集・第十三卷》，北京：人民文學出版社，1981 年，第 441 頁。

〔註12〕李歐明：《浮世代代傳：海派文人說略》，北京：華文出版社，1997 年，第 3頁。

〔註13〕《書信・331202 致鄭振鐸》，《魯迅全集・第十二卷》，北京：人民文學出版社，1981 年，第 284 頁。

的生命體驗，和租界化上海既發展著中國現代化可能有的希望，又滋生了大量的惡俗氣有很大關係，也和魯迅的遲暮心態有關。他樂意從大上海的都市空間中吸取「生氣」，享受它繁華跳蕩的文化活力，借之緊緊追隨瞬息萬變的時代文化浪潮。但是，在吸取租界化上海帶來的「生氣」的同時，也不可避免的要承受它的「煩擾」。而遲暮心態的人往往求寧靜忌煩擾。這就造成魯迅和青年作家對現代都市的不同體驗。譬如對於市聲的體驗，魯迅就和青年作家靳以和張愛玲截然不同。市聲喧鬧地從窗口流進來，街車經過使危樓微微震顫，靳以「可以不受一點驚擾」，因爲他「已經和這個大城的脈搏相調諧了」〔註14〕。張愛玲喜歡聽市聲，她甚至是「非得聽見電車響才睡得著覺的」〔註15〕。而魯迅對都市生活中的聲色是不適應的：「閘北一帶弄堂內外叫賣零食的聲音，假使當時記錄了下來，從早到夜，恐怕總可以有二三十樣。……但對於靠筆墨爲生的人們，卻有一點害處，假使你還沒有練到『心如古井』，就可以被鬧得整天整夜寫不出什麼東西來」〔註16〕。這說明魯迅還沒有真正融入上海的城市氛圍，不能把煩擾當作上海的城市個性來容納、品味。

上海是個移民城市，生活在租界化上海的個體，大都有一種漂泊、過客意識。過客身份和漂泊意識助長了冒險的風氣和揮霍生命的習氣，也造成了政治狂熱和情欲放縱。因此，權力鬥爭和欲望敘事便在租界的自由空氣中，像熱帶植物一樣瘋狂生長。而遲暮心態的魯迅不能如創造社、太陽社和新感覺派的青年小夥那樣如魚得水般在其中自由遊弋，他多少顯得無所適從。他尤其不能適宜城市中女性欲望的擴張和被消費。在《上海的少女》一文中，魯迅批判了上海少女的時髦和性早熟。蕭紅對魯迅的回憶中也提到這樣的一個事件：「有一天魯迅先生的背後那茶座裏邊坐著一位摩登女子，身穿紫裙子黃衣裳，頭戴花帽子……那女子臨走時，魯迅先生一看她，就用眼瞪著她，很生氣的看了她半天，而後說：『是做什麼的呢？』」〔註17〕。魯迅對不相關的「摩登女子」的服飾如此憎惡，近乎不可理喻。實際上，上海女性的時髦

〔註14〕靳以：《憶上海》，《靳以選集·第五卷》，成都：四川人民出版社，1984 年，第 289 頁。

〔註15〕張愛玲：《公寓生活記趣》，《張愛玲文集·第四卷》，合肥：安徽文藝出版社，1992 年，第 29～30 頁。

〔註16〕《且介亭雜文二集·弄堂生意古今談》，《魯迅全集·第六卷》，北京：人民文學出版社，1981 年，第 308 頁。

〔註17〕蕭紅：《回憶魯迅先生》，《魯迅在上海（二）》，龔濟民編，聊城：山東師院聊城分院，1980 年，第 88 頁。

早熟，我們可以理解爲：一則是她們承受著更大的都市壓力；二則是租界的
浮華生活方式對她們的異化，同時也是她們對租界文化的迎合，近代女性在
租界的商業社會中難免成爲男性的一種消費商品；另外，商業社會對經濟實
力的崇拜，使得衣著成了實力的一種標示，要在社會生活中引起關注和尊
重，衣著當然要華麗講究，衣著的講究也成了參與社會競爭的一種資本，也
就是魯迅說的「在上海生活，穿時髦衣服的比土氣的便宜」〔註18〕。魯迅通
常沒有把這類事務看作是現代生活姿態的展現。實際上，在租界化上海，「現
代性經驗不再僅僅是某種政治運動的興起，也不再僅僅是一些知識分子從事
的啓蒙事業，而是一個極爲紛雜的過程。對現代性的尋求不是一項偉大的事
業，毋寧是一個被迫的生活過程。這是一個充滿了弔詭、矛盾、腐朽和生機
的過程：它不僅創造了一個東亞地區最爲繁華的都市，而且創造了一種新的
日常生活經驗、一種新的文化認同、一種不同的生活態度」〔註19〕。時髦也
是一種新的生活觀念和精神狀態的表現，時髦意味著對現代生活觀念和生活
方式的認同和佔有。在上海，女性必須投入到現代審美觀念的冒險中去，這
是上海女性的幸運和代價。生活於租界化上海的市民有一種生命的無常感。
他們明瞭人的價值和尊嚴，而又把它虛擲。經濟生活的投機冒險帶來的人生
無常感，使得大多數市民以生命的價值和尊嚴爲代價而瘋狂地投入到本我能
量的無限放縱的遊戲中去。他們是清醒的被異化。魯迅或許沒有認識到這一
點，所以他終年穿著灰撲撲的長衫。魯迅的穿長衫，包含他骨子裏的傳統文
人節氣和對租界化上海的殖民化時尚的抵抗，同時，或許還包含著留日經歷
的魯迅以傳統的長衫，來暗示他與從歐美留學的文人的紳士風度的對抗姿
態。

　　魯迅甚至對女性參與文化事業持偏激的譏諷態度。他反對女性文學，反
對女性進入公共空間：「在醫學上，『婦人科』雖然設有專科，但在文藝上，『女
作家』分爲一類卻未免濫用了體質的差別，令人覺得有些特別的。但最露骨
的是張競生博士所開的『美的書店』，曾經對面呆站著兩個年青臉白的女店
員，給買主可以問她『《第三種水》出了沒有？』等類，一舉兩得，有玉有書」

〔註18〕《南腔北調集·上海的少女》，《魯迅全集·第四卷》，北京：人民文學出版社，
　　　　1981 年，第 563 頁。
〔註19〕汪暉：《〈上海：城市、社會與文化〉序》，《死火重溫》，北京：人民文學出版
　　　　社，2000 年，第 482～483 頁。

〔註20〕。魯迅這裡的口氣和傳統士大夫似乎沒有太多區別，缺乏前期小說《肥皂》那樣的深刻文化蘊含，也和他早期雜文《堅壁清野主義》、《寡婦主義》的觀點背道而馳，他忘記了自己曾主張婦女解放需要以經濟獨立為前提。女店員怎麼啦？魯迅的觀念確實有些「偏至」。蔣光慈的愛人吳以鴻在 1981 年說的一番話有一定道理：「我們當年反對魯迅，從我來說，我是覺得魯迅口是心非，因為他的文章裏講婦女解放，要求男女平等，卻把許廣平關在家裏，做個家庭婦女，照顧他的生活。」〔註21〕魯迅私下裏卻對一張現代女性的小畫愛不釋手：「在病中，魯迅先生不看報，不看書，只是安靜的躺著。但有一張小畫是魯迅先生放在床邊上不斷看著的。那張畫，魯迅先生未生病時，和許多畫一道拿給大家看過，小得和紙煙包裹抽出來的那畫片差不多。那上邊畫著一個穿大長裙子飛散著頭髮的女人在大風裏邊跑，在她旁邊的地面上還有小小的紅玫瑰花的花朵。」〔註22〕魯迅先生有很多畫，為什麼只選了這張放在枕邊？這件事甚至連許廣平都疑惑不解。聯繫上面魯迅對上海少女和「摩登女子」的看法，我們或許多少有理由這樣說：魯迅和朱安的包辦婚姻、和許廣平的師生婚姻，實際上都並不愜意，某種程度上帶來了的情欲滿足的匱乏，魯迅的倫理經驗和實踐充滿了悖論。〔註23〕租界身體欲望的膨脹，無疑激起了魯迅的潛在需求，但因為身份和性情的制約，他不能投入到瘋狂情欲的消費潮流中去，只能壓抑〔註24〕，壓抑的結果便產生一種陰暗心理和妒忌心理（這從《為了忘卻的記念》對柔石和馮鏗一起來訪的反感也可以看出），同時也尋求一種私下的滿足和幻想，「穿大長裙子飛散著頭髮的女人在大風裏邊跑」的小畫，或許能夠給病中的魯迅些許生命幻想的熱烈吧。

　　遲暮心態的魯迅對現代性的日常生活經驗不是不嘗試，他也常去咖啡館、西餐廳、電影院。但是，咖啡、舞廳、好萊塢大片並不令他愉悅。他看

〔註20〕《三閒集·書籍和財色》，《魯迅全集·第四卷》，北京：人民文學出版社，1981年，第162頁。

〔註21〕周曄：《伯父的最後歲月：魯迅在上海（1927～1936）》，福州：福建教育出版社，2001年，第32頁。

〔註22〕蕭紅：《回憶魯迅先生》，《魯迅在上海（二）》，龔濟民編，聊城：山東師院聊城分院，1980年，第111頁。

〔註23〕李永東：《頹敗的家族：家族小說的文化與敘事研究》，上海：上海三聯書店，2011年，第57～73頁。

〔註24〕筆者的看法與沈從文的猜想不謀而合。見《沈從文全集·第三卷》第406～407頁，太原：北嶽文藝出版社，2002年。

電影是為了增長有關的人文地理知識。雖然他上咖啡館的次數並不算少，但去咖啡館主要是考慮到場所的安全寧靜，適於會見某些朋友商談某些事情，並不是去享受咖啡的特有滋味或那裡的氣氛情調。而且，他忌諱給別人留下西崽的印象，曾對去咖啡館的事加以辯解：「這樣的咖啡店裏，我沒有上去過，那一位作者所『遇見』的，又是別一人。因為：一，我是不喝咖啡的，我總覺得這是洋大人所喝的東西（但這也許是我的『時代錯誤』），不喜歡，還是綠茶好。二，我要抄『小說舊聞』之類，無暇享受這樣樂園的清福。三，這樣的樂園，我是不敢上去的，革命文學家，要年青貌美，齒白唇紅，如潘漢年葉靈鳳輩，這才是天生的文豪，樂園的材料；如我者，在《戰線》上就宣佈過一條『滿口黃牙』的罪狀，到那裡去高談，豈不褻瀆了『無產階級文學』麼？還有四，則即使我要上去，也怕走不到，至多，只能在店後門遠處彷徨彷徨，嗅嗅咖啡渣的氣息罷了。你看這裡面不很有些在前線的文豪麼，我卻是『落伍者』，決不會坐在一屋子裏的。」〔註25〕這一段文字對「革命文學家」極盡反諷之能事，其實也是他的夫子自道，他的怕落伍和對咖啡的不接受，流露出對租界生活的焦灼和不適。

　　魯迅也曾嘗試涉足跳舞廳之類的現代娛樂空間。1932 年的一天，由他提議，和許廣平、增田涉一起「三人到舞場去看了。喝著啤酒，看了一會兒，他說無聊，不到十分鐘，就回來了，他也曾買了票，一塊兒去看中國人表演的西洋歌舞，他也說肉麻，開幕不到五分鐘就回來了」〔註26〕。然而，電影、交誼舞、西洋歌舞表演到底屬於現代的藝術形式和娛樂方式，在租界化的上海被廣泛消費。《上海鱗爪》（寫於 1933 年）對之作了描述：「在八九年前，跳舞潮流曾勃興過一回，後來不知怎的，忽然衰落了。可是到了最近二三年間，跳舞潮流又風起浪湧，盛極一時，跳舞場的開設雖不及電影院之多，然也有三十多家。到跳舞場去的朋友，不但是摩登婦女、慘綠少年，而白髮盈頭、長袍馬褂的老頭兒也很多很多。最普通的代價，一塊大洋可以跳三次，每次只費三角三分，就可以和半裸的粉香撲鼻的、婀娜多姿的舞女摟抱接觸了。」〔註27〕新感覺派作家「晚上常去 Blue Bird（日本人開的舞廳）跳舞」，

〔註25〕《三閒集・革命咖啡店》，《魯迅全集・第四卷》，北京：人民文學出版社，1981年，第 117 頁。

〔註26〕〔日〕增田涉：《魯迅印象記》，《魯迅在上海（三）》，禹長海編，聊城：山東師院聊城分院，1980 年，第 91～92 頁。

〔註27〕郁慕俠：《上海鱗爪》，上海：上海書店出版社，1998 年，第 137 頁。

他們是「租界裏追求新、追求時髦的青年人」，生活「和魯迅、葉聖陶他們不同」，「明顯西化」〔註28〕。對照之下，魯迅在現代都市的娛樂消費生活面前，多少近乎落後和迂腐了。可以說，魯迅不大樂意進入市民的公共娛樂空間，「魯迅先生不遊公園，住在上海十年，兆豐公園沒有進過，虹口公園這麼近也沒有進過」〔註29〕。咖啡館、舞廳、電影院、跑馬場和公園，作為一種消費空間，是都市化、現代化進程的產物，代表了城市公共娛樂和交際空間的發展。消費的過程，既是傳統日常生活經驗的解構過程，也是現代日常生活經驗的重構過程。

但是，魯迅在某些方面還是受到洋場風氣的影響，魯迅並不完全拒絕都市的享受和消費，看電影是要叫汽車的，家裏也擺了一部留聲機，衛生間裏有抽水馬桶和大浴缸。魯迅對上海灘現代消費的選擇和對租界人生活方式的評判，所持的立場不是趙汀陽在《論可能生活》中所說的生命可能性的充分展開，而是對農業社會的生活觀念、傳統的義利取捨觀念和愛恨原則有所保留。

推究魯迅鄙夷和嫉恨租界化上海文化風氣的緣由，大致有三：一、致人性於全的觀念必然對租界商業化、制度化、科學化、理性化所造成異化現象持批駁態度。《摩羅詩力說》、《文化偏至論》中對科學理性和工業文明的批判，可以藉以理解魯迅對上海的厭惡態度；二、傳統農業社會的文化心理對畸形的現代租界文化難以釋懷；三、狹隘、固執、非紳士的氣質對租界風流浪漫、摩登新潮的歐美世風滿懷排斥。

四、處於京海派邊緣的魯迅

實際上，魯迅是傳統士大夫文化和租界洋派文化的中間物。他在租界的洋場風氣中不能爭其風頭，轉而譏笑其才子流氓氣；在北京的士大夫儒雅文化面前亦顯得有些不夠寬博閒淡，轉而譏笑其庸鄙無活氣。他在 1930 年致章廷謙的信中寫到：「至於北京，刺戟也未必多於杭州，據我所見，則昔之稱為戰士者，今已蓄意險仄，或則氣息奄奄，甚至舉止言語，皆非常庸鄙可笑，

〔註28〕張芙鳴：《施蟄存：執著的「新感覺」》，《社會科學報》第 897 期，2003 年 12 月 4 日，第 6 版。

〔註29〕蕭紅：《回憶魯迅先生》，《魯迅在上海（二）》，龔濟民編，聊城：山東師院聊城分院，1980 年，第 83 頁。

與爲伍則難堪，與戰鬥則不得，歸根結蒂，令人如陷泥坑中。」〔註30〕從這些話可以感受到，魯迅以海上洋派的自身優勢觀照京都文人，彷彿城裏人看鄉下人，視之「非常庸鄙可笑」，不堪與之「爲伍」，流露出內心的得意。

就文化立場和文化心態來說，魯迅處於京海派的邊緣。他一方面瞧不起京派文人的「死樣活氣」和紳士作派，另一方面對才子加流氓式的海派文人口誅筆伐。魯迅在京海派論爭中的態度隱含著由京入海者的邊緣心態。魯迅在《「京派」與「海派」》中對京海派的分流各打五十大板，在《「京派」和「海派」》中對京海派的合流卻極力嘲諷。魯迅把京海合流描繪爲：妓女「張開兩條臂膊，叫道『來口虐！』於是──團圓了」。把京海合流稱爲「京海雜燴」──「一碗不過黃鱔田雞，炒在一起的蘇式菜」。對京海合流的譏諷包含魯迅的某種複雜心態。京海合流確實是事實，我們從 1934 年出版的兩個刊物的創刊詞可以看出。1934 年 10 月出版的《文藝畫報》（共出四期，葉靈鳳、穆時英編輯）創刊號對刊物作了這樣的說明：「文藝而稱爲畫報，或許有人見了要歎氣，覺得未免太『海派』了，其實，請看了內容便知道。雖然並不怎樣的『京』，卻也不全然的『海』。也許有時要登幾張女明星的照片，不過遇到了明覆宋槧的股本，或是什麼石洞裏的唐人寫經之類，我們也許會『附庸風雅』的來複印幾張的。不過，我們決不想因了這來自鳴清高或者作爲進身之階。」〔註31〕1934 年 6 月出版的《文藝風景》（共出兩期，施蟄存主編）創刊號的「告白」提到：「文藝的作者，無論是瑤華公子，繡閣才子，偶爾弄筆，發爲佳作；或是坐倦皋比，形勞案牘，濡墨展紙，以爲遣性；或是困守家園，憐才悲命，妻子啼饑，仰天長歎，刻腎鏤肝，以謀饘粥；或是自擊狂流，心傷浮世，發憤揮橡，以當木鐸；凡此種種，動機雖然不一，而其成就則無非是文藝界之一景，正如山水，茅亭，癩犬，乞丐之紛然雜陳於我們眼下。說到這文藝風景之鑒賞者，則有閒之人，則在茶餘酒後；如爲幫閒之人，則在奔走之餘；如爲革命勇士，則在戎馬倥傯之際。」〔註32〕從《文藝畫報》和《文藝風景》的刊物說明來看，京海合流沒有什麼值得多指責，或許可以說，這也未嘗不是一條富有生命活力的文學發展之路。對京海合流的刻薄態度，流露出魯迅

〔註30〕 《書信‧300327 致章廷謙》，《魯迅全集‧第十二卷》，北京：人民文學出版社，1981 年，第 9 頁。
〔註31〕 《編輯隨筆》，《文藝畫報》，1934 年 10 月 10 日，第一卷第一期。
〔註32〕 施蟄存：《文藝風景創刊之告白》，《文藝風景》，1934 年 6 月 1 日，第一卷第一冊，第 2～3 頁。

在租界化上海的邊緣感和作為處於京海派之間的中間物而有的牢騷。

　　不過，邊緣感和中間物處境有助於增強魯迅思想文化批判的敏銳性。黃萬華先生在《中國和海外：20 世紀漢語文學史論》一書中闡發文學史建構的邊緣與中心問題時精闢地指出：「處於『邊緣』者最常有的一種生存狀態恐怕是『越界』」，「處於『邊緣』，往往對自己現在的立足點有很強的挑戰意識，又會有向邊界兩邊溝通的強烈意識，於是『越界』而出。在這種越界中，越界者會獲得新的視角，而他把視線投向邊界一邊時，會看到邊界另一邊的問題，那是因為『邊緣』者敏感於跨越不同邊界的東西」〔註 33〕。在京海派論爭中，魯迅的見解最為精闢。以「官的幫閒」與「商的幫忙」來描畫京派和海派，令人拍案叫絕。魯迅後來對「第三種人」的論述，對「大眾語」的看法，分析精闢入理，同樣無人出其右。究其原因，除了個人思想的敏銳和對社會構成狀態的洞悉之外，與進入上海租界後魯迅所具有的邊緣感以及由此而產生的越界思維也是有一定關係的。在驚歎魯迅後期雜文思想深刻的時候，我們不妨思索一下魯迅在租界化上海的「邊緣者」身份。

第二節　租界文化語境與魯迅後期創作的風貌

一、初進上海的失落與重返中心的努力

　　法國著名社會學家皮埃爾・布迪厄指出，文學場是一個社會化的空間，其生成演變和內部結構的調整，有著自身的法則。他提出的「藝術世代」和文學場的「占位」規則，對於重新審視 30 年代的文學現象和文壇爭鬥有著重大啟示意義。布迪厄認為：「藝術世代是由風格和生活方式之間的時間間隔決定的，通常很短，有時幾乎只有幾年，風格和生活方式的對立表現為『新』與『舊』、創新與『過時』這些決定性的二分法，二分法通常是空泛的，但通過生產差別並標榜差別的標籤，足夠以最小的代價區分與創立指定的團體——而非確定的團體。」〔註 34〕到了 30 年代，整個中國的社會語境和面臨的迫切問題已經和五四時期完全不同了，知識分子討論的焦點問題已經從文化啟

〔註 33〕黃萬華：《中國和海外：20 世紀漢語文學史論》，天津：百花文藝出版社，2004年，第 16 頁。

〔註 34〕〔法〕皮埃爾・布迪厄：《藝術的法則》，劉暉譯，北京：中央編譯出版社，2001 年，第 152 頁。

蒙轉向政治啓蒙。北伐戰爭結束後，政治話語取代了文化啓蒙話語的中心位置，文學場的占位原則也面臨著新的調整和挑戰。正是在這樣的時代背景下，魯迅離開廣州到了上海，在 1928 年後的幾年中，他被創造社、太陽社倡導革命文學的年輕一輩，指認爲「封建餘孽」，新生一代以「最小的代價」對魯迅在文學場中的現時權威地位進行了質疑和衝擊。

　　魯迅受創造社和太陽社攻擊的那段日子，可能是他一生中最覺失落和悲哀的時光。魯迅一代在五四時期，把林紓一輩定位爲老朽，譏諷其死抱傳統不放，輕易地把他們置於逆歷史的、落伍的可笑境地。到了 20 年代後期，新文學中心由北京轉移到上海，文壇的風氣、話語權由租界化上海來定格。租界是年青人的文化殖民地，五四一代被創造社、太陽社的革命文學作家群同樣貼上了「過時」的標籤。革命文學作家群大多是從日本留學歸來或從北伐戰場退下來的年輕一代，他們把五四一代文學家當作路障，認爲不掃蕩老一輩的文學家，就不能很好地建設新的無產階級文學。他們自持無產階級革命的理論資本或實踐資本，到上海租界後，更憑藉共產黨組織和群眾力量作爲後盾，利用租界的自由環境，向魯迅、葉聖陶、郁達夫等前輩宣戰，試圖顛覆權威，對文學場的話語權力進行重新分配，把無產階級文學推至文學場的中心。郭沫若在《文藝戰線上的封建餘孽》中把魯迅定位爲「封建餘孽」、「二重反革命」。葉靈鳳在 1928 年 5 月 15 日《戈壁》第二期上給魯迅作了一幅漫畫，說明詞是：「魯迅先生，陰陽臉的老人，掛著以往的戰績，躲在酒缸後面，揮著他『藝術的武器』，在抵禦著紛然而來的外侮。」馮乃超則說魯迅「常從幽暗的酒家的樓頭，醉眼陶然地眺望窗外的人生」〔註35〕。

　　面對革命文學作家群的攻擊，魯迅努力學習馬克思的唯物主義理論和蘇聯的無產階級文藝理論，因爲有著留日背景的革命文學家「成爲中國新文學的主體，在很大程度上是借助了俄蘇文學的力量」〔註 36〕。魯迅以新獲取的理論資源爲自己的合法性存在而爭論，他想以此取得革命文學作家群所擁有的政治資本和文化資本，實現重回中心的願望。而且，他力圖否定對方擁有的革命政治話語的可靠性，從而緩解對方施與的壓力。這些事件可以看作文

〔註35〕馮乃超：《藝術與社會生活》，《一個都不寬恕——魯迅和他的論敵》，陳漱渝主編，北京：中國文聯出版公司，1996 年，第 364 頁。

〔註36〕黃萬華：《中國和海外：20 世紀漢語文學史論》，天津：百花文藝出版社，2004年，第 33 頁。

學場的占位爭奪——誰是正統，誰是逆流，誰落伍，誰前衛。在租界，如果被拋在潮流之外，很容易被漠視、被淡忘。在上海租界，傳統和現代、中國和西方的時空並置，導致了崇洋風氣和生命緊迫感，租界人惟新是趨，懷有落伍的恐懼感。大上海快節奏的都市生活，使魯迅產生了一種緊迫感，不願花時間休息或療養，也不願去國外，拼著性命與時間競賽，生怕自己被變動不居的新潮流所拋下，因而急於學習革命理論，急於對各種文化、文學潮流表態，急於衝到社會的中心去，再也沒有北京時期坐在槐樹底下抄古碑的心緒。

魯迅在廣州不願被稱為戰士，「所以首先第一回演說，就聲明我不是什麼『戰士』，『革命家』」〔註 37〕。也不大樂意演講，「我尤其怕的是演說，因為它有指定的時候，不聽拖延。臨時到來一班青年，連勸帶逼，將你綁了出去。而所說的話是大概有一定的題目的。命題作文，我最不擅長」〔註 38〕。到了上海，他卻因為不被承認為革命者而耿耿於懷。或許因為有過被普羅文學家「剿殺」的痛苦經驗，加上在北京和廈門受排斥的經歷，他意識到「集團」的力量和利用各種資源合理占位的重要性，開始熱衷於各處演講〔註 39〕，熱衷於聯絡一些文藝青年，熱衷於辦刊，熱衷於各種論戰，熱衷於社交，熱衷於下午常常到內山書店去座談，熱衷於領導各種團體和協會。他最初欣然加入左聯，對左聯賦予他的權威地位覺得很受用，也幹得很賣力。但當夏衍、周揚領導左聯後，魯迅的心裏開始不好受，中心權威的失去和被冷落使他對左聯頗為不滿，以致周揚夏衍叫他參加抗日作家聯盟時，他竟一改往日熱衷歸依集團的習慣，不予理會，部分緣由是這個組織並沒有預先把他奉為權威，他只是被邀請參加。他對解散左聯的不合作，可能也包含了對權力重新分配的敏感。還有一個情節也值得一提：有一回，柔石對魯迅說他「此後應該轉換作品的內容和形式」，並針對魯迅的懷疑果斷地回答說「只要學起來」就不難，並「真也在從新學起來了」。那時柔石曾經帶馮鏗女士一起拜訪魯迅，魯

〔註 37〕 《而已集・通信》，《魯迅全集・第三卷》，北京：人民文學出版社，1981 年，第 446 頁。

〔註 38〕 《而已集・通信》，《魯迅全集・第三卷》，北京：人民文學出版社，1981 年，第 446～447 頁。

〔註 39〕 「左聯「成立之初，曾派一些成員到上海各大學講演，宣傳無產階級文藝理論。這一時期，魯迅先生作的講演很多，也最受學生歡迎。見鄭伯奇：《「左聯」回憶片斷》，《魯迅在上海（一）》，孫慎之編，聊城：山東師院聊城分院，1980 年，第 147 頁。

迅對她很隔膜,「也許是柔石的先前的斬釘截鐵的回答,正中了我那其實是偷懶的主張的傷疤,所以不自覺地遷怒到她的身上去了。——我其實也並不比我所怕見的神經過敏而自尊的文學青年高明」〔註40〕。這多少透露了魯迅即使對自己身邊的人,也時時警惕,懷有妒忌,生怕被超越。在同一篇文章中,魯迅談到他和柔石「都以爲應該來扶植一點剛健質樸的文藝」,因此印了一些東北歐的文學和外國的版畫,但「其中的一本《蕗谷虹兒畫選》,是爲了上海灘上的『藝術家』,即戳穿葉靈鳳這紙老虎而印的」〔註41〕。爲了掃除自己討厭的藝術家,竟然掏錢專門印了一本畫冊,魯迅的狹隘由此可見一斑,難怪潘梓年在《談現在中國的文學界》〔註42〕一文中要提到魯迅的「態度氣量和年紀」。租界化上海崇尚實力,魯迅作爲文學場的既得利益者,時時受到各種新興文學思潮的威脅,新舊兩代作家的爭奪總含有文學合法性地位的辯論。魯迅熱衷於掃蕩文壇,批新興的革命文學,批「第三種人」,批新月派,批「民族主義」,參與「兩個口號」論爭。魯迅和革命文學作家論爭時,否認其存在的現實可能性,和上面提到的幾類作家爭論時,又以無產階級文藝理論作爲批判的武器。他試圖利用話語武器維持自己在文學場的既得權益,從而盡量推延或壓制先鋒文學話語對他們這些既得利益者的振蕩。租界對文學事業的自由放任,以及市民對無產階級文藝的普遍歡迎,都是魯迅利用來維護既得利益的最好憑藉。

二、租界文化壓力下魯迅創作的改弦易轍

　　繁華紛擾的十里洋場,明顯影響了魯迅的創作生涯:他再也沒有坐在槐樹底下抄古碑的孤獨心境,也沒有寫《野草》時咀嚼靈魂的心境,甚至放棄了回憶敘事的成功路子,一到上海,他就做不出小說來。他給蕭紅、蕭軍的信中說:「你們目下不能工作,就是靜不下來,一個人離開故土,到一處生地方,還不發生關係,就是還沒有在這土裏下根,很容易有這一種情境。一個作者,離開本國後,即永不會寫文章了,是常有的事。我到上海後,即做不

〔註40〕《南腔北調集‧爲了忘卻的記念》,《魯迅全集‧第四卷》,北京:人民文學出版社,1981年,第483～484頁。
〔註41〕《南腔北調集‧爲了忘卻的記念》,《魯迅全集‧第四卷》,北京:人民文學出版社,1981年,第482頁。
〔註42〕弱水:《談現在中國的文學界》,《戰線》,1928年4月1日,第1期。

出小說來，而上海這地方，眞也不能叫人和他親熱。」〔註 43〕這段話流露出上海時期魯迅的苦衷。

　　丹納在《藝術哲學》中強調：「必須有某種精神氣候，某種才幹才能發展；否則就流產。因此，氣候改變，才幹的種類也隨之而變；倘若氣候變成相反，才幹的種類也變成相反。精神氣候彷彿在各種才幹中作著『選擇』，只允許某幾類才幹發展而多多少少排斥別的。由於這個作用，你們才看到某些時代某些國家的藝術宗派，忽而發展理想的精神，忽而發展寫實的精神，有時以素描爲主，有時以色彩爲主。時代的趨向始終占著統治地位。企圖向別方面發展的才幹會發覺此路不通；群眾思想和社會風氣的壓力，給藝術家定下一條發展的路，不是壓制藝術家，就是逼他改弦易轍。」〔註 44〕這段話很適合解釋魯迅寓居上海後的遭遇。魯迅到上海後，「爲什麼他不再寫小說？他曾經說笑話道：『老調子已經唱完』」，「至於舊材料，爲《吶喊》和《彷徨》所有者，即他覺得已經寫夠了」〔註 45〕。筆者認爲，更主要的是「老調子」——《吶喊》和《彷徨》中寫老中國兒女的愚昧麻木和五四知識分子的彷徨苦悶的「舊材料」已經不適於租界的文化氣氛，不能引起以市民階層爲主的上海讀者的更多興趣。1927 年魯迅在香港所作演講《老調子已經唱完》中關於俄國作家去外國後創作不濟的解釋，大致也適合用來說明魯迅移居上海後的文運：「幾個舊文學家跑到外國去，作了幾篇作品，但也不見得出色，因爲他們已經失掉了先前的環境了，不再能照先前似的開口。」〔註 46〕魯迅一到租界化的上海，「即做不出小說來」，重要的原因就是已經失掉了先前的時代語境與寫作語境了，「不再能照先前似的開口」。30 年代的租界成就了沈從文的小說創作，30 年代上海租界卻壓制了魯迅的創作活力，逼他改弦易轍，調整自己的創作風格，適應租界的精神氣候。

　　魯迅到上海就做不出小說的原因，以及他後期雜文和《故事新編》的新特點，都可以從他對租界文化氣候的不適或投合的角度加以解釋。

〔註 43〕《書信・341206 致蕭軍、蕭紅》，《魯迅全集・第十二卷》，北京：人民文學出版社，1981 年，第 585 頁。

〔註 44〕〔法〕丹納：《藝術哲學》，傅雷譯，北京：人民文學出版社，1963 年，第 35 頁。

〔註 45〕茅盾：《論魯迅的小說》，《茅盾全集・第二十三卷》，北京：人民文學出版社，1996 年，第 437 頁。

〔註 46〕《集外集拾遺・老調子已經唱完》，《魯迅全集・第七卷》，北京：人民文學出版社，1981 年，第 307～308 頁。

三、租界文化語境下魯迅後期雜文創作的低落

寓居租界化的上海後，魯迅的雜文創作出現了一些明顯的變化。

一、創作的內驅力由主動轉爲應對。魯迅談到雜文集《墳》的創作緣由時說：「在我自己，還是有一點小意義，就是這總算是生活的一部分的痕迹。所以雖然明知道過去已經過去，神魂是無法追蹤的，但總不能那麼決絕，還想將糟粕收斂起來，造成一座小小的新墳，一面是埋葬，一面也是留戀。」〔註47〕魯迅寫《吶喊》時，是因爲「未能忘懷於當日自己的寂寞的悲哀罷，所以仍不免吶喊幾聲，聊以慰藉那在寂寞裏奔馳的猛士，使他不憚於前驅」〔註48〕。至於《彷徨》「荷戟獨彷徨」的自敘傳敘述，《野草》咀嚼靈魂、向內挖掘的散文詩，《朝花夕拾》滿懷深情的懷舊散文，這些創作，可以說都是從生命的河裏自然流淌出來的，創作的緣由與他翻譯的廚川白村《苦悶的象徵》所表述的「文學的動力」極爲合拍：「生命力受了壓抑而生的苦悶懊惱乃是文藝的根柢。」〔註49〕這些創作是屬於有感而發，是「在心爲志，發言爲詩」的佳作。

到上海後，魯迅的大部分創作卻是被動應對的產物。從魯迅上海時期寫作的第一本雜文集《三閒集》的篇目就很容易看出：都是被擠出來的。其中，回信性質的就有五篇，序有四篇。《匪筆三篇》、《某筆兩篇》、《述香港恭祝聖誕》和《弔與賀》是 1927 年到上海後發表的僅有的四篇雜文，然而都是剪貼新聞、廣告、啓事並加以攛掇而成的，1928 年寫的《太平歌訣》、《鏟共大觀》和 1929 年寫的《〈吾國征俄戰史之一頁〉》、《皇家醫學》也是剪貼之作。剪貼多少近乎無聊。通俗作家吳趼人向包天笑傳授寫作秘訣時說到，小說可以從報紙的新聞故事中網羅材料，而且只要尋找適當的方式把材料連綴起來就行了〔註50〕。魯迅以類似的手法，湊了不少的雜文拼盤。更無聊的是他把自己的個人私事也揭示給公眾，如《在上海的魯迅啓示》、《辭顧頡剛教授「候審」（並來信）》，近乎海派式的作秀。實在拿不出「貨色」，就談《我和〈語絲〉的始終》，列《魯

〔註47〕《墳・題記》，《魯迅全集・第一卷》，北京：人民文學出版社，1981 年，第 4
　　　　頁。
〔註48〕《吶喊・自序》，《魯迅全集・第一卷》，北京：人民文學出版社，1981 年，第
　　　　419 頁。
〔註49〕〔日〕廚川白村：《苦悶的象徵》，魯迅譯，天津：百花文藝出版社，2000 年，
　　　　第 16 頁。
〔註50〕包天笑：《釧影樓回憶錄》，香港：大華出版社，1971 年，第 358 頁。

迅譯著書目》，以標明他在文學上還是幹了不少事。再有幾篇就是對創造社、太陽社、現代評論派的攻擊或反攻擊。兩年多來，魯迅就寫了這些東西。看來，魯迅的藝術創作神經似乎已經衰弱，似乎只剩下「刺激——反應」式的作文感知了。這也是魯迅到了後來努力倡說翻譯比創作更重要的隱衷吧。在租界化上海的文化語境下，他的純文學創作才能衰竭，所以就提倡翻譯了。倒不是魯迅真的才盡了，而是由於他在上海的文化氣候中水土不服，因此造成了文學產量的歉收。「戊戌六君子」之一的劉光第說：「不到上海，是生人大恨事；然不到上海，又是學人大幸事。」〔註51〕這句話放到魯迅身上，真是太切合了。不光小說寫不出，連《中國文學史》也僅僅停留在計劃上。想當年魯迅寫《吶喊》、《彷徨》、《野草》、《朝花夕拾》、《中國小說史略》時，是何等的激情四射、文思噴湧、才情橫溢啊。租界化的上海，要說愛它真不容易，魯迅於是說，「我看住在上海，總是不好的」〔註52〕。但是，當魯迅漸漸適應租界的精神氣候以後，他的雜文創作就多產起來了。雖然多產，還是有一部分是應對之作。

　　二、上海時期魯迅雜文批判的視野越來越窄，雜文的思想境界也不如前期的廣博大氣。租界是東西交融、五方雜處的地方，如果持融入或反思的態度，就能獲得開闊的眼界和繁複的體驗。如果懷著思想偏見或政治偏激，那麼心胸視野和思想境界可能就會變得促狹。租界本來是以英美的文化和制度為主導模式。然而，由於留學背景和個性氣質的影響，魯迅對英美的紳士風度和現代文化缺乏好感。「他對於那些買辦文人崇洋媚外的奴才相、『西崽相』，總是投以極大的鄙視和憎惡。我記得，有一次是曹聚仁先生請客，請了魯迅先生；林語堂也來了。席間，林語堂夸夸其談，得意地說：『有一次在香港，幾個廣東人潦廣東話，像講『國語』似的，講得很起勁；我就同他們講英語，就把他們嚇住了……』魯迅先生聽到這裡怒不可遏，他拍著桌子站起來指斥林語堂：『你是什麼東西！你想借外國話來壓我們自己的同胞嗎？……』弄得林語堂當眾出醜。當時，我，還有幾個朋友，都覺得魯迅先生對，在感情上和他共鳴的，而討厭林語堂的那副『西崽相』。在和魯迅先生的交往中，我實在是沒有見到過他這樣地對人發火。」〔註53〕英美的文化令

〔註51〕劉光第：《南旋記》，《劉光第集》，北京：中華書局，1986 年，第 84 頁。

〔註52〕《書信·360813 致沈雁冰》，《魯迅全集·第十三卷》，北京：人民文學出版社，1981 年，第 404 頁。

〔註53〕陳望道：《關於魯迅先生的片斷回憶》，《魯迅在上海（一）》，孫慎之編，聊城：山東師院聊城分院，1980 年，第 34 頁。

他難以親近，英美人的行為方式也令他難以喜愛。英美的自由主義，自然也不會讓他感興趣。對英美的這種態度，魯迅晚年與人通信中數次流露。1927年11月20日致江紹原信中，魯迅寫到：「英美的作品我少看，也不大喜歡。」〔註54〕1935年5月17日致胡風信中，魯迅也說：「英作品多無聊（我和英國人是不對的）。」〔註55〕英國人的人生態度、文化趣味，與魯迅的性情氣質難以吻合。還有一件有趣的事，魯迅和鄭振鐸合編的《北平箋譜》即將印出時，魯迅於1934年1月11日致函鄭振鐸，商量將箋譜「分寄各國圖書館（法西之意、德，及自以為紳士之英者外）」〔註56〕。意德兩國，其時法西斯主義正盛，暫不贈送，自在情理之中。而英國不送，卻只因為「自以為紳士」。由此足見魯迅對英國怎樣不喜歡了。

　　魯迅後期雜文的思想境界不如前期的廣博大氣，有「向瘦小裏耗」〔註57〕的發展傾向。徐志摩的詩「向瘦小裏耗」，是因為「我不知道／風在那一個方向吹」，而向私人情感領域「耗」。而魯迅的雜文「向瘦小裏耗」，卻是向外在的政治集團靠攏的結果。魯迅自己對此有所體認，他在1935年給好友胡風的信中作了表露：「就是近幾年，我覺得還是在外圍的人們裏，出幾個新作家，有一些新鮮的成績，一到裏面去，即醬在無聊的糾紛中，無聲無息」〔註58〕。「選擇哪一個勢力集團幾乎就意味著選擇一條群體的生存之路」〔註59〕。魯迅後期把自己的創作納入左翼的文化宗旨和規劃，使得他的雜文糅入了更多的個人紛爭和宗派傾軋，而且漸漸放棄了他所擅長的個人回憶式的書寫方式，即在個人生命體驗中融入對國民性改造的思考。魯迅的後期創作的聚焦點已經慢慢疏離了對民族、個體的普遍審視和對靈魂的自我解剖，而這正是民國文學的重要使命和魅力所在。

〔註54〕《書信・271120致江紹原》，《魯迅全集・第十一卷》，北京：人民文學出版社，1981年，第597頁。

〔註55〕《書信・350517致胡風》，《魯迅全集・第十三卷》，北京：人民文學出版社，1981年，第129頁。

〔註56〕《書信・340111致鄭振鐸》，《魯迅全集・第十二卷》，北京：人民文學出版社，1981年，第318頁。

〔註57〕徐志摩：《猛虎集・序文》，《徐志摩全集・卷一》，趙遐秋、曾慶瑞、潘百生編，桂林：廣西民族出版社，1991年，第182頁。

〔註58〕《書信・350912致胡風》，《魯迅全集・第十三卷》，北京：人民文學出版社，1981年，第211頁。

〔註59〕黃鍵：《京派文學批評研究》，上海：上海三聯書店，2002年，第295頁。

　　魯迅對殖民意識有著高度警惕，1934 年 3 月 6 日致姚克的信中說到當時有些人向外國介紹中國文藝狀況時自吹自捧，攫取名利，而有些外國人也據此著書，歪曲中國。他在信中說「日本人讀漢文本來較易，而看他們的著作，也還是胡說居多，到上海半月，便做一本書，什麼輪盤賭，私門子之類，說得中國好像全盤都是嫖賭的天國」〔註60〕。在本月 24 日致姚克的信中亦曾談到，西洋人由於不瞭解中國的歷史和風俗人物，竟鬧出了「西洋人畫數千年前之中國人，就已有了辮子，而且身穿馬蹄袖袍子」〔註61〕的笑話，指出了正確介紹中國文藝情形的重要意義。對殖民文化的敏感，也使他對租界化上海保持疏離和矛盾心態。魯迅一直享用著租界的自由空氣和現代制度提供的文化環境，又不能對之心安理得地享用。魯迅從來沒有全面否定租界存在的合理性，也沒有盛讚過租界的情形。身處租界的難言之隱，可見一斑。這種心態於創作是很不適宜的，故魯迅只能挑挑租界的小毛病，引發或應對一些有益無益的文壇論爭，舉起「藝術的武器」或「武器的藝術」發表對民國當局的看法。所以，從文學或文化價值上說，後期的雜文的境界難免小了，過於把雜文當作「匕首和投槍」了。

　　三、魯迅的前期雜文，直面的是整個傳統文化和制度；後期雜文貶刺的是十里洋場現代商業社會中出現的卑劣人事。前期是宏大敘事，後期是瑣碎敘事。前期是反傳統農業文化；後期是反現代商業文化。才子／流氓、幫忙／幫閒是後期雜文的核心字眼，這也是租界文化的部分特性。後期的轉變說明了租界文化對魯迅創作的影響。

　　當魯迅把自己的身影混入租界化的上海後，他的創作心境似乎與這個世界還不能息息相通，往日的鄉土創作路子與租界光怪陸離、萬象雜陳、中西雜糅的氛圍似乎不大合拍，這裡似乎沒有「鐵屋子」需要摧毀，這裡的民眾似乎也有個體自我意識，不需要心靈的導師，因為租界呈現的光怪陸離的景象，本身已經作了最好的詮釋，不需要精英知識分子過多的強行解釋。上海既被認為發展著中國現代化可能有的希望，同時也被指責為道德最墮落的地方。民國作家尤其對後一種情形憂心忡忡。「二十世紀二十年代之後的左翼文

〔註60〕　《書信・340306 致姚克》，《魯迅全集・第十二卷》，北京：人民文學出版社，1981 年，第 350 頁。
〔註61〕　《書信・340324 致姚克》，《魯迅全集・第十二卷》，北京：人民文學出版社，1981 年，第 359 頁。

學一直攻擊這個城市現實的失敗，並鼓勵人們鬥爭。充滿自由主義理念的作家大多逃離這個城市，並遙遠地表示蔑視。而附驥官方意識形態的文學則洋溢著沒有人相信的爲個人意志力讚美與辯解的熱情。自由主義可以看作是一種出路，小說的政治用意可以看作是所能尋找到的上海的另一種精神出路。一個共同點是，所有的尋找都基於對上海現狀的強烈不安。現實主義、浪漫主義、唯美主義、象徵主義甚至民族主義文藝的鼓吹者中，沒有人認爲上海可以以現在的平庸方式存在下去。」〔註62〕新舊知識分子都指責上海灘的墮落，下層工人的群體反抗意識也被鼓動家所激發，對這個城市充滿了愛恨交織的複雜感情。因此，批判，符合眾人口味，哪怕色情作家在露骨的性欲展示後，也故作正經的來一番批駁和表態。

　　在30年代的上海，反異族侵略的民族敘事能夠獲得廣泛的認可，因爲市民社會的國家觀念是強大的。搜奇獵豔的故事和揭露隱私的新聞也有廣大的讀者群，因爲近代上海崛起的奇迹製造了市民的獵奇窺視心理。對於有著民族意識和藝術良知的作家來說，比較適合走的路是：批判租界的惡俗風氣。在這方面，魯迅承續了前期批判國民性的路子，但此國民劣根性已經主要不是傳統專制制度下的國民劣根性，而是經租界商業傳統和殖民文化塑造過的劣根性。由於上海租界的存在時間不算長，其市民劣根性難免顯得淺薄浮化，魯迅的批判也就難得有大氣度。由於批評對象和雜文受眾的制約，雜文的風格也就有點「海派」了，這又近俗了。

三、《故事新編》前後期文本風格的嬗變與魯迅對租界文化的趨附

　　租界文化對魯迅創作的影響，還可以從《故事新編》前期與後期文本風格的嬗變中看出。前期的三篇小說《補天》、《奔月》和《鑄劍》的敘事風格與歷史小說的規定性相契合，力求構築完整的故事情節，即使油滑，如女媧兩腿間的小丈夫，也是由於啓蒙理念的強大導致了文本的分裂〔註63〕。《補天》（1922.11 北京）表現了對封建傳統文化和衛道士的反諷，響應了五四啓蒙的文化主題。《奔月》（1926.12 廈門）故事的講述和他在北平新文化落潮後「平

〔註62〕李嶸明：《浮世代代傳——海派文人說略》，北京：華文出版社，1997 年，第5 頁。

〔註63〕李永東：《啓蒙運動與五四小說文本的分裂》，《學海》2004 年第 2 期，第 176～179 頁。

安舊戰場，寂寞新文苑，兩間餘一卒，荷戟獨彷徨」心態相合。《鑄劍》（1926.10
廈門）對復仇場面的傳奇性渲染，洋溢著悲壯的英雄主義情調。這三篇小說
與寫於上海的《理水》相比，從內容到敘事風格都大相逕庭。《理水》採用了
大量的租界新名詞，筆鋒所向，意在租界的畸形文化形態和當局的腐敗，敘
事風格也受到租界文壇油滑打趣風氣的影響，達到了恣肆放縱、涉筆成趣的
海派作風。後期的作品，充滿了海派式的打趣，有點後現代的無釐頭風格，
顯得不正經，故事中有意穿插各種嘲弄現實世態人生的頑皮話，增加看點，
並隨意宣泄個人隱私。大量的租界洋涇浜語和市民俗語的隨意點染，有媚俗
傾向。這些都說明了魯迅這些作品受到租界文化和海派作風的影響，朝著流
行文本的路子靠。「如果一個文本與讀者產生共鳴，它就會流行。一個文本要
想流行，它的寓意必須適合讀者理解他們的社會體驗使用的話語。流行文本
向讀者保證說，他們的世界觀（話語）是有意義的。消費文化獲得的滿足，
是人們從確信他們對世界的闡釋與其他人對世界的闡釋相一致中獲得的滿
足。」〔註64〕在上海租界，「諧趣風氣」很「流行」〔註65〕。魯迅對「海式」
的媚俗傾向曾給予批評：「我到上海後，所驚異的事情之一是新聞記事的章回
小說化。無論怎樣慘事，都要說得有趣——海式的有趣。只要是失勢或遭殃
的，便總要受奚落——賞玩的奚落。」〔註66〕然而，魯迅《故事新編》後期
小說的敘事風格卻恰恰落入了這樣的俗套。

　　拿《故事新編》裏大量的「詼諧」話語和情節來說，後期作品表露的情
趣就和前期的有著深刻區別。朱光潛在《詩論》中對「詼諧」進行了經典論
述，他贊同伊斯特曼對於「詼諧」的論斷：詼諧「是對於命運開玩笑」〔註67〕。
朱光潛對兩類「詼諧」作了辨析，他認為，「對於命運開玩笑」是一種遁逃，
也是一種征服，偏於遁逃者以滑稽玩世，偏於征服者以豁達超世。豁達者在
悲劇中參透人生世相，他的詼諧出入於至性深情，所以表面滑稽而骨子裏沉
痛；滑稽者則在喜劇中見出人事的乖訛，同時彷彿覺得這種發現是他的聰明，

〔註64〕〔美〕戴安娜・克蘭：《文化生產：媒體與都市藝術》，趙國新譯，上海：譯
　　　　林出版社，2001 年，第 98 頁。

〔註65〕沈從文：《作家間需要一種新運動》，《沈從文批評文集》，劉洪濤編，珠海：
　　　　珠海出版社，1998 年，第 30 頁。

〔註66〕《集外集拾遺補編・〈某報剪注〉按語》，《魯迅全集・第八卷》，北京：人民
　　　　文學出版社，1981 年，第 203 頁。

〔註67〕朱光潛：《詩論》，《朱光潛全集・第三卷》，合肥：安徽教育出版社，1987 年，
　　　　第 30 頁。

他的優勝，於是嘲笑以取樂，這種詼諧有時不免流於輕薄。豁達者詼諧中有悲憫，其詼諧可以稱爲「悲劇的詼諧」。滑稽者有點玩世不恭，其詼諧可以稱爲「喜劇的詼諧」〔註68〕。大致可以說，魯迅前期小說的「詼諧」出於至性深情，表面滑稽而骨子裏沉痛，有濃厚的悲憫情懷，是悲劇的詼諧、認眞的「詼諧」。而《故事新編》後期的小說則有點滑稽玩世，透露出輕薄的精神優勝，是喜劇的詼諧、「油滑」的「詼諧」。前後期「詼諧」的分野也就是魯迅在《故事新編・序言》裏所坦言的「從認眞陷入了油滑」。魯迅前期作品中的詼諧意象並不少，如：《孔乙己》中對孔乙己的打趣，《風波》中九斤老太「一代不如一代」的感慨，《阿Q正傳》對阿Q的劣迹的漫畫化，《補天》裏的古衣冠小丈夫的畫像，《奔月》裏的烏鴉炸醬麵和后羿誤射母雞，等等，這些詼諧意象都大致吻合朱光潛所說的豁達者的詼諧內涵，令讀者欲嘲笑而又轉入沉重和深思。而《故事新編》後期作品的「詼諧」卻多少流入油滑和玩世不恭，在打趣和譏諷的敘事中，魯迅給我們的是精神優勝的話語快感，如：《起死》裏莊子和漢子的糾紛，《非攻》結尾墨子的被搜檢，《出關》裏的「五個餑餑的本錢」之類的俏皮話，以及《理水》和《采薇》裏隨手可拾的嘲弄語言，這些，既感受不到魯迅的悲天憫人情懷，也難以引發讀者深長思之，大多數讀者讀後可能「一笑了之」。這類「詼諧」也就近於所謂的「賞玩的奚落」和「海式的有趣」了。《故事新編》後期小說的「詼諧」風格無疑受到租界玩世風氣的影響，表明了魯迅對租界文化的趨附。《故事新編》後期小說通過奚落、調侃、消解、虛無的敘事風格，使作者輕易地獲取了自我精神優勢。流氓的比喻、性隱喻的大量使用，使讀者獲得了期待中的閱讀快感。小說投合了海上市民的消費心態和對租界的文化想像。

　　《故事新編》前期的三篇有著更多的主體性糅入。無論《補天》以欲望敘事來解說文學和人的緣起，還是《奔月》對英雄末路的自我寫照和對高長虹劣迹的影射，或《鑄劍》的復仇場面的驚心動魄描繪，都糅入了敘述者的強烈生命體驗，有著個體生命的強勁抒展。後期的《理水》、《采薇》、《出關》、《非攻》和《起死》，對歷史人物故事的講述中，雖然隨意穿插了一些對現實人事的嬉笑怒罵和影射嘲諷，但是基本上屬於「他者」故事講述，缺乏個體生命體驗的參與。這種「他者」故事講述，更多的是外向的，是在歷史和現

〔註68〕朱光潛：《詩論》，《朱光潛全集・第三卷》，合肥：安徽教育出版社，1987年，第31頁。

實之間建立聯絡的結果，缺少向內挖掘的深度。前期三篇的題材取自於傳說和神話，後期的五篇取自歷史。《補天》、《奔月》和《鑄劍》的神話傳說富於幻想，把遠古洪荒年代的生命形態和個體愛恨情仇模糊交織，實現了倫理敘事的深度。後期五篇以歷史故事爲題材的小說，則以歷史喻現實，意在比附、警示和批判，舒展的是對外在世界和人生的審視。究其原因，在北京的老槐樹底下和廈門的木板樓上，容易把神話傳說與個體內在體驗融合。而在租界化的上海，住在三層的洋樓裏，看熙熙攘攘的人生世態，或在大酒店和咖啡館會友闊談，難以有向內自我審視和自我感懷的細膩心境，租界聲光化電的畸形繁榮似乎也抑制了追根溯源的想像力，因此，《故事新編》後期的五篇小說就傾向於「他者」故事的講述和以歷史影射現實了。

　　九年之後，魯迅在上海匆匆重拾《故事新編》的寫作計劃，選擇的路子就是所謂海派的，這是他的適應，也是他的趨附。上海灘上的文化季風太強勁了，連魯迅都毫不例外受到它的浸染。對於魯迅來說，要麼，寫不出，要麼，出手就是海派的。朱自清認爲：「所謂現代的立場，按我的瞭解，可以說就是『雅俗共賞』的立場，也可以說是偏重俗人或常人的立場，也可以說是近於人民的立場。」〔註69〕從這個角度說，《故事新編》後期的篇章在世俗化的同時，具有了與他前期作品不同的現代質。

〔註69〕朱自清：《論雅俗共賞‧序》，《朱自清全集‧第三卷》，朱喬森編，南京：江
　　　蘇教育出版社，1988年，第218頁。

結　語

　　審視文學史彷彿觀廬山，「橫看成嶺側成峰」，每一個視角所見只能是文學史的一個鏡象。但是，文學史的立體景觀如果缺少某個角度的攝像，就構不成完整的反映。因此，研究的樂趣和價值就在於尋找前人未曾涉足的視點，然後架起自己的攝像機，搶拍文學「廬山」的「這一面」景致，如果前人曾從這一視點給廬山拍過影像，但拍出來的效果模糊，我們也不妨使出渾身解數給它照一張逼真的。選擇從租界文化角度研究 30 年代文學，如果有值得稱道的發現，首先在於本書找到了一個新的研究視角，並由此呈現出了 30 年代文學的「這一面」影像。

　　對民國文學發展的影響，沒有哪座城市能與上海相提並論，民國上海的文化場域滋生、容納了龐大的文學事業。當我們談論晚清民初文學，幾乎就是在談論上海一地的文學；當我們談論 20 世紀 30 年代文學，「幾乎實際上就是指 30 年代以上海爲中心發生的一些文學事實」〔註 1〕；而談論五四文學與 40 年代文學，同樣不能撇開上海。五四文學革命在上海發軔，五四文學創作的業績大致是上海與北京兩地平分秋色。孤島文學則以獨特的風貌佔據了 40 年代文學版圖的一角。大部分民國作家曾經在上海生活過，許多文學思潮、流派在上海孕育壯大，大量的文學作品以上海爲背景。需要特別指出的是，民國時期與上海相關的文學史實基本上依託於上海租界，而不是華界。因此，從租界文化角度研究民國文學，理當引起學界的關注和重視。租界文化對民國文學的影響是多層面的，包括文學觀念、文學思潮、文化蘊含、審美風尚、文體興衰、文本風格、作家文運等等。

〔註 1〕曠新年：《1928：革命文學》，濟南：山東教育出版社，1998 年，第 284 頁。

　　民國大部分作家都有過租界生活體驗。郭沫若、魯迅、茅盾、巴金、曹禺、沈從文、徐志摩、艾青、馮雪峰、葉聖陶、郁達夫、丁玲、蕭紅、蕭軍、柔石、沙汀、艾蕪、洪靈菲、蔣光慈、孟超、殷夫、夏衍、田漢、鄭伯奇、陽翰笙、張資平、劉吶鷗、施蟄存、穆時英、戴望舒、葉靈鳳、包天笑、張恨水、秦瘦鷗、張愛玲、蘇青等民國作家，都曾在上海租界逗留或居住過。如此多的作家涉足上海租界，究其原因，主要是因為上海租界是民國的文化中心，具有豐富的文學資源，租界社會為作家的生活和創作提供了自由的空間，租界的文學市場給了作家賣文為生的機遇。另外，對於進入上海租界的作家來說，他們「好像到了陌生的地方，到了一個特別的國度」〔註2〕。租界新奇的都市景象和人事狀況，對於熟悉傳統社會的文人來說，無疑是一個「陌生化」的文本，能引起他們敘述的衝動，租界是文學家精神想像的興奮點，給了他們無盡的創作靈感。租界文化語境下的上海，一定意義上造就了20年代的郭沫若，30年代的魯迅、沈從文、茅盾和40年代的張愛玲等。

　　在民國文學史上，上海租界是民國作家文學想像和書寫的焦點，許多作家都熱衷於敘述上海租界。在敘述上海的文本中，民國作家熱情傾注的中心是租界而非華界，中外作家莫不如此。以二三十年代上海作為場景的著名長篇小說茅盾的《子夜》、日本作家橫光利一的《上海》和法國作家馬爾羅的《人性的條件》，都不約而同從外灘開始進入有關上海的書寫。郁慕俠寫於30年代的《上海鱗爪》主要講述的是20世紀二三十年代上海租界社會生活的各個層面。林微音的「上海百景」系列作品描繪的也基本是租界場景。曹聚仁講述過「回力球場」（《回力球場》），鄭伯奇給「深夜的霞飛路」造影（《深夜的霞飛路》），丁玲描畫了上海1930年春天的故事（《一九三〇年上海春》）和「一個五月的夜，一個殖民地的夜」（《五月》），豐子愷的《蝌蚪》是租界人生的寫照，葉聖陶在十里洋場經營「天井裏的種植」（《天井裏的種植》），新感覺派作家熱衷於講述洋場故事，茅盾敘述了時代新青年的頹廢（《蝕》），沈從文把西方童話中的人物阿麗思請到了上海租界（《阿麗思中國遊記》），魯迅在租界裏撰寫「且介亭」雜文，革命作家在咖啡館裏尋找「煙土披里純」（靈感）……。總之，對於上海租界的敘述，本身就是民國文學的一個重要部分。

　　租界體驗和租界文化是影響民國作家創作歷程、審美追求和創造力的一

〔註2〕 茅盾：《我的學化學的朋友》，《茅盾全集・第十一卷》，北京：人民文學出版社，1986年，第175頁。

個活躍因素。對於民國作家來說，租界文化氣候所形成的文化場內含規約、催化和抑制等力量元素。

　　上海租界的異國景觀與歐化風尚對五四時期郭沫若的文化身份和民族認同構成了挑戰。留日背景的郭沫若是精神與現實的雙重流亡者，他遭遇西洋人控制的上海租界後，身份定位和民族認同充滿了惶惑與焦慮。自然之子郭沫若以自然來對抗租界都市，可能邁向民族主義。但是，當欣賞自然與懷戀日本空間相鏈接時，文化身份與民族認同就步入了含混的狀態。郭沫若持有家庭式的混合認同觀念，在日本書化身份與中國文化身份之間徘徊，郭沫若的混合文化身份和弱國子民心態使得他在執行國民性批判時，容易偏離民族主義的規約，其身邊小說的民族主義與殖民主義的交鋒也呈現出複雜的風貌。面對文化身份與民族認同的危機，郭沫若在文學敘事中採取了階級認同、懷古主義以及東洋西洋聯盟的話語策略來緩解。〔註3〕在郭沫若五四時期的創作中，可以看到租界化上海如何塑造了郭沫若的文化人格。租界文化語境對民國作家創作的規約，在不同時期有著不同的效應。上海孤島時期，在民族意識與孤島語境的雙重規約下，孤島知識分子體會到身心被拘圍、被扭曲的心酸，承受著生命被擱置的虛無感和恐懼感，對命運前景深感不安。這種體驗影響到師陀散文詩集《夏侯杞》的表意方式和話語風格。《夏侯杞》所滲透的杞人之憂既是師陀式的，也是孤島式的。師陀的散文通過特殊的話語方式和敘事策略，對抗戰意識進行了隱性表達，形成了「謹慎」的文本風格。師陀的散文以戲謔的筆調書寫孤島的「現代傳奇」，以隱含的民族意識作為道德背景來審視「借來的時空」中的寓居者，顯示出對孤島世態的深度把握和對人性的精微洞察。師陀的散文從內容到形式，都受到孤島語境的規約。〔註4〕

　　30年代的上海租界造就了30年代的沈從文。1928年沈從文移居上海法租界後，才「有意來作鄉巴老」，開始建構「希臘小廟」供奉「人性」，開始由鄉情民俗的單純展示轉向鄉村都市二元對立的敘事模式，開始從民族精神重建的文化立場來講述鄉村和都市故事。租界的人生世態照亮了沈從文記憶中的湘西世界，正是在租界文化的刺激下，沈從文進入了創作的高峰期，在

〔註3〕參見李永東：《租界文化語境下的中國近現代文學》第七章「文化身份、民族認同的含混與危機——論郭沫若五四時期的創作」，北京：人民出版社，2013年。

〔註4〕參見李永東：《租界文化語境下的中國近現代文學》第十六章「孤島時期師陀的散文創作」，北京：人民出版社，2013年。

1928 年到 1930 年間寫下了《柏子》、《龍朱》、《媚金‧豹子‧與那羊》、《會明》、《夫婦》、《神巫之愛》、《蕭蕭》、《紳士的太太》、《丈夫》等經典短篇小說，並在長篇小說《阿麗思中國遊記》中對租界文化進行了反思。沈從文意識到他的文章「只有在上海才寫得出也才賣得出」，租界給了他源源不斷的創作靈感。

　　如果說租界文化氣候成就了沈從文的小說創作，那麼，與此相反的是，租界文化語境壓抑了魯迅的創作活力，逼他改弦易轍，調整自己的創作風格，適應租界的精神氣候。魯迅置身於租界的生存體驗，恰「如身穿一件未曾曬乾之小衫」，其中滋味，難以用絕對的好惡判定。魯迅到上海就做不出小說的原因，以及他後期雜文和《故事新編》的新特點，都可以從他對租界文化氣候的不適或投合的角度加以解釋。寓居租界化的上海後，魯迅的創作出現了一些明顯的變化：創作的內驅力由主動轉為應對；批判的視野越來越窄，思想境界也不如前期的廣博大氣；前期雜文，直面的是整個傳統文化和制度，後期雜文貶刺的是十里洋場現代商業社會中出現的惡劣習性和現象；前期是宏大敘事，後期是瑣碎敘事；前期是反傳統農業文化；後期是反現代商業文化。魯迅的《故事新編》前期與後期文本的風格也有著明顯的分野，《故事新編》後期小說的風格無疑受到租界玩世風氣的影響，表明了魯迅對租界文化的趨附。

　　晚清與民國的許多文學思潮和文學現象的興起及其特質，都與租界文化的影響有一定關係。

　　晚清上海集中了小說的作者、讀者、刊物，甚至故事。上海空間對晚清小說創作的風貌造成了明顯的影響。租界化上海的邪僻特性，製造了「海上夢境」的生命感，上海夢魘滲透到晚清文人的觀念中，替換了明清小說慣常的故事背景和啟動方式，影響到故事的講述和上海的想像。〔註5〕從晚清一直延續不斷的譴責小說，以揭露個人、社會的隱私和批判傳統價值的象徵體系受到市民的歡迎。「轉入隱私趣味同進入租界時代之後的上海變得越來越不信任傳統的心理有關。人們發現他們堅守的價值在更令人羨慕的生活對比下不斷受挫的情形。」〔註6〕作為一種心理報復和補償，知識分子在對社會戲劇化

〔註 5〕　參見李永東：《租界文化語境下的中國近現代文學》第一章「文學空間的轉換與晚清小說風貌的嬗變」，北京：人民出版社，2013 年。

〔註 6〕　李歐明：《浮世代代傳——海派文人說略》，北京：華文出版社，1997 年，第66 頁。

的嘲弄中，在對人性醜化的描述中，獲得了心理平衡。上海租界佔據晚清情愛小說的故事空間後，帶來了品格風貌的嬗變，很大程度上偏離了才子佳人小說的思想藝術模式。狎邪小說泛濫的原因，和租界傳統禮教束縛的鬆弛以及男女比例的嚴重失衡有關。小說與租界的情欲道德狀況相呼應，配合了市民的閱讀需求，也就沒有理由不蔚然成風了。武俠小說和偵探小說的流行，則與租界的冒險風氣有關。冒險和投機，往往伴隨著邪惡的產生，租界人因此缺乏精神安全感。武俠小說和偵探小說，或者以江湖俠士的超群武功和俠義情懷，或者以偵探的機智聰明和法律武器，最終戰勝邪惡，留下了天下正義太平的表象，以平息讀者在現實生活中產生的不安定情緒，獲得一種精神安全感。

　　五四文學革命的蓄勢及其起點，與北京並無太大關聯。五四文學革命觀念的醞釀與發動，是上海時期《新青年》雜誌的光榮，無論是陳獨秀在《新青年》鼓動的思想革命還是胡適拋出的文學革命，其雛形、基調在上海時期就奠定了，北京時期不過加以擴大與深化。文學革命由小圈子內的討論變成全國的輿論焦點，與「雙簧戲」事件有關，而這一事件是非常「海派」的。文學革命的先鋒胡適、陳獨秀、劉半農、錢玄同，都是在上海起步的。五四時期富有審美衝擊力的創作，大部分由上海的作家來承擔。例如：茅盾提倡並闡發了「為人生」的文學觀念；李金髮是中國第一位象徵主義詩人；郁達夫的浪漫抒情小說豐富了新文學的品格；田漢的早期話劇具有唯美主義的色彩；上海的民眾戲劇社和戲劇協社提倡「愛美劇」；蔣光慈開始創作革命文學，等等。這些現象，都與租界化上海文化語境的支持相關。新舊、中西文化混雜的租界化上海，崇洋喜新的上海市民，包容各種門派、風格的文學，鼓勵標新立異。這一點，對於「新」文學的發展來說，顯然至關重要。〔註7〕

　　左翼文學思潮在上海的興起與流行，具有歷史的必然性。在中國，只有租界化的上海，真正具備產生左翼文藝思潮所必需的社會階級構成模式；上海租界為左聯的組織活動和文學創作提供了較為自由寬鬆的政治環境；租界和華界的強烈反差，在貧窮失意的階層中培育了嫉妒、仇恨、歇斯底里和鋌而走險的心理，培育了反叛資產階級和外國勢力的情緒，加上亭子間作家往往懷才不遇，窮愁潦倒，於是怨憤、頹廢、思想激狂，很容易對左翼文學思

────────────────

〔註7〕　參見李永東：《租界文化語境下的中國近現代文學》第五章「五四文學革命：上海的蓄勢與北京的榮光」，北京：人民出版社，2013年。

潮持接納的態度。而且，左翼文學思潮的階級理論和政治立場，為租界作家
破解殖民體驗和民族意識的心理糾結提供了邏輯系統、觀念體系以及現實力
量；租界商人更是利用租界特殊的政治環境，投資於左翼文學的出版銷售事
業，無意中推動了左翼文學的風行。

中國新感覺派小說因為切合了上海租界的精神氣候、洋場文人的生命狀
態和接受者的期待視野而異軍突起。上海租界轉動不止，洋風熾盛，光怪陸
離，畸形繁榮，充滿了新鮮的刺激和新奇的景象。穆時英、劉吶鷗和施蟄存
的教育經歷、生活方式，甚至精神狀態，和租界的洋場氣候非常融合。他們
頻繁地出入咖啡館、電影院、跳舞場，追逐著潮起潮落的各種時尚，一副洋
場先生的作派。他們頹廢、厭世、狂放、敏感，與租界的文化精神氣候是那
麼默契，他們筆下的都市基本上是以舞場、夜總會為旋轉軸心的洋場都市。

對於京派來說，租界的文化風氣和文化規則，構成了其必須面對的「他
者」。30 年代的京海派論爭的原發點和問題的核心是租界文化風氣。京派眼中
的海派不過是租界文化惡性品質的代名詞，如妓女氣、流氓氣、摩登時髦、
媚俗等，都可以從租界的現象找到解說，魯迅、曹聚仁、周作人等作家談到
海派或上海味時，都指明了其產生的環境基礎——租界。無論是攻擊海派，
還是把左翼看作海派，京派實際上都不忘揪出「租界」這個「罪魁惡首」。京
派的許多人物實際上都在上海灘混過，他們在 30 年代中期重聚北平後，重新
審視租界的生命體驗和創作經歷，民族意識得到強化，五四精神被張揚，努
力卸除在租界中曾獲得的多種文化在場產生的殖民性文化焦慮。對海派的批
判態度，實際上包含了自我反省和集團式的重新認同和定位，也可以說，京
派的文化品格在與租界文化的對象性關係中得以展開，「他者」一定程度上規
定了京派的文學理念和態度。

租界文化影響了民國文學的風貌格調和精神品格。民國文學的商業氣
息、小資情調、都市書寫、先鋒探索、媚俗傾向、市民趣味、頹廢唯美追求、
歐化雜糅話語風格、自我東方化，等等特性，無不可以從租界文化的角度給
予某種程度的解說。租界文化作為一種殖民性的現代都市商業文化，作為一
種宏大的文化話語，在民國文學的思潮流派和作家的生活方式、生存體驗、
寫作理念、話語風格、審美取向中，投下了或濃或淡的影子。要言之，租界
文化是民國文學不可規避的有形或無形存在，租界文化極大地影響了民國文
學的流變走向和風貌格調。

　　關於租界文化與文學的關係，還有許多有意思的問題值得深入探討。例如：上海租界與其它租界的文化互動；租界文化與殖民文化的區分；從租界文化角度富有創造性地解讀茅盾的《子夜》；租界體驗對外僑文學敘事的影響；上海淪陷時期張愛玲等作家的創作與租界文化的關係……。由於學力與論題範圍的局限，這些問題只有留待日後解決。

　　本書就此劃上句號，但是，對「租界文化與文學的關係」的言說，並沒有結束。

附　表

中國租界基本情況一覽表

所屬城市	租界名稱	存　在　時　間	面　積
上海	公共租界	1843 年 12 月，英人租地開闢，1845 年 11 月英租界正式闢設。1848 年美人租地開闢。1863 年 9 月英租界和美租界合併爲公共租界。1945 年收回。	33503 畝，另外 1925 年又越界佔有 21296 畝
	法租界	1849 年 4 月～1945 年	15150 畝
天津	英租界	1860 年 12 月～1945 年	6149 畝
	法租界	1861 年 6 月～1945 年	2860 畝
	美租界	1862 年開闢，1902 年併入英租界。	131 畝
	德租界	1895 年 10 月～1917 年	4200 畝
	日租界	1898 年 8 月～1945 年	2150 畝
	俄租界	1901 年 5 月～1924 年	701.3 畝
	比租界	1902 年 2 月～1931 年 3 月	740.5 畝
	意租界	1902 年 6 月～1945 年	771 畝
	奧租界	1902 年 12 月～1917 年	1030 畝
漢口	英租界	1861 年 3 月～1927 年	795 畝
	德租界	1895 年 10 月～1917 年	630 畝
	俄租界	1896 年 6 月～1924 年	414 畝
	法租界	1896 年 6 月～1945 年	400 畝
	日租界	1898 年 7 月～1945 年	622 畝

所屬城市	租界名稱	存 在 時 間	面 積
廣州	英租界	1859 年 7 月～1945 年	264 畝
廣州	法租界	1861 年 9 月～1945 年	66 畝
廈門	英租界	1862 年～1930 年	24.6 畝
廈門	鼓浪嶼公共租界	1902 年 1 月～1945 年	2000 多畝
鎮江	英租界	1861 年 2 月～1929 年	156 畝
九江	英租界	1861 年 3 月～1927 年	150 畝
杭州	日租界	1897 年 5 月～1945 年	900 畝
蘇州	日租界	1897 年 3 月～1945 年	483 畝
重慶	日租界	1901 年 9 月～1937 年	701.3 畝

備註：

1、此表格主要參照了費成康《中國租界史》附錄 1 的相關資料，以及《上海公共租界史稿》等著作的統計數據。

2、設立後又經過一次或多次擴充面積的租界，標出的是其曾佔有的最大面積。

3、表中標出的租界開闢時間是指正式開闢的時間；標出的租界收回時間是指中國政府正式收回的時間。

參考文獻

一、著作

1. 費成康：《中國租界史》，上海：上海社會科學院出版社，1991 年。

2. 徐公肅、丘瑾璋、蒯世勳等：《上海公共租界史稿》，上海：上海人民出版社，1980 年。

3. 李天綱：《文化上海》，上海：上海教育出版社，1998 年。

4. 姚公鶴：《上海閒話》，吳德鐸標點，上海：上海古籍出版社，1989 年。

5. 新中華雜誌社編：《上海的將來》，上海：中華書局，1934 年。

6. 曹聚仁：《上海春秋》，上海：上海人民出版社，1996 年。

7. 郁慕俠：《上海鱗爪》，上海：上海書店出版社，1998 年。

8. 上海通社編：《上海研究資料》，上海：上海書店，1984 年。

9. 陳伯海主編：《上海文化通史》（上、下），上海：上海文藝出版社，2001 年。

10. 唐振常主編：《上海史》，上海：上海人民出版社，1989 年。

11. 鄒依仁：《舊上海人口變遷的研究》，上海：上海人民出版社，1980 年版。

12. 馬長林主編：《租界裏的上海》，上海：上海社會科學院出版社，2003 年。

13. 熊月之、馬學強、晏可佳選編：《上海的外國人（1842～1949）》，上海：上海古籍出版社，2003 年。

14. 忻平：《從上海發現歷史——現代化進程中的上海人及其社會生活 1927～1937》，上海：上海人民出版社，1996 年。

15. 樂正：《近代上海人社會心態（1860～1910）》，上海：上海人民出版社，1991 年。

16. 孫燕京：《近代租界》，北京：中國華僑出版社，1992 年。

17. 陳無我：《老上海三十年見聞錄》，上海：上海書店出版社，1997 年。

18. 張仲禮主編：《近代上海城市研究》，上海：上海人民出版社，1990 年。

19. 李康化：《漫話老上海知識階層》，上海：上海人民出版社，2003 年。

20. 張春華、秦榮光、楊光輔：《滬城歲事衢歌 上海縣竹枝詞 淞南樂府》，上海：上海古籍出版社，1989 年。

21. 張仲禮主編：《東南沿海城市與中國近代化》，上海：上海人民出版社，1996 年。

22. 陳旭麓：《陳旭麓學術文存》，上海：上海人民出版社，1990 年。

23. 王寧、薛曉源主編：《全球化與後殖民批評》，北京：中央編譯出版社，1998 年。

24. 羅鋼、劉象愚主編：《後殖民主義文化理論》，北京：中國社會科學出版社，1999 年。

25. 徐賁：《走向後現代與後殖民》，北京：中國社會科學出版社，1996 年。

26. 羅鋼、劉象愚主編：《文化研究讀本》，北京：中國社會科學出版社，2000 年。

27. 張京媛主編：《新歷史主義與文學批評》，北京：北京大學出版社，1993 年。

28. 劉小楓：《沉重的肉身》，上海：上海人民出版社，1999 年。

29. 馬長山：《國家、市民社會與法制》，北京：商務印書館，2002 年。

30. 楊東平：《城市季風：北京和上海的文化精神》，北京：東方出版社，1994 年 10 第 1 版。

31. 朱光潛：《詩論》，《朱光潛全集‧第三卷》，合肥：安徽教育出版社，1987 年。

32. 南帆：《文學的維度》，上海：上海三聯書店，1998 年。

33. 吳福輝：《都市漩流中的海派小說》，長沙：湖南教育出版社，1995 年。

34. 李今：《海派小說與現代都市文化》，合肥：安徽教育出版社，2000 年。

35. 李嶸明：《浮世代代傳——海派文人說略》，北京：華文出版社，1997 年。

36. 曠新年：《1928：革命文學》，濟南：山東教育出版社，1998 年。

37. 黃鍵：《京派文學批評研究》，上海：上海三聯書店，2002 年。

38. 邱明正主編：《上海文學通史》，上海：復旦大學出版社，2005 年。

39. 王文英主編：《上海現代文學史》，上海：上海人民出版社，1999 年。

40. 陳伯海、袁進主編：《上海近代文學》，上海：上海人民出版社，1993 年。

41. 趙稀方：《小說香港》，北京：生活‧讀書‧新知三聯書店，2003 年。

42. 趙園：《北京：城與人》，北京：北京大學出版社，2002 年。

43. 藍棣之：《現代文學經典：症候式分析》，北京：清華大學出版社，1998年。

44. 馬逢洋選編：《上海：記憶與想像》，上海：文匯出版社，1996年。

45. 賈樹枚主編：《回眸上海》，上海：上海人民出版社，2003年。

46. 倪墨炎選編：《浪淘沙——名人筆下的老上海》，北京：北京出版社，1999年。

47. 楊斌華主編：《上海味道》，長春：時代文藝出版社，2002年。

48. 姚建斌、瞿吉好編選：《啊，上海，你這個中國的安樂窩》，長沙：嶽麓書社，2003年。

49. 魏紹昌編：《鴛鴦蝴蝶派研究資料》，上海：上海文藝出版社，1984年。

50. 鄭曦原編：《帝國的回憶：〈紐約時報〉晚清觀察記》，北京：當代中國出版社，2007年。

51. 沈從文：《沈從文文集》，廣州：花城出版社；香港：三聯書店香港分店。

52. 沈從文：《沈從文全集·書信·第18卷》，太原：北嶽文藝出版社，2002年。

53. 沈從文：《沈從文批評文集》，劉洪濤編，珠海：珠海出版社，1998年。

54. 沈從文：《從文自傳》，北京：人民文學出版社，1981年。

55. 凌宇：《從邊城走向世界》，北京：生活·讀書·新知三聯書店，1985年。

56. 凌宇：《沈從文傳》，北京：十月文藝出版社，1988年。

57. 魯迅：《魯迅全集》，北京：人民文學出版社，1981年版。

58. 孫慎之編：《魯迅在上海（一）》，聊城：山東師院聊城分院，1980年。

59. 龔濟民編：《魯迅在上海（二）》，聊城：山東師院聊城分院，1980年。

60. 禹長海編：《魯迅在上海（三)》，聊城：山東師院聊城分院，1980年。

61. 周曄：《伯父的最後歲月：魯迅在上海（1927～1936)》，福州：福建教育出版社，2001年。

62. 周國偉、彭曉：《尋訪魯迅在上海的足迹》，上海：上海教育出版社，1987年。

63. 錢理群：《心靈的探索》，北京：北京大學出版社，1999年。

64. 汪暉：《反抗絕望：魯迅及其文學世界》，石家莊：河北教育出版社，2000年。

65. 徐麟：《魯迅中期思想研究》，長沙：湖南師範大學出版社，1997年。

66. 茅盾：《茅盾全集》，北京：人民文學出版社。

67. 茅盾：《我走過的道路》，北京：人民文學出版社，1984年。

68. 茅盾：《茅盾選集（第五卷)》，成都：四川文藝出版社，1985年。

69. 穆時英：《南北極 公墓》，北京：人民文學出版社，1987年。

70. 穆時英：《聖處女的感情》，上海：良友圖書印刷公司，1935年。

71. 穆時英：《白金的女體塑像》，上海：現代書局，1934年。

72. 劉吶鷗：《都市風景線》，上海：水沫書店，1930年。

73. 施蟄存：《將軍的頭》，上海：新中華書局，1933年。

74. 施蟄存：《燈下集》，北京：開明出版社，1994年。

75. 施蟄存：《沙上的腳迹》，瀋陽：遼寧教育出版社，1995年。

76. 張天翼：《張天翼 諷刺小說》，張大明選編，上海：上海文藝出版社，1992年。

77. 張天翼：《洋涇浜奇俠》，南京：江蘇文藝出版社，1985年。

78. 丁玲：《丁玲選集》，成都：四川人民出版社，1984年。

79. 夏衍：《夏衍代表作》，焦尚志編，鄭州：黃河出版社，1986年。

80. 田漢：《田漢文集》，北京：中國戲劇出版社，1984年。

81. 周天籟：《亭子間嫂嫂》，上海：學林出版社，1997年。

82. 葉聖陶：《葉聖陶散文選集》，朱文華編，天津：百花文藝出版社，1992年。

83. 朱自清：《朱自清全集》，朱喬森編，南京：江蘇教育出版社，1988年。

84. 林語堂：《林語堂名著全集》，長春：東北師範大學出版社，1994年。

85. 張愛玲：《張愛玲文集》，合肥：安徽文藝出版社，1992年。

86. 陳獨秀：《獨秀文存》，合肥：安徽人民出版社，1987年。

87. 孔另境編：《現代作家書簡》，廣州：花城出版社，1982年。

88. 嚴家炎：《中國現代小說流派史》，北京：人民文學出版社，1989年。

89. 楊義：《中國現代文學流派》，北京：人民出版社，1998年。

90. 楊義、郭曉鴻：《京派海派綜論》，北京：中國社會科學出版社，2003年。

91. 楊義：《中國現代小說史》，北京：人民出版社，1997年。

92. 解志熙：《美的偏至——中國現代唯美——頹廢主義文學思潮研究》，上海：上海文藝出版社，1997年。

93. 解志熙：《和而不同——中國現代文學片論》，北京：清華大學出版社，2002年。

94. 蘇雪林：《中國二三十年代作家》，臺北：臺北純文學出版社，1983年。

95. 姚辛編著：《左聯辭典》，上海：上海書店出版社，1994年。

96. 《文學運動史料選》（1～5冊），上海：上海教育出版社，1979年。

97. 孔範今：《走出歷史的峽谷》，濟南：山東文藝出版社，1997年。

98. 孔範今：《孔範今自選集》，濟南：山東文藝出版社，2004 年。

99. 孔範今：《二十世紀中國文學史》，濟南：山東文藝出版社，1997 年。

100. 黃萬華：《中國和海外：20 世紀漢語文學史論》，天津：百花文藝出版社，2004 年。

101. 黃萬華：《史述和史論：戰時中國文學研究》，濟南：山東大學出版社，2005 年。

102. 黃萬華：《中國現當代文學》，濟南：山東文學出版社，2006 年。

103. 徐迺翔、黃萬華：《中國抗戰時期淪陷區文學史》，福州：福建教育出版社，1995 年。

104. 譚桂林：《文藝湘軍百家文庫‧譚桂林卷》，長沙：湖南文藝出版社，2000 年。

105. 劉建輝：《魔都上海：日本知識人的『近代』體驗》，甘慧傑譯，上海：上海古籍出版社，2003 年。

106. 〔法〕梅朋、傅立德：《上海法租界史》，倪靜蘭譯，上海：上海譯文出版社，1983 年。

107. 〔美〕羅茲‧墨菲：《上海──現代中國的鑰匙》，章克生等譯，上海：上海人民出版社，1986 年。

108. 〔美〕霍塞：《出賣上海灘》，越裔譯，上海：上海書店出版社，2000 年。

109. 〔法〕白吉爾：《上海史：走向現代之路》，王菊、趙念國譯，上海：上海社會科學院出版社，2005 年。

110. 〔日〕小浜正子：《近代上海的公共性與國家》，葛濤譯，上海：上海古籍出版社，2003 年。

111. 〔美〕盧漢超：《霓虹燈外：20 世紀初日常生活中的上海》，段煉、吳敏、子羽譯，上海：上海古籍出版社，2004 年。

112. 〔美〕柯文：《在中國發現歷史──中國中心觀在美國的興起》，林同奇譯，北京：中華書局，1989 年。

113. 〔法〕丹納：《藝術哲學》，傅雷譯，北京：人民文學出版社，1963 年。

114. 〔美〕E‧希爾斯：《論傳統》，傅鏗、呂樂譯，上海：上海人民出版社，1991 年。

115. 〔法〕皮埃爾‧布迪厄：《藝術的法則：文學場的生成和結構》，劉暉譯，北京：中央編譯出版社，2001 年。

116. 〔德〕哈貝馬斯：《公共領域的結構轉型》，曹衛東等譯，上海：學林出版社，1999 年。

117. 〔美〕馬泰‧卡林內斯庫：《現代性的五副面孔》，顧愛彬、李瑞華譯，北京：商務印書館，2003 年。

118. 〔美〕愛德華・W・薩義德：《東方學》，王宇根譯，北京：生活・讀書・新知三聯書店，1999年。

119. 〔美〕愛德華・W・薩義德：《文化帝國主義》，李琨譯，北京：生活・讀書・新知三聯書店，2003年。

120. 〔英〕艾勒克・博埃默：《殖民與後殖民文學》，盛寧、韓敏中譯，瀋陽：遼寧教育出版社，1998年。

121. 〔奧〕弗洛伊德：《弗洛伊德文集》（三冊），傅雅芳等譯，合肥：安徽文藝出版社，1996年。

122. 〔德〕瓦爾特・本雅明：《發達資本主義時代的抒情詩人》，王才勇譯，南京：江蘇人民出版社，2005年。

123. 〔美〕露絲・本尼迪克特：《文化模式》，王煒等譯，北京：生活・讀書・新知三聯書店，1988年。

124. 〔法〕讓・波德里亞：《消費社會》，劉成富、全志鋼譯，南京：南京大學出版社，2001年。

125. 〔英〕尼克・史蒂文森：《認識媒介文化——社會理論與大眾傳播》，王文斌譯，北京：商務印書館，2001年。

126. 〔美〕戴安娜・克蘭：《文化生產：媒體與都市藝術》，趙國新譯，南京：譯林出版社，2001年。

127. 〔英〕多米尼克・斯特里納蒂：《通俗文化理論導論》，閻嘉譯，北京：商務印書館，2001年。

128. 〔英〕阿倫・布洛克：《西方人文主義傳統》，董樂山譯，北京：生活・讀書・新知三聯書店，1997年。

129. 〔日〕廚川白村：《苦悶的象徵》，魯迅譯，天津：百花文藝出版社，2000年。

130. 〔捷〕米蘭・昆德拉：《小說的藝術》，孟湄譯，北京：生活・讀書・新知三聯書店，1992年。

131. 〔英〕馬・布雷德伯里、詹・麥克法蘭編：《現代主義》，胡家巒等譯，上海：上海外語教育出版社，1992年。

132. 〔美〕W・C・布斯：《小說修辭學》，華明等譯，北京：北京大學出版社，1987年。

133. 〔美〕李歐梵：《上海摩登——一種新都市文化在中國 1930～1945》，毛尖譯，北京：北京大學出版社，2001年。

134. 〔美〕李歐梵：《中國現代文學與現代性十講》，上海：復旦大學出版社，2005年。

二、民國期刊

1. 《良友畫報》月刊，先後由伍德聯、周瘦鵑、梁得所、馬國亮、張沅恒主編，上海 1926～1945。

2. 《申報・自由談》，1932.12.1～1935.10.31，黎烈文主編，1934 年 5 月 10 起由張梓生主編。

3. 《東方雜誌》（月刊、半月刊），1904.3～1948.12，上海商務印書館東方雜誌社出版。

4. 《現代評論》（周刊），北京 1924.12～1927.7，上海 1927.7～1928.12，現代評論社編輯出版。

5. 《無軌列車》（半月刊），1928.9～1928.12，劉吶鷗編輯，上海第一線書店發行。

6. 《現代》（月刊），1932.5～1935.5，施蟄存、杜衡主編，上海現代書局發行。

7. 《現代小說》，1928.1～1930.3，葉靈鳳編輯，上海現代書局發行。

8. 《文藝畫報》（月刊），1934.10～1935.4，葉靈鳳、穆時英主編，上海文藝畫報社出版。

9. 《新文藝》（月刊），1929.9～1930.4，施蟄存、徐霞村、劉吶鷗、戴望舒編，上海水沫書店發行。

10. 《文藝風景》（月刊），1934.6～1934.7，施蟄存編輯，上海文藝風景社出版。

11. 《前哨》（第 2 期起改爲《文學導報》半月刊），1931.4～1931.8，共出 8 期。

12. 《萌芽》（月刊），1930.1～1930.5，萌芽社編輯，上海光華書局發行。

13. 《北斗》（月刊），1931.9～1932.7，丁玲主編，上海湖風書局發行。

14. 《文藝新聞》（周刊），1931.3～1932.6，袁殊主編，上海文藝新聞社出版，《烽火》爲其戰時特刊。

15. 《語絲》（周刊），北京北新書局 1924.11～1927.10；上海北新書局 1927.12～1930.3，魯迅主編，1929 年 1 月由柔石主編，9 月後由北新書局編輯。

16. 《太白》（半月刊），1934.9～1935.9，陳望道編輯，上海生活書店發行。

17. 《人間世》（半月刊），1934.4～1935.12，林語堂主編，上海良友圖書公司出版。

18. 《論語》（半月刊），1932.9～1949.5，林語堂、陶亢德、郁達夫等先後主編，上海時代圖書公司出版。

19. 《大公報・文藝副刊》，天津 1933.9.23～1938.8，先後由楊振聲、沈從文、蕭乾編輯。

20. 《小説月報》，1910.7～1931.12，1927 年 6 月起葉聖陶主編，1928 年 10
    起鄭振鐸主編，上海商務印書館出版。

21. 《文學雜誌》，1937.5～1948.11，朱光潛在北平編輯，上海商務印書館出
    版。

22. 《文學》（月刊），1933.7～1937.11，鄭振鐸、傅東華編輯，上海生活書店
    發行。

23. 《文學季刊》，1934.1～1935.12，鄭振鐸、靳以主編，北平力達書局發行，
    1934 年 12 月第 4 期起改由上海生活書店發行。

致　謝

　　2006 年我對博士學位論文稍作了修改，修改後的書稿《租界文化與 30 年代文學》於當年在上海三聯書店出版。該著出版後，得到了學界諸多前輩、同仁的鼓勵和認可。當時未曾謀面的南京師範大學朱曉進教授在《文學評論》專門撰文予以推介；至今未曾有機會拜識的韓國高麗大學張東天教授以拙著作爲研究生教材，開設了同名課程；記得在一次學術會議上我提交了一篇與本書論題相關的論文，引起了《江海學刊》前總編吳功正先生的興趣，以致老先生滿會場打聽誰是李永東；也記得曾接到久聞其名未謀其面的上海大學王光東教授的電話，他熱情推薦我爲《中華遺產》撰寫民國上海文學方面的專稿；與一些可敬的學者初次相識，如北京大學的陳曉明教授、南開大學的羅振亞教授、海南師範大學的畢光明教授，他們脫口而出的第一句話讓我感動：「你就是那個寫《租界文化與 30 年代文學》的李永東。」這些記憶都讓我感到溫暖，倍受鼓舞。諸位先生的認可與鼓勵，對於初入學界的我顯得彌足珍貴，感謝他們毫不吝嗇的讚譽與眞誠純粹的提攜。

　　《租界文化與 30 年代文學》在中國大陸的出版已是七年前的事，現在市面上已難尋其蹤迹。前些日子與李怡教授相見，他建議把此書納入「民國文化與文學研究文叢」在臺灣出版。從租界文化視角研究 30 年代文學，與李怡教授近年主倡的「民國機制」有著學術觀念上的相通，再加上自感本書探討的話題與相關結論並未過時，便欣然接受了李怡教授的建議。隨後便著手修改書稿，增刪了一萬餘字，對部分文字進行了潤色，個別觀點進行了微調，「結語」部分吸收了我最近出版的《租界文化語境下的中國近現代文學》中的部分章節的觀點。儘管如此，修改本仍然留下了不少的遺憾，例如：關於《子

夜》的一節，原書寫得淺顯幼稚，因時間緊迫，未及修改，想刪除，又覺少了《子夜》的研究不妥，故只好惴惴不安地予以保留。

感謝李怡教授把拙著的修改本納入「民國文化與文學研究文叢」的出版計劃。

值得感謝的人還有很多，在拙著2006年版的「後記」中曾提到。這次出版修改本，我對他們的感激之情一如既往，故抄錄其中的致謝文字：

2002年秋，我有幸考入山東大學攻讀博士學位，向黃萬華先生和孔範今先生問學三年。黃先生和孔先生的知遇之恩，在我的求學生涯留下了許多值得回憶的溫情片斷。導師黃先生嚴謹的治學態度、廣闊的知識視野、跳蕩飛躍的靈思、寬容開放的觀念、質樸內斂的為人、隨和至善的品性，都讓我敬佩不已、獲益匪淺。三年來，黃先生對我的指導不遺餘力，對我的生活關懷備至。黃先生的深情栽培和精闢點撥，支撐著我在學術之路上以蹣跚的步伐作倔強的探索。我的博士論文從選題到寫作，凝聚著黃先生的學術見地和悉心指導。有幸受教於黃先生的學生，都能感受到他為人處世的善良、無私，對教學和科研所持的「殉道」精神。黃先生多次被評為省市級優秀教師、勞動模範，躋身山東大學十大教學名師之列，獲國務院政府特殊津貼。作為他的學生，我至今仍不能在一種輕鬆的狀態下，閱讀有關介紹他的榮譽和成就的文字，我總是沉重地從這些燦爛文字的背後，構設出先生「夫子殉道」式的形象。先生的柔弱無爭的外表下，有著傳統文人的堅韌。「上善若水。水善利萬物而不爭，處眾人之所惡，故幾於道。」「夫唯不爭，故無尤。」從老子的古老哲言中，我讀出了先生為人為學的重量和可敬之處。

孔先生的學術造詣和人生境界在學界是有口皆碑的，學生是「雖不能至，然心嚮往之」。三年來，課內課外，書內書外，孔先生以他睿智風趣的談吐、靈動飄逸的文思、精深廣博的學術建構、開放自由的學術觀念，引發了我無盡的遐思，從中受益良多。求學需要合適的情境，孔先生的學術姿態和人生風範，以及他對我的厚愛和鼓勵，無疑在我的求學之途營造了一種佳境。知識易求，情境可遇而不可求，承蒙孔先生的熱情關懷和傾心指導，讓我在他營造的學術情境中自由遊弋。與孔先生的師生情緣，於我是一筆可貴的精神財

富，包括他把手中的好煙向身邊的學生拋一圈時灑脫溫厚的笑容，都定格在記憶的深處。

求學是一個過程。我同樣不能忘懷碩士階段老師們的嚴格培養。1999 年秋，我考入湖南師範大學攻讀碩士學位。在導師譚桂林先生爲人隨和至眞、爲學勤勉嚴謹所造成的「形象壓力」下，我在「老趕不上趟」的沉重體驗中不敢有絲毫倦怠。三年中的那份焦慮不安，至今回想起來，仍令我略感沉重，爲此，我要衷心感謝湖南師範大學中國現當代文學導師組的譚桂林先生、淩宇先生、徐麟先生、宋劍華先生、羅成琰先生、王攸欣先生、周仁政先生、閻眞先生、田中陽先生、楊經建先生、趙樹勤先生，以及已去世的顏雄先生。諸位先生除了在畢業時肯定學生「三年時間努力了」，算是總結，而漫長的求學過程，給予的只是學術上的苛刻要求和嚴厲批評。正是諸位先生構設的「形象壓力共同體」，使我生命中的那段時光充滿了焦慮不安，使我在焦慮不安中無可選擇地踏上了學術之旅。同時，這些先生在學術之外都極其和善率眞，因此，三年的碩士生活除了求學的焦慮之外，亦蕩漾著濃厚的師生情誼。

在博士論文評閱答辯過程中，丁帆教授、孔範今教授、朱德發教授、吳義勤教授、陳繼會教授、解洪祥教授、牛運清教授、張華教授都抱著嚴肅認眞的態度，仔細地審閱了我的論文，坦誠地提出了各自的批評意見和建議，並給予了高度的評價和殷切的期望，在此，我向諸位先生再一次表示感謝。另外，在博士論文醞釀、寫作和修改過程中，馬兵、陳雪康、龐飛、田廣文、章妮、馮昊、周寧、金鋼、張琴鳳、吳正鋒等諸位博士學友給予了各種形式的幫助，我衷心祝願他們有美好的學術前程。

西南大學劉明華教授、北京師範大學李怡教授、南京大學黃發有教授對本書的出版給予了大力支持，特此致以誠摯的謝意。

最後，我應當感謝的，是我敬愛的父母和賢惠的妻子，他們多年來對我無微不至的照顧和竭盡全力的支持，讓我一直沉浸在幸福中，擁有爲學的良好心境。

李永東　2013 年 11 月 18 日於重慶